李 培

川派中医药名家系列丛书

孔文霞 主编

中国中医药出版社

·北 京·

图书在版编目（CIP）数据

川派中医药名家系列丛书. 李培 / 孔文霞主编 . —北京：
中国中医药出版社，2022.7
ISBN 978-7-5132-6625-3

Ⅰ. ①川… Ⅱ. ①孔… Ⅲ. ①李培—生平事迹②中医
临床—经验—中国—现代 Ⅳ. ① K826.2 ② R249.7

中国版本图书馆 CIP 数据核字（2021）第 003953 号

中国中医药出版社出版

北京经济技术开发区科创十三街 31 号院二区 8 号楼
邮政编码　100176
传真　010-64405721
廊坊市祥丰印刷有限公司印刷
各地新华书店经销

开本 710×1000　1/16　印张 14　彩插 0.5　字数 233 千字
2022 年 7 月第 1 版　2022 年 7 月第 1 次印刷
书号　ISBN 978 – 7 – 5132 – 6625 – 3

定价　59.00 元
网址　www.cptcm.com

服务热线　010-64405510
购书热线　010-89535836
维权打假　010-64405753

微信服务号　zgzyycbs
微商城网址　https://kdt.im/LIdUGr
官方微博　http://e.weibo.com/cptcm
天猫旗舰店网址　https://zgzyycbs.tmall.com

如有印装质量问题请与本社出版部联系（010-64405510）

李 培

李培（右）和夫人

李培（右）和四川省首届十大名中医李孔定

本书主编孔文霞和李培（左）

李培（左一）查房诊治外籍友人

李培查阅文献

第二届四川省十大名中医表彰会（左三为李培）

李培名医工作室成员开展学术继承工作

总序————————加强文化建设，唱响川派中医

四川，雄踞我国西南，古称巴蜀。成都平原自古就有天府之国的美誉，天府之土，沃野千里，物华天宝，人杰地灵。

四川号称"中医之乡""中药之库"，巴蜀自古出名医、产中药。据历史文献记载，从汉代至清代，见诸文献记载的四川医家有1000余人，川派中医药影响医坛2000多年，历久弥新；川产道地药材享誉国内外，业内素有"无川（药）不成方"的赞誉。

医派纷呈　源远流长

经过特殊的自然、社会、文化的长期浸润和积淀，四川历代名医辈出，学术繁荣，医派纷呈，源远流长。

汉代以涪翁、程高、郭玉为代表的四川医家，奠定了古蜀针灸学派。涪翁为四川绵阳人，曾撰著《针经》，开巴蜀针灸先河，影响深远。郭玉为涪翁弟子，曾任汉代太医丞。1993年，在四川绵阳双包山汉墓出土了最早的汉代针灸经脉漆人；2013年，在成都老官山汉墓再次出土了汉代针灸漆人和920支医简，带有"心""肺"等线刻小字的人体经穴髹漆人像是我国考古史上的首次发现，应是我

国迄今发现的最早、最完整的经穴人体医学模型，其精美程度令人咋舌！这又一次证明了针灸学派在巴蜀有悠久的历史，影响深远。

四川山清水秀，名山大川遍布。道教的发祥地青城山、鹤鸣山就坐落在成都市。青城山、鹤鸣山是中国的道教名山，也是中国道教的发源地之一，自东汉以来历经近2000年，不仅传授道家的思想，道医的学术思想也因此启蒙产生。道家注重炼丹和养生，历代蜀医多受影响，一些道家也兼行医术，如晋代蜀医李常在、李八百，宋代皇甫坦，以及明代著名医家韩懋（号飞霞道人）等，可见丹道医学在四川影响之深远。

川人好美食，以麻、辣、鲜、香为特色的川菜享誉国内外。川人性喜自在休闲，养生学派也因此产生。长寿之神——彭祖，号称活了800岁，相传他经历了尧、舜、夏、商诸朝，据《华阳国志》载，"彭祖本生蜀""彭祖家其彭蒙"，由此推断，彭祖不但家在彭山，而且他晚年也落叶归根于此，死后葬于彭祖山。彭祖山坐落在眉山市彭山县。彭祖的长寿经验在于注意养生锻炼，他是我国气功的创始人，其健身法被后人写成"彭祖导引法"。他善烹饪之术，创制的"雉羹之道"被誉为"天下第一羹"，屈原在《楚辞·天问》中写道："彭铿斟雉，帝何飨？受寿永多，夫何久长？"这也反映了彭祖在推动我国饮食养生方面做出了重要贡献。五代至北宋初年，四川安岳人陈希夷，为著名的道教学者，著有《指玄篇》《胎息诀》《观空篇》《阴真君还丹歌注》等。他注重养生，强调内丹修炼法，将黄老的清静无为思想、道教修炼方术和儒家修养、佛教禅观会归一流，被后世尊称为"睡仙""陈抟老祖"。现安岳县有保存完整的明代陈抟墓，以及陈抟的《自赞铭》，这是全国独有的实物。

四川医家自古就重视中医脉学，成都老官山汉墓出土的汉代医简中就有《五色脉诊》（原有书名）一书，其余几部医简经初步整理暂定名为《敝昔医论》《脉死候》《六十病方》《病源》《经脉书》《诸病症候》《脉数》等。经学者初步考证推断这极有可能为扁鹊学派已经亡佚的经典书籍。扁鹊是脉学的倡导者，而此次出土的医书中脉学内容占有重要地位，一起出土的还有用于经脉教学的人体模型。唐代杜光庭著有脉学专著《玉函经》3卷，后世王鸿骥的《脉诀采真》、廖平的《脉学辑要评》、许宗正的《脉学启蒙》、张骥的《三世脉法》等，均为脉诊的发展做出了贡献。

昝殷，唐代四川成都人。昝氏精通医理，通晓药物学，擅长妇产科。唐大中年间，他将前人有关经、带、胎、产及产后诸症的经验效方及自己临证验方共378首，编成《经效产宝》3卷，是我国最早的妇产科专著。该书与北宋时期著名妇产科专家杨康侯（四川青神县人）编著的《十产论》等一批妇产科专论一起奠定了巴蜀妇产学派的基石。

宋代，以四川成都人唐慎微为代表撰著的《经史证类备急本草》，集宋代本草之大成，促进了本草学派的发展。宋代是巴蜀本草学派的繁荣发展时期，陈承的《重广补注神农本草并图经》，孟昶、韩保昇的《蜀本草》等，丰富、发展了本草学说，明代李时珍的《本草纲目》正是在此基础上产生的。

宋代也是巴蜀医家学术发展最活跃的时期。四川成都人、著名医家史崧献出了家藏的《灵枢》，校正并音释，名为《黄帝素问灵枢经》，由朝廷刊印颁行，为中医学发展做出了不可估量的贡献，可以说，没有史崧的奉献就没有完整的《黄帝内经》。虞庶撰著的《难经注》、杨康侯的《难经续演》，为医经学派的发展奠定了基础。

史堪，四川眉山人，为宋代政和年间进士，官至郡守，是宋代士人从医的代表人物之一，与当时的名医许叔微齐名，其著作《史载之方》为宋代重要的名家方书之一。同为四川眉山人的宋代大文豪苏东坡，也有《苏沈内翰良方》（又名《苏沈良方》）传世，是宋人根据苏轼所撰《苏学士方》和沈括所撰《良方》合编而成的中医方书。上述著作加之明代韩懋的《韩氏医通》等方书，一起成为巴蜀医方学派的代表。

四川盛产中药，川产道地药材久负盛名。以回阳救逆、破阴除寒的附子为代表的川产道地药材，既为中医治病提供了优良的药材，也孕育了以附子温阳为大法的扶阳学派。清末四川邛崃人郑钦安提出了中医扶阳理论，他的《医理真传》

《医法圆通》《伤寒恒论》为奠基之作，开创了以运用附、姜、桂为重点药物的温阳学派。

清代西学东渐，受西学影响，中西汇通学说开始萌芽。四川成都人唐宗海以敏锐的目光捕捉西学之长，融汇中西，撰著了《血证论》《中西汇通医经精义》《本草问答》《金匮要略浅注补正》《伤寒论浅注补正》，后人汇为《中西汇通医书五种》，成为"中西汇通"的第一种著作，这也是后来人们将主张中西医兼容思想的医家称为"中西医汇通派"的由来。

名医辈出　学术繁荣

中华人民共和国成立后，历经沧桑的中医药受到党和国家的高度重视，在教育、医疗、科研等方面齐头并进，一大批中医药大家焕发青春，在各自的领域里大显神通，中医药事业欣欣向荣。

四川中医教育的奠基人——李斯炽先生，在 1936 年创立了"中央国医馆四川分馆医学院"，简称"四川国医学院"。该院为国家批准的办学机构，虽属民办但带有官方性质。四川国医学院也是成都中医学院（现成都中医药大学）的前身，当时会集了一大批中医药的仁人志士，如内科专家李斯炽、伤寒专家邓绍先、中药专家凌一揆等，还有何伯勋、杨白鹿、易上达、王景虞、周禹锡、肖达因等一大批蜀中名医，可谓群贤毕集，盛极一时。该学院共招生 13 期，培养高等中医药人才 1000 余人，这些人后来大多数都成了中华人民共和国成立后的中医药界领军人物，成为四川中医药发展的功臣。

1955 年国家在北京成立了中医研究院，1956 年在全国西、北、东、南各建立了一所中医学院，即成都中医学院、北京中医学院、上海中医学院、广州中医学院。成都中医学院第一任院长由周恩来总理亲自任命。李斯炽先生继创办四川国医学院之后又成为成都中医学院的第一任院长。成都中医学院成立后，在原国医学院的基础上，又会集了一大批有造诣的专家学者，如内科专家彭履祥、冉品珍、彭宪章、傅灿冰、陆干甫；伤寒专家戴佛延；医经专家吴棹仙、李克光、郭仲夫；中药专家雷载权、徐楚江；妇科专家卓雨农、曾敬光、唐伯渊、王祚久、王渭川；温病专家宋鹭冰；外科专家文琢之；骨科、外科专家罗禹田；眼科专家陈达夫、刘松元；方剂专家陈潮祖；医古文专家郑孝昌；儿科专家胡伯安、曾应台、肖正安、吴康衡；针灸专家余仲权、薛鉴明、李仲愚、蒲湘澄、关吉多、杨介宾；医史专家孔健民、李介民；中医发展战略专家侯占元等，真可谓人才济济，群星灿烂。

北京成立中医高等院校、科研院所后，为了充实首都中医药人才的力量，四川一大批中医名家进驻北京，为国家中医药的发展做出了巨大贡献，也展现了四川中医的风采！如蒲辅周、任应秋、王文鼎、王朴城、王伯岳、冉雪峰、杜自明、李重人、叶心清、龚志贤、方药中、沈仲圭等，各有精专，影响广泛，功勋卓著。

北京四大名医之首的萧龙友先生，为四川三台人，是中医界最早的学部委员（院士，1955 年）、中央文史馆馆员（1951 年），集医道、文史、书法、收藏等于一身，是中医界难得的全才！其厚重的人文功底、精湛的医术、精美的书法、高尚的品德，可谓"厚德载物"的典范。2010 年 9 月 9 日，萧龙友先生诞辰 140 周年、逝世 50 周年，故宫博物院在北京隆重举办了"萧龙友先生捐赠文物精品展"，以缅怀先生，并表彰先生的收藏鉴赏水平和拳拳爱国情怀。萧龙友先生是一代举子、一代儒医，精通文史，书法绝伦，是中国近代史上中医界的泰斗、国学家、教育家、临床大家，是四川的骄傲，也是吾辈的楷模！

追源溯流　振兴川派

时光飞转，掐指一算，我自 1974 年赤脚医生的"红医班"始，到 1977 年大学学习、留校任教、临床实践、跟师学习、中医管理，入中医医道已 40 余年，真可谓弹指一挥间。在中医医道的学习、实践、历练、管理、推进中，我常常心怀感激，心存敬仰，常有激情和冲动，其中最想做的一件事就是将这些中医药实践的伟大先驱者，用笔记录下来，为他们树碑立传、歌功颂德！缅怀中医先辈的丰功伟绩，分享他们的学术成果，继承不泥古，发扬不离宗，认祖归宗，又学有源头，师古不泥，薪火相传，使中医药源远流长，代代相传，永续发展。

今天，时机已经成熟，四川省中医药管理局组织专家学者，编著了大型中医专著《川派中医药源流与发展》，横跨近 2000 年的历史，梳理中医药历史人物、著作，以四川籍（或主要在四川业医）有影响的历史医家和著作为线索，厘清历史源流和传承脉络，突出地方中医药学术特点，认祖归宗，发扬传统，正本清源，继承创新，唱响川派中医药。其中，"医道溯源"是以清代以前的川籍或在川行医的中医药历史人物为线索，介绍医家的医学成就和学术精华，作为各学科发展的学术源头。"医派流芳"是以近现代著名医家为代表，重在学术流派的传承与发展，厘清流派源流，一脉相承，代代相传，源远流长。

我们在此基础上，还编著了"川派中医药名家系列丛书"，汇集了一大批近现代四川中医药名家，遴选他们的后人、学生等整理其临床经验、学术思想，编辑成册。丛书拟选择 100 人，这是一批四川中医药的代表人物，也是难得的宝贵文化遗产。今天，经过大家的齐心协力终于得以付梓。在此，对为本系列书籍付出心血的各位作者、出版社编辑人员一并致谢！

由于历史久远，加之编撰者学识水平有限，书中罅、漏、舛、谬在所难免，敬望各位同人、学者，提出宝贵意见，以便再版时修订提高。

中华中医药学会　副会长

四川省中医药学会　会　长

四川省中医药管理局　原局长

成都中医药大学　教授、博士生导师

2015 年春于蓉城雅兴轩

编写说明

李培，主任医师，教授，成都中医药大学博士研究生导师，第二届四川省十大名中医，全国老中医药专家学术经验继承工作指导老师，享受国务院政府特殊津贴专家，四川省学术和技术带头人。作为一位受同行关注和认可的专家，李培从医近50年来，怀着对中医药事业的满腔热忱，一直用心血和汗水在杏林中耕耘着，在医疗、教学、科研领域里孜孜不倦地追求，无私奉献，积累了丰富的临床经验，培养出了众多的杏林学子。在临床诊治疾病中，他擅长勤求古训，精于辨证，用药灵活，对消化、呼吸系统等疾病有深入研究，特别擅长诊治胃肠、肝胆胰等消化系统疾病。

为了传承李培的学术思想和宝贵经验，吾等意将老师的临床经验、特色治疗方法加以整理，汇编成册，飨之于世，以传承中医药文化，丰富中医药理论，供同行学习与借鉴。

临床经验和学术思想是本书的主要内容。临床经验分为医案、医话、李培常用方剂，并重点论述了功能性便秘和胃食管反流病的病因病机；李培重视脾胃的学术思想源流，认为认识脾胃需中西合璧，多诊合参，见微知著，通过跟师名医及自己实践，提出治疗脾胃病的核心——五脏相关、土木并调，基本勾画出李培的学术思想全貌，展现了他勤奋耕耘的一生。

四川省中医药管理局"川派中医药名家学术思想及临床经验研究专项"为本书的编写及出版提供了理论指导和资金保障。《川派中医药名家系列丛书》的出版，实乃四川中医继承发扬之大举，于我辈有幸，于中医有幸。

本书编写过程中得到了李培的亲自点拨，也得到多名学生提供的大量原始资料，许多同人在本书编写过程中给予了支持和帮助，在此一并致谢。

由于时间仓促，加之编者水平有限，不足之处请读者提出宝贵意见，以便进一步修订完善。

绵阳市中医医院　孔文霞

2022 年 5 月

目　录

川派中医药名家系列丛书

李培

生平简介

　　李培（1950—），男，汉族，出生于四川省剑阁县，1969年8月在剑阁县演圣乡切山医疗站正式悬壶。医疗站缺医少药的艰苦环境，使李培看到中医在农村大有作为，从而坚定了他刻苦钻研中医的决心。经过3年的临床学习，他深感自己医学知识的不足，后于1972年进入成都中医学院（现成都中医药大学）医疗系学习。他抓住这一宝贵机会，进一步系统深入地学习中医相关知识，随后至四川省绵阳中医学校任中医专业教师，先后承担中医基础理论、中药学、中医内科学等课程的教学工作。多年的理论教学，夯实了他的中医学基础。1984年李培先后调至四川省绵阳地区卫生局、市卫生局任中医科副科长。1986年他至绵阳市中医医院工作，先后任主治中医师、副主任中医师、主任中医师、院长、党委书记，成都中医药大学兼职教授、教授、博士研究生导师等。

　　李培是第三批全国老中医药专家学术经验继承工作指导老师，享受国务院政府特殊津贴专家，四川省学术和技术带头人，第二届四川省十大名中医，第三届四川省专家评议委员会组成人员，绵阳市首届十大名中医；任世界中医药学会联合会内科学会常务理事，中华中医药学会内科、脾胃病分会常务理事，四川省中医药学会副会长，绵阳市中医药学会会长。他德艺双馨，学验俱富，著述颇丰，声名远播，是当代川派中医的代表人物之一。李培从事中医临床、科研、教学、管理工作近50年，有深厚的中医药基础理论知识和丰富的临床经验，对消化、呼吸系统等疾病有深入研究，特别擅长诊治胃肠、肝胆胰等消化系统疾病。李培是成都中医药大学附属绵阳医院脾胃科学术带头人，该科于2012年被卫生部、国家中医药管理局和财政部批准为"国家临床重点专科"建设单位。

　　李培主持了"皮痒灵合剂的临床应用研究""胃炎舒治疗慢性胃炎临床研究""翁榆合剂治疗慢性非特异性溃疡性结肠炎（湿热内蕴证）的临床研究"等科研项目，主编或参编了多部著作，其学术继承人先后发表总结李培学术思想临床经验论文20余篇。

　　李培带领团队研制的温中养胃合剂、调中平胃合剂、翁榆合剂、虚秘合剂、枳硝润肠合剂等专科制剂，广泛运用于临床，疗效颇佳，体现了中医中药治病的"简、便、效、廉"。

　　李培独立带教国家级老中医药专家学术继承人 1 人，招收培养成都中医药大学博士、硕士研究生 20 余人，带教研究生 50 余人，本科生 200 余人，国外留学生 9 人，绵阳市中医高级研修班学员 14 人，培养了一大批优秀的中医后继人才。其学术继承人被评为全国优秀学术继承人，现已成为绵阳市名中医、成都中医药大学硕士研究生导师。李培为中医的传承、弘扬和人才的培养做出了突出贡献。

　　李培对脾胃病的研究和治疗有深厚造诣，系统研究了脾胃疾病诊治规律，强调认识脾胃应中西合璧；"诊治脾胃"与"治以脾胃"应以人体系统工程学为基础；在疾病诊断方面，主张多诊合参，强调四诊合参的重要性，突出舌诊、脉诊在鉴别诊断中的重要价值；在疾病治疗方面，重视五脏六腑的关联性；在李东垣"内伤脾胃，百病由生"思想的指导下，提出脾胃为五脏六腑之核心。鉴于脾胃疾病可兼杂气虚、气滞、湿阻、寒凝、血瘀等诸多病理因素，气机升降失常又为重中之重，李培从仲景肝脾传变之说与李东垣木气主升之论获得启发，提出"肝木脾土，病机相关"的认识；治疗上则以协调土木、运转枢机为要，同时注重寒温并用、攻补兼施、畅达气机，坚持辨病与辨证相结合、预防与治疗相结合、内治与外治相结合，在强调辨证施治的同时，重视专病专方的研究与运用。

　　李培积极投身于中医药事业的发展和宣传工作，为增强中医药的国际影响不遗余力，于 1994 年和 2000 年先后赴俄罗斯和美国进行学术访问，2004 年 5 月参加国务院侨务办公室组织的"中国中医专家团"，先后赴南非、毛里求斯开展医疗和健康咨询服务。在担任绵阳市中医医院院长期间，他带领医院与俄罗斯、英国、葡萄牙、新西兰、巴西、加拿大、泰国等 10 余个国家和地区建立交流与合作关系，如与俄罗斯奥布宁斯克市互派专家、与泰国卫生部直属佛统医院结为姐妹医院等。近 5 年，有 300 多名外国学生来医院学习，李培为部分学员亲自授课和临床带教，受到学员好评。

临床经验

川派中医药名家系列丛书

李培

一、医案

1. 胃肠疾病

（1）食管瘅病例 1（胃食管反流病）

陈某，男，46 岁，2013 年 2 月 11 日就诊。

主诉：胸骨后烧灼感 1 月余。

病史：患者 1 个多月前无明显诱因出现胸骨后烧灼感，纳差，口干苦，大便干结、3～4 日一行，无反酸及嗳气，舌淡红，苔黄，脉弦。胃镜提示反流性食管炎、糜烂性胃炎、十二指肠球部炎症。

诊断：食管瘅（胃食管反流病）。

辨证：胆热犯胃证。

治法：清化胆热，降逆和胃。

方剂：自拟柴胡香附方加味。

药物：柴胡 15g　　　香附 25g　　　炒白术 25g　　　茯苓 25g

延胡索 25g　　　川楝子 15g　　　炙甘草 6g　　　枇杷叶 15g

法半夏 25g　　　陈皮 15g　　　黄连 6g　　　枳实 25g

竹茹 15g

3 日服 2 剂，1 日 3 次，水煎服。连服 4 剂，诸症缓解。

按语： 食管瘅相当于现代消化内科疾病反流性食管炎，其发生与多种因素的综合作用有关，常因情志不舒或饮食不节诱发或加重，主要责之于中焦气虚、胆热犯胃、肝胃郁热、痰热郁阻，导致脾胃升降失和，胃气上逆。故治疗时予清胆热、降浊气，自拟柴胡香附方加味。其中柴胡苦、辛，微寒，归肝、胆经，香附辛、微苦，平，归肝、脾经，柴胡、香附合用以疏肝解郁；另因胃气虚，土虚木乘，胆气犯胃，故予炒白术、茯苓、炙甘草健脾益气，选用此三味药补气健脾，因其补而不滞；金铃子散擅治肝经郁热，枇杷叶降逆，二陈汤燥湿化痰，黄连清热。现代研究认为，小剂量黄连有健脾胃的作用。枳实功擅破气消痞，竹茹功专清热化痰，除烦止呕。全方合用，胆热清，浊气降，临床症状缓解。

（2）食管瘅病例 2（胃食管反流病）

张某，女，42 岁，2013 年 9 月 12 日就诊。

主诉：反酸、烧心、胃脘胀痛 3 年余。

病史：患者反酸、烧心、嗳气、胃脘胀痛，曾在外院消化科就诊，胃镜提示慢性浅表性胃炎伴糜烂、食管炎，诊为胃食管反流病，用过抗生素、制酸药疏肝解郁、化痰降逆中药方剂等多种药物，症状均未能缓解而来就诊。刻见神情焦虑，面色晦暗，胃脘胀痛，反酸、烧心、嗳气频作，纳差，口苦口干，咽部不适，咳嗽痰少，心烦急躁，寐差梦多，晨起大便 1 次，大便不畅，质松、软溏、色黄，小便调。肢体酸重，月经量少，经前乳胀。舌质红、苔黄厚而干，脉弦滑。

诊断：食管瘅（胃食管反流病）。

辨证：气郁痰阻证。

治法：疏肝健脾，化痰降气。

方剂：自拟柴胡香附方加味。

药物：柴胡 15g　　香附 25g　　生白术 30g　　茯苓 25g
　　　法半夏 25g　陈皮 15g　　枇杷叶 15g　　延胡索 25g
　　　枳实 25g　　竹茹 15g　　黄连 6g　　　炙甘草 6g
　　　射干 25g　　吴茱萸 6g　前胡 25g　　　海螵蛸 30g

6 剂，水煎温服，3 日服 2 剂，1 日 3 次。嘱其将床头抬高 15～20cm，调畅情志，忌辛辣、油腻食物。

二诊（2013 年 9 月 20 日）：患者服上药 6 剂后，胃脘胀痛明显缓解，反酸、烧心、嗳气减轻，纳食增，精神振作。治守前法，6 剂，服法同前。后患者以上方加减，连服 1 月余，诸症基本消失。

按语：辨析本案可知，患者情志失调，肝失疏泄，乘脾犯胃。脾失健运，痰湿内生，阻滞气机，郁久化热，进而胃失和降，气逆于上，故见反酸、烧心；浊邪化腐，中焦积滞，不通则痛，故胃脘胀痛。从辨病的角度立疏肝健脾和化痰降气为基本治法。同时，以自拟方为基础，随证调节药味剂量，给予针对性治疗，最终药到病除。

（3）胃脘痛病例1（慢性浅表性胃炎伴糜烂）

陈某，女，34岁，2013年2月21日就诊。

主诉：胃脘隐痛半年。

病史：患者近半年来胃脘隐痛，食后作胀，嗳气频频，口干苦，口臭，大便时干时稀，曾服三九胃泰胶囊及吗丁啉等药效不佳。舌淡，苔白，脉细弱。查胃镜：慢性浅表性胃炎伴糜烂。血糖未见异常。行结核相关检查均呈阴性。

诊断：胃脘痛（慢性浅表性胃炎伴糜烂）。

辨证：肝郁脾虚证。

治法：疏肝解郁，健脾助运。

方剂：四逆散合左金丸加味。

药物：柴胡15g　　　　白芍18g　　　　枳壳25g　　　　炒白术25g
　　　　茯苓25g　　　　木香15g　　　　鸡内金30g　　　砂仁15g^{（后下）}
　　　　黄连6g　　　　吴茱萸6g　　　　炒麦芽30g　　　炙甘草6g

4剂，水煎服，3日2剂，1日3次。

药后胃脘痛除，食后作胀减轻，仍有口干。上方去黄连，加太子参30g，续服4剂，诸症消失。

按语：本案病位虽在胃，但因肝气横逆，侮脾犯胃，脾失健运，胃脘气滞，治当疏肝解郁、健脾助运。首推疏肝理脾之良方四逆散，并合用左金丸调肝降逆，枳术丸健脾消胀，再伍以茯苓、木香、鸡内金、炒麦芽、砂仁和胃助运，尤重用炒麦芽，既可疏肝助消化，又无辛散伤阴之弊。诸药合用，隐痛消失。

（4）胃脘痛病例2（慢性浅表性胃炎伴糜烂）

吴某，男，35岁，2012年10月12日就诊。

主诉：反复胃脘胀满2年，加重伴疼痛1个月。

病史：患者于2年前每因饮食不节，即出现胃脘胀满、嗳气、反酸，自服葵花胃康灵等多种中成药可缓解。近1个月来，患者胃脘胀满明显加重，伴胃痛、反酸、嗳气、怕冷、口干不渴，二便正常。舌质淡，苔薄白，脉弦。胃镜：慢性浅表性胃炎伴糜烂。

诊断：胃脘痛（慢性浅表性胃炎伴糜烂）。

辨证：寒热互结证。

治法：健脾和胃，平调寒热。

方剂：半夏泻心汤加味。

药物：党参 30g　　　法半夏 25g　　　炮姜 15g　　　黄芩 15g

　　　黄连 6g　　　　木香 15g　　　　延胡索 25g　　吴茱萸 6g

　　　香附 25g　　　海螵蛸 30g　　　煅瓦楞子 25g　炙甘草 6g

4 剂，3 日服 2 剂，1 日 3 次，水煎服。

患者 6 天后胃脘胀痛明显缓解。继以半夏泻心汤加建曲 25g 调理巩固疗效。随访 2 个月，未再复发。

按语：半夏泻心汤擅长寒热同调。方中用辛温之半夏散结除痞，又善降逆止嗳气，炮姜辛热以温中散寒，黄芩、黄连苦寒以泄热开痞，以上四药相伍，具有寒热平调、辛开苦降之用；吴茱萸辛温、降逆，与黄连一寒一热，和胃止痛；党参甘温益气健脾；木香、香附调理肝肠气机；久病入血分，予延胡索活血止痛；海螵蛸、煅瓦楞子均含大量碳酸钙，制酸作用强，反酸自除；炙甘草调和诸药。诸药合用，气机调畅，胃脘痛止。

（5）胃脘痛病例 3（慢性浅表性胃炎）

李某，女，58 岁，2013 年 8 月 26 日就诊。

主诉：上腹部反复隐痛半年。

病史：患者半年前无明显诱因出现中上部隐痛不适，进食后疼痛加重，伴有腹胀、纳差、嗳气、反酸、夜寐欠佳，在院外治疗 1 个多月，症状时轻时重，未完全缓解。之后到我院诊治。经我院钡餐检查未发现溃疡及肿瘤，胃镜检查为浅表性胃炎。患者除上述症状外，还有胸闷、常叹息，大便不畅，舌暗有瘀斑，苔薄白，脉弦。

诊断：胃脘痛（慢性浅表性胃炎）。

辨证：气滞血瘀证。

治法：疏肝理气，活血化瘀散结。

方剂：柴胡疏肝散合丹参饮加减。

药物：丹参 30g　　　川芎 15g　　　木香 15g　　　砂仁 15g^{（碎，后下）}

　　　陈皮 15g　　　香附 25g　　　延胡索 25g　　川楝子 15g

　　　炙甘草 6g　　　柴胡 15g　　　白芍 18g　　　蒲黄 10g^{（另包）}

4剂，3日服2剂，水煎服，每次150mL。

二诊（2013年9月1日）：患者疼痛减轻，腹胀、胸闷减轻，夜寐欠佳未改善。效不更方，上方去香附，加酸枣仁30g、合欢皮25g，再服4剂。

三诊（2013年9月7日）：患者症状基本消失。复取4剂巩固治疗。后随访，胃痛治愈。

按语： 胃脘痛属于中医学"痛证"范畴。中医学认为，胃痛的原因很多，如外邪犯胃、饮食伤胃、情志不畅、素体脾虚等，均可直接或间接损伤胃腑，但无论何种原因，均可损伤胃气，导致气机不利，胃失通降，不通则痛。气行则血行，气滞日久，可导致血瘀；脾胃气虚或虚寒亦可致血瘀，故脾胃气滞血瘀是导致胃脘痛的主要病理基础。因此，治疗胃脘痛应以止血化瘀为主，佐以疏肝理气止痛之法，能收到较好的效果。

（6）胃脘痛病例4（胆汁反流性胃炎）

谢某，女，40岁，2013年9月12日就诊。

主诉：反复胃脘胀痛两年余。

病史：患者胃脘胀痛，每因情志波动则加重，曾到外院消化科多次就诊，先后服用疏肝解郁、化痰理气、健脾和胃等中药方剂，效果不显；曾做胃镜，提示胆汁反流性胃炎。患者近日与人争吵后，胃脘胀痛较甚。诊见胃脘胀痛，纳差，口干、口苦、心烦，寐差梦多，急躁易怒，神疲乏力，怕冷，动则汗出，喜热食，大便不畅、偏干、二三日一行，小便黄，月经量少，经前乳胀。舌质淡，苔黄厚而干，脉弦滑，沉取无力。

诊断：胃脘痛（胆汁反流性胃炎）。

辨证：肝郁脾虚证。

治法：疏肝健脾，寒热平调，化痰理气。

方剂：自拟柴胡香附方加味。

药物：柴胡15g　　　香附25g　　　生白术30g　　　茯苓25g

　　　法半夏25g　　陈皮15g　　　枇杷叶15g　　　川楝子15g

　　　延胡索25g　　枳实25g　　　竹茹15g　　　　黄连6g

　　　高良姜15g　　吴茱萸6g　　　肉桂5g　　　　栀子10g

　　　建曲25g　　　炙甘草6g

4剂，水煎温服，3日2剂，每日3次。嘱调情志。

二诊：患者服上药4剂后，胃脘胀痛缓解，纳食增多，口干、口苦缓解，夜寐好转，大便通畅、变软，两日一行，仍感乏力，怕冷好转，舌苔较前变薄。治法如前，上方加党参30g，6剂。

三诊：患者服上方6剂后，诸症明显缓解。效不更方，予二诊方6剂善后。嘱平日注意调畅情志，随访未再复发。

按语：本案患者病机复杂，既有肝郁气滞、湿热内蕴之实证，也有脾胃虚寒之虚证，寒热错杂，虚实夹杂，不能单一疏肝解郁、清热化痰，当寒热平调、虚实兼顾。故以柴胡、香附、生白术疏肝健脾为君，其中，白术大剂量生用，既能增强健脾之功，又具通便助运之效。法半夏、茯苓、陈皮、枇杷叶、竹茹、枳实化痰理气；川楝子泄肝气、清肝热，以平肝之乘伐之气；延胡索行气止痛，兼助柴胡、香附疏肝；吴茱萸、肉桂、高良姜温阳散寒止痛；黄连、栀子清心肝之热兼燥湿，黄连合半夏、吴茱萸，辛开苦降，寒热平调，合肉桂取"交泰丸"之意。以上诸药共为臣药。炙甘草调和诸药，益气健脾，佐使之用。二诊时，痰热得清，气虚明显，故加用党参益气健脾。

（7）胃脘痛病例5（胆汁反流性胃炎）

李某，男，25岁，2013年10月12日就诊。

主诉：反复胃脘胀痛3年余。

病史：患者胃脘胀痛，每因情志波动及劳累后则加重，曾到外院消化科、精神科多次就诊，被拟诊为神经官能症、胆汁反流性胃炎；曾做胃镜及肠镜检查，提示胆汁反流性胃炎，用过抗焦虑药、制酸药等多种药物，症状缓解不显，今日来我处就诊。诊见胃脘胀痛，纳差，口淡，喜热食，寐差，心烦急躁，神情焦虑，反复诉说病情，神疲乏力，怕冷，自觉手足凉，大便稀溏，每日晨起1次。舌质淡，有齿痕，苔白厚而润，脉弦细弱。

诊断：胃脘痛（胆汁反流性胃炎）。

辨证：肝胃郁热证。

治法：疏肝健脾，化痰理气。

方剂：逍遥散加减。

药物：柴胡15g　　　　白芍18g　　　　枳壳25g　　　　炙甘草6g

丹参 30g	党参 30g	草豆蔻 15g	炒白术 25g
茯苓 30g	黄连 6g	吴茱萸 6g	肉桂 5g
酸枣仁 30g	栀子 15g	炒建曲 25g	

4 剂，水煎温服，3 日服 2 剂，每日 3 次。嘱调情志。

二诊：2013 年 10 月 18 日复诊。患者服上药 4 剂后，胃脘胀痛缓解，心烦好转，夜寐好转，大便稍成形，仍感乏力，怕冷明显。治法如前，上方去黄连，加熟附片 15g（先煎 1 小时），4 剂。嘱其注意情志调养，忌食生冷、油腻食物。

三诊：2013 年 10 月 24 日复诊。患者服上方 4 剂后，胃脘胀痛明显缓解，怕冷好转。效不更方，予二诊方 8 剂。嘱其注意情志调养，忌食生冷、油腻食物。

四诊：2013 年 11 月 5 日复诊，患者服上方 8 剂后，诸症明显好转。效不更方，予 8 剂善后。嘱其平素注意情志调养，适当运动，忌食生冷、油腻食物。

按语： 本案患者素体虚寒，平素情志失调，而致肝郁脾虚、寒湿阻滞之证，治疗上宜同时运用药物和心理疗法进行调理。本医案中李培以逍遥散疏肝健脾，因考虑久病入络，故加丹参活血止痛。党参有益气健脾之效，合草豆蔻增强温化寒湿之力，同时辛香醒脾，加炒建曲以健脾消食。加栀子、酸枣仁除烦安神，吴茱萸、肉桂温胃散寒止痛，用黄连可防辛燥太过，平调寒热，与肉桂合用交通心肾。二诊患者湿去，气机通畅，而阳虚显，故加用附子温阳。

（8）胃脘痛病例 6（慢性浅表性胃炎）

王某，男，48 岁，2013 年 8 月 20 日就诊。

主诉：反复胃脘痛 1 年余。

病史：患者胃脘痛，进冷食后甚，进暖食则缓，曾做胃镜检查，提示慢性浅表性胃炎，用过促胃动力药、制酸药、消食药等多种药物，症状未能缓解。诊见胃脘痛，微胀，喜温喜按，纳差，神疲乏力，平素怕冷，易感冒，口干不欲饮，心烦，夜寐梦多，大便稀溏，小便调。体瘦神倦，面色不华，舌质暗红，苔薄而干，脉弦细弱。

诊断：胃脘痛（慢性浅表性胃炎）。

辨证：脾肾阳虚证。

治法：温肾健脾，理气化瘀。

方剂：附子理中汤合丹参饮加减。

药物：党参 30g　　　草豆蔻 15g　　　丹参 30g　　　黄连 6g

炮姜 15g　　　炙甘草 6g　　　炒建曲 25g　　　砂仁 15g^{（后下）}

炒白术 25g　　　茯苓 25g　　　肉桂 5g　　　吴茱萸 6g

熟附片 15g^{（先煎 1 小时）}

4 剂，水煎温服，3 日服 2 剂，每日 3 次。

二诊：2013 年 8 月 26 日复诊。患者服上药 4 剂后，胃脘痛明显缓解，纳食好转，怕冷好转，大便转实，口干缓解，仍感乏力，精神振作。效不更方，予上方 6 剂善后。后患者以上方加减，连服 1 月余，胃痛基本消失，纳食和怕冷进一步好转。

按语：此患者平素体虚，先天禀赋不足，肾阳虚弱，火不暖土，则脾土虚寒，脾胃不得温养则胃脘痛，喜温喜按，食冷则甚；脾虚不能运化水谷，水谷不归正化，而成寒湿，寒湿阻滞气机，而见胃脘胀；脾虚不能升清，津液不能上承则见口干；内有寒湿则见不欲饮；气虚则见神疲乏力。气虚、寒凝、气滞均可致血行迟缓而血瘀，加之久病入络，须加用活血之品。故治疗上以附子理中汤温补脾肾，合丹参饮理气活血，加用肉桂补火生土，吴茱萸温胃散寒，加用黄连，一则合肉桂为交泰丸，心肾相交，水火既济，二则防止用药辛热太过，平衡寒热，同时防止一派辛热，久寒之体不受，有反佐之用；加炒建曲以复脾胃运化之机。全方组方严密，紧抓病机，温而不燥，补而不滞，标本兼顾，故收效显著。

（9）胃脘痛病例 7（胃食管反流病）

张某，女，42 岁，2013 年 9 月 12 日就诊。

主诉：胃脘胀痛，伴反酸、烧心 3 年余。

病史：患者胃脘胀痛，伴反酸、烧心、嗳气，曾在外院消化科就诊，胃镜提示慢性浅表性胃炎伴糜烂、食管炎，拟诊为胃食管反流病，用过抗生素、制酸药等多种药物，症状未能缓解。患者先后服用疏肝解郁、化痰降逆等中药方剂，缓解不显，今日来我院门诊就诊。诊见神情焦虑，面色晦浊，胃脘胀痛，反酸、烧心、嗳气频作，纳差，口苦、口干，咽部不适，咳嗽，痰少，心烦急躁，纳差，寐差梦多，晨起大便 1 次，大便不畅，质松、软溏、色黄，小便调。肢体酸重，月经量少，经前乳胀。舌质红、苔黄厚而干，脉弦滑。

诊断：胃脘痛（胃食管反流病）。

辨证：湿热阻胃证。

治法：疏肝健脾，清热除湿，和胃降逆。

方剂：柴胡香附方加减。

药物：柴胡 15g　　　　香附 25g　　　　生白术 30g　　　　茯苓 25g

　　　　法半夏 25g　　　陈皮 15g　　　　枇杷叶 15g　　　　川楝子 15g

　　　　延胡索 25g　　　枳实 25g　　　　竹茹 15g　　　　　黄连 6g

　　　　射干 15g　　　　紫苏梗 15g　　　前胡 15g　　　　　煅瓦楞子 30g

　　　　旋覆花 15g　　　代赭石 25g　　　吴茱萸 6g　　　　　炙甘草 6g

2 剂，水煎温服，共服 3 日，1 日 3 次。嘱其将床头抬高 15～20cm，调畅情志，忌辛辣、油腻及甜食。

二诊：2013 年 9 月 15 日复诊。患者服上药 2 剂后，胃脘胀痛稍有缓解，咳嗽、口干、反酸、烧心有所减轻，仍有口苦、心烦，时有嗳气，睡眠欠佳，大便量少不爽，舌质红、苔黄厚，脉弦细。予上方加减。

药物：柴胡 15g　　　　香附 25g　　　　生白术 40g　　　　茯苓 25g

　　　　法半夏 25g　　　陈皮 15g　　　　枇杷叶 15g　　　　川楝子 15g

　　　　延胡索 25g　　　枳实 25g　　　　竹茹 15g　　　　　黄连 8g

　　　　射干 15g　　　　紫苏梗 15g　　　海螵蛸 30g　　　　代赭石 25g

　　　　合欢皮 25g　　　首乌藤 15g　　　吴茱萸 6g　　　　　炙甘草 6g

4 剂，水煎温服，共服 7 日，1 日 3 次。余嘱同前。

三诊：2013 年 9 月 22 日复诊。患者继服上药 4 剂后，胃脘胀痛、反酸、烧心明显减轻，嗳气减少，咽喉不利，稍咳无痰，无口干、口苦、心烦，睡眠改善，大便量多稀溏，舌质红、苔白厚，脉弦细。予上方加减。

药物：柴胡 15g　　　　香附 25g　　　　炒白术 25g　　　　茯苓 25g

　　　　法半夏 25g　　　陈皮 15g　　　　枇杷叶 15g　　　　川楝子 15g

　　　　延胡索 25g　　　枳实 25g　　　　竹茹 15g　　　　　黄连 6g

　　　　射干 15g　　　　紫苏梗 15g　　　海螵蛸 25g　　　　代赭石 20g

　　　　合欢皮 25g　　　首乌藤 15g　　　吴茱萸 6g　　　　　炙甘草 6g

4 剂，水煎温服，共服 7 日，1 日 3 次。余嘱同前。

四诊：2013 年 9 月 29 日复诊。患者继服上药 4 剂后，诸症均缓解，纳食增加，精神振作。治守前法，以上方加减，继服 1 月余，诸症基本消失。

按语： 胃食管反流病是消化系统常见病、多发病，发病与情志因素有关，且易反复发作。李培基于长期临床实践总结出七情内伤、素虚过劳、饮食偏嗜是本病的常见诱因，肝郁、脾虚、湿热则为本病的主要病理因素。本案中，患者情志失调，肝郁气滞，疏泄失常，进而乘脾犯胃，脾失健运，湿热内生，郁久化热，阻滞气机，胃失和降，气逆于上，故见反酸、烧心、胃脘胀痛。因此，治疗上突出疏肝健脾、清热除湿、和胃降逆之法。本方为李培经验方，由柴胡疏肝散、黄连温胆汤、金铃子散三方相合加减而成。方中柴胡、香附、川楝子、延胡索疏肝解郁；生白术、茯苓、陈皮健运脾土，同时重用生白术（一剂用量 30g 以上）尚有通腑推滞之功；法半夏、竹茹、黄连合用清热除湿；枇杷叶、旋覆花、代赭石增强降逆化痰之效；配以紫苏梗、枳实畅达中焦气机，煅瓦楞子制酸止痛。另外，针对咽部不适、咳嗽等症状，佐以前胡、射干利咽止咳化痰，炙甘草辅以健脾且调和诸药。

（10）胃脘痛病例 8（慢性浅表性胃炎伴糜烂）

于某，女，53 岁，2014 年 10 月 12 日就诊。

主诉： 反复上腹疼痛 3 年余，加重 1 周。

病史： 3 年前患者进食辛辣食物后上腹疼痛不适，伴烧心，偶反酸，无嗳气、恶心、呕吐、腹胀。自服药物（具体不详）后症状稍有缓解。之后每当受凉、心烦或进食生冷、辛辣之物即发，病情时好时坏。1 周前进食辛辣之物后上腹疼痛加重，伴烧心、反酸，无嗳气、恶心、呕吐、腹胀，自服药物（具体不详）后无明显缓解，遂来就诊。刻诊：上腹疼痛如针刺，喜暖拒按，夜间为甚，伴烧心、反酸、纳差，大便时干时稀，无黏滞不爽，睡眠欠佳，心烦易怒，疲倦乏力，无口干、口苦、嗳气、恶心、呕吐、腹胀。查体：上腹压痛，全腹叩诊无明显鼓音，舌紫暗有瘀点，苔白稍腻，舌下脉络迂曲，脉沉涩无力。胃镜检查提示慢性浅表性胃炎伴糜烂。

诊断： 胃脘痛（慢性浅表性胃炎伴糜烂）。

辨证： 气滞血瘀，中焦虚寒。

治法： 行气活血，温中散寒。

方剂： 丹参饮合理中丸加减。

药物：丹参 30g　　　檀香 15g　　　砂仁 15g　　　高良姜 15g

　　　香附 25g　　　川楝子 15g　　　乌药 15g　　　党参 30g

　　　炒白术 25g　　　炙甘草 6g　　　黄连 6g　　　吴茱萸 6g

　　　藿香 15g　　　建曲 25g

2 剂，水煎温服，共服 3 日，1 日 3 次。嘱清淡饮食，调畅情志。

二诊：2014 年 10 月 15 日复诊。患者服药后上腹疼痛有所缓解，无明显嗳气、反酸，稍口干，饮热不多，仍有心烦失眠，倦怠乏力，大便稍软，每日一行。舌紫暗有瘀点，苔白稍腻，舌下脉络迂曲，脉沉弦细。予上方加减。

药物：丹参 30g　　　檀香 15g　　　砂仁 15g　　　高良姜 15g

　　　香附 25g　　　川楝子 15g　　　乌药 15g　　　党参 30g

　　　炒白术 25g　　　炙甘草 6g　　　鸡矢藤 30g　　　藿香 15g

　　　建曲 25g　　　乳香 10g　　　合欢皮 25g　　　首乌藤 25g

4 剂，水煎温服，共服 7 日，1 日 3 次。余嘱同前。

三诊：2014 年 10 月 22 日复诊。患者服药后上腹疼痛明显缓解，心烦失眠、倦怠乏力有所改善，纳食增加，无口干，大便正常。舌红，苔白，舌下脉络迂曲减轻。予上方加黄芪 30g，4 剂，煎服法及禁忌同前。

四诊：2014 年 10 月 29 日复诊。上述症状基本消失，继予 4 剂巩固疗效。随后复查胃镜，未见糜烂病灶。嘱清淡饮食，作息规律，调畅情志。随访 3 个月，未诉复发。

按语：疼痛一症，无论何处，不外虚实两端，实者"不通"，虚者"不荣"。"不通"者，寒凝、气滞、湿阻、湿热、血瘀、积聚皆可为之；"不荣"者，阳虚、阴损、气耗、血弱之属也，脏腑失用，经络失养。而且，"不通""不荣"可错杂出现，相互转化。如不通日久，气血闭塞，以致脉络不畅，脏腑失于温煦濡养，呈现"不荣"之象；虚损久之，运行推动无力，以致气血郁滞，甚则瘀阻经脉，呈现"不通"之状。据此，李培强调，治疗痛证，首辨虚实，详察脏腑。本案中，患者病痛于胃，且拒按易怒，舌有瘀点，舌下脉络迂曲，便知气滞血瘀无疑；而患者喜暖，大便不调，疲倦乏力，脉沉涩无力，定有脾胃不足。故治疗当以行气活血、温中散寒为主。丹参饮化瘀行气止痛，为治疗气滞血瘀所致心胃诸痛之代表方，主"实"；理中丸温中散寒止痛，为治疗脾胃虚寒所致胃痛便溏之代表方，主"虚"。两方相合，虚实兼顾。配伍香附、川楝子、乌药以增行气止痛之效。黄连、吴茱萸为制酸而设；藿香、建曲化湿浊，健脾胃，共助运化之力。

（11）胃脘痛病例 9（慢性非萎缩性胃炎伴糜烂）

田某，女，49 岁，2012 年 6 月 10 日就诊。

主诉：反复中上腹胀痛 3 年，加重 2 天。

病史：3 年前，患者于进食辛辣之物后出现中上腹胀痛，时有烧灼感，于当地就诊，予以西药（具体不详）治疗后症状有所控制，之后反复发作，时轻时重。患者于 2 天前与人争吵后情志不舒，自觉症状加剧，遂来就诊。就诊时见中上腹胀痛，胸骨后有烧灼感，进食可缓解，稍食即饱胀，伴嗳气，反酸，口干微有口臭，略口苦，轻微畏寒，不欲食，大便每日 2 次，质略稀，小便调，烦躁焦虑，失眠，舌淡红，苔薄白，脉沉弦。胃镜检查提示慢性非萎缩性胃炎伴糜烂。

诊断：胃脘痛（慢性非萎缩性胃炎伴糜烂）。

辨证：肝郁脾虚证。

治法：疏肝健脾，理气和胃。

方剂：四逆四君汤加减。

药物：
柴胡 15g	白芍 18g	枳壳 25g	炙甘草 6g
党参 30g	炒白术 25g	茯神 15g	丹参 18g
草豆蔻 15g	黄连 6g	吴茱萸 6g	炒建曲 25g
肉桂 5g	酸枣仁 30g	首乌藤 25g	

共 4 剂，2 剂服 3 日，1 日 3 次。嘱其清淡饮食，调畅情志。

二诊：自述疼痛消失，但仍有饱胀感及反酸，大便稍成形，寐可。原方去酸枣仁，加苏木 15g，瓦楞子 25g 以对症治疗。

后在原方基础上加减治疗 3 个月，诸症消失。复查胃镜未见异常。随诊半年未见反复。

按语： 患者平素焦急易怒，肝失疏泄，肝气郁结，横克脾胃，脾失健运，脾胃气机升降失调，故见胃胀、嗳气，不欲食，大便质稀。治宜疏肝理气，健脾和胃。患者亦有胸骨后烧灼感、反酸、畏寒诸候，故予黄连、吴茱萸、肉桂寒温并用。

（12）胃痞病例 1（慢性浅表性胃炎）

张某，女，43 岁，2013 年 8 月 14 日就诊。

主诉：患者反复胃脘痞满不适 2 月余，加重近半个月。

病史：患者反复胃脘痞满不适，近半个月因工作压力大，心情郁闷而加重，呈阵发性，饥饱均发，食后为甚，食后偶发恶心，偶嗳气、反酸，无口干、口苦、烧心，时有胸骨后堵闷感和咽部异物感，大便二三日一行，色黄质软，稍有不爽，无黏液脓血，纳少。平素喜温热饮食。查体：腹部无明显压痛，叩诊无明显鼓音，移动性浊音（－）。舌质淡红，舌体胖有齿痕，苔白稍腻，脉沉弦。胃镜提示慢性浅表性胃炎。

诊断：胃痞（慢性浅表性胃炎）。

辨证：肝郁脾虚证。

治法：疏肝健脾，理气除湿。

方剂：柴芍方加味。

药物：
柴胡 15g	白芍 18g	枳壳 25g	炙甘草 6g
党参 30g	生白术 30g	茯苓 25g	莪术 15g
草豆蔻 15g	黄连 6g	吴茱萸 6g	建曲 25g
肉桂 5g	藿香 15g	佩兰 15g	

2 剂，水煎温服，共服 3 日，1 日 3 次。嘱调畅情志，忌辛辣、油腻及甜食。

二诊：2013 年 8 月 17 日复诊。患者服上药 2 剂后，胃痞稍减，仍有胸骨后堵闷感和咽部异物感，无嗳气、反酸、口干、口苦、烧心等症，大便不爽有所减轻。舌红胖嫩有齿痕，苔白稍腻，脉沉弦。予上方加减。

药物：
柴胡 15g	白芍 18g	枳壳 25g	炙甘草 6g
党参 30g	生白术 30g	茯苓 25g	莪术 15g
黄连 6g	吴茱萸 6g	建曲 25g	法半夏 25g
肉桂 5g	藿香 15g	佩兰 15g	陈皮 15g

4 剂，水煎温服，共服 7 日，1 日 3 次。余嘱同前。

三诊：2013 年 8 月 24 日复诊。患者继服上药 4 剂后，胃痞减轻，胸骨后堵闷感和咽部异物感稍减，无嗳气、反酸、口干、口苦、烧心等症，大便不爽明显减轻。舌红胖嫩有齿痕，苔白，脉沉弦。效不更方，守方治疗 1 周后随访，患者以上症状基本消失，嘱患者坚持饮食、情志调护，以巩固疗效。

按语：胃痞指心下痞塞，胸膈满闷，触之无形，按之不痛，望无胀大之病症。

故"不通"为"痞"的重要特征。李培指出，六腑以通为用，全赖腑气运行之畅达。腑气不畅，浊阴不降，壅滞则为痞。本案中，患者脾胃不足为本，肝郁气滞为标。木旺乘土，土虚生湿，湿阻气机，土壅木郁。据此，李培以土木并调为纲，疏肝健脾为法，自创柴芍方治之。本方由四逆散、四君子汤、左金丸三方相合加减而成。四逆散为疏肝解郁之基本方，主"木郁"之标。四君子汤为健脾益气之基础方，主"土虚"之本。左金丸（黄连、吴茱萸等量）辛开苦降，平衡寒热，和胃抑酸。针对滞下之候，重用生白术（一剂用量30g以上）并配伍莪术，协推滞助运之功。草豆蔻、藿香、佩兰化湿和胃；肉桂益火暖土，助脾运化；建曲消食开胃，除胃中积滞。

（13）胃痞病例2（胆汁反流性胃炎）

赵某，男，32岁，2013年9月12日就诊。

主诉：反复胃脘胀满10余年，复发加重3个多月。

病史：患者既往有慢性浅表性胃炎病史10余年，3个多月前因进食辛辣刺激食物后出现胃脘胀痛、反酸、口干、口苦等不适，于当地医院行胃镜检查提示"胆汁反流"。先后服用奥美拉唑、兰索拉唑等药物，胃脘疼痛好转，但胃脘胀满、嗳气、口干、口苦等症状时轻时重，为求中医治疗，遂至门诊。症见胃脘痞满不适，嗳气频繁，口干、口苦，晨起时明显，伴乏力，自觉咽部有痰，吐之不出，口淡无味，夜寐欠佳，小便调，大便不成形，1日2～3次，时有不爽。查体：中上腹压痛（＋），咽部充血（＋）。舌质淡红，苔中根部厚腻，脉弦滑。

诊断：胃痞（胆汁反流性胃炎）。

辨证：气滞痰阻证。

治法：疏肝健脾，化痰行气。

方剂：柴胡香附方加味。

药物：

柴胡15g	香附25g	炒白术25g	茯苓25g
川楝子15g	延胡索25g	法半夏25g	枇杷叶15g
竹茹15g	炙甘草6g	陈皮15g	黄连6g
枳实25g	紫苏梗15g	射干25g	

2剂，水煎服，1日3次，每次150mL，服3日。嘱患者忌生冷、辛辣、油腻、甜食，早晚活动，垫高床头。

二诊：2013年9月15日复诊。嗳气、口苦、胃脘胀满较前改善，口干喜热饮，大便不成形，舌脉同前。在原方基础上，加用大腹皮25g，肉桂5g，4剂服6日，煎服法同前。

三诊：2013年9月21日复诊。胃脘胀满不适、咽部不适、嗳气等症状均较前缓解，夜间口干，舌苔中根部稍厚，脉象同前，咽部充血（-）。于15日处方去射干，加石斛25g，4剂煎服。嘱患者注意日常调适，可停药。

按语：患者有长期胃病史，此次因饮食不节发病，属本虚标实。脾胃为气机之枢，中虚则胃脘满闷、乏力、纳呆、大便溏；上逆则致嗳气、口苦、反酸、咽部不适。结合舌苔脉象，辨证属气滞痰阻。肝郁气滞久则化热，脾失健运，生痰生湿，故合理运用疏肝健脾、化湿行气之品，以复肝脾不和之本，以清湿热之标，标本同治，并在后期调理过程中结合患者症状适量加用养阴生津之品，诸症皆除。

（14）胃痞病例3（慢性浅表性胃炎）

王某，男，43岁，2011年9月17日就诊。

主诉：胃脘部嘈杂不适、嗳气、反酸1个多月。

病史：患者1个多月前大量饮酒复贪寒凉之后，次日自觉胃脘部嘈杂不适，心下胀满，嗳气，反酸，口干不欲饮，食冷后胀甚，夜寐梦多，于当地医院治疗10余天，病情不见好转，近日加剧，遂来就诊。症见胃脘部嘈杂不适，嗳气，反酸，心下胀满，口干不欲饮，食冷后胀甚，夜寐梦多。平素偏嗜肥甘厚腻，好烟酒，急躁易怒。查体：体温36.5℃，心率76次/分，血压110/70mmHg，慢性病容，面色正常，舌质红，苔薄白，脉沉细。查电子胃镜示慢性浅表性胃炎。

诊断：胃痞（慢性浅表性胃炎）。

辨证：寒热错杂证。

治法：苦降辛开，疏导气机。

方剂：半夏泻心汤加减。

药物：

法半夏25g	黄连6g	黄芩15g	干姜10g
党参30g	茯苓25g	茯神15g	炙甘草6g
紫苏梗15g	枳壳25g	谷芽25g	麦芽25g
生姜15g	大枣15g		

水煎服，2剂服3日，1日3次，每次200mL。

二诊：2011年9月20日复诊。2剂后，胃脘部痞满症状消失，偶有嘈杂不适、嗳气、反酸症状，夜寐梦多症状改善。原方损益继进3剂，诸症悉平。随访1年，未复发。

按语：辛升苦降，清浊攸分，脾主升清，胃主通降。《素问·阴阳应象大论》说："清气在下，则生飧泄；浊气在上，则生䐜胀。"脾胃任何一方出现不适，必然互相影响，所以脾不能升引起胃不能降，而胃不能降同样引起脾不能升，继而出现泄泻、腹胀、呕吐或大便秘结，以及内脏下垂、脱肛等症。治以苦降辛开，清胃热，运脾湿，调畅中焦气机，纠正因湿困脾胃而导致气机阻滞、气机升降失常之病机，从而清阳能升，浊阴得降，中枢气机运转如常。

患者胃脘部嘈杂、反酸乃中焦气机不舒，郁而化热；气机升降失常，故见嗳气；心下胀满、食冷后胀甚，为脾胃气虚，运化不健。辨证为寒热错杂之痞证，治用半夏泻心汤加生姜、茯神、紫苏梗、枳壳温中理气，标本兼顾。

（15）胃痞病例4（功能性消化不良）

李某，女，43岁，2013年10月14日就诊。

主诉：中上腹胀满不适1月余。

病史：患者中上腹胀满不适1月余，纳食少，进食后症状加重，大便稍溏。服过多种中西药效果不佳。诊见精神欠佳，舌淡红，苔薄白，脉缓。

诊断：胃痞（功能性消化不良）。

辨证：湿滞脾胃证。

治法：燥湿健脾，理气和胃。

方剂：平胃散加减。

药物：　苍术25g　　　　厚朴25g　　　　陈皮15g　　　　　木香15g

　　　　　炒建曲25g　　　炒麦芽30g　　　炙甘草6g

4剂，3日服2剂，水煎服，1日3次，每次150mL。

复诊：服药后中上腹胀满不适明显减轻，纳食稍增多，但诉口干，苔薄白而干，大便稍干，上方再加麦冬、玄参各30g，又服4剂，病愈。

按语：本例遵循古训"五脏病各有所恶，各随其不喜者为病"。从症状表现结合舌苔，虽湿邪困脾之象不显，但脾所以不喜正是湿邪，故此推理，顺其所喜燥，投其所好，远其所恶湿，运用平胃散加味治疗，达到"所得者愈"。服药 4 剂，口干，苔薄白而干，大便稍干，表明胃燥之候已显，此时加麦冬、玄参增液以固胃土，达到脏腑兼顾、"顾此不失彼"的目的，则病即愈。

（16）胃痞病例 5（功能性消化不良）

张某，男，22 岁，2013 年 9 月 12 日就诊。

主诉：胃脘痞满伴完谷不化 2 年。

病史：患者 2 年前胃脘痞满，纳呆，早饱，大便夹有未消化食物。在外院消化科就诊，做胃肠镜未见异常，诊断为功能性消化不良。服用促胃动力药、消食药、制酸药等多种药物，缓解不显。今日来我院门诊就诊。诊见神情疲惫，面色无华，胃脘痞满不适，腹胀，无腹痛、腹泻，纳呆早饱，喜热食，后背冷，四肢发凉，手足心热，偶有反酸，心烦，寐差，口苦、口干，晨起大便 1 次，成形，质软色黄，便中夹有未消化食物，小便调。舌质淡红，苔薄黄少津，脉滑数。

诊断：胃痞（功能性消化不良）。

辨证：脾胃虚弱证。

治法：健脾化痰，除满消痞，平调寒热。

方剂：半夏泻心汤合保和丸加减。

药物：

法半夏 25g	黄芩 15g	黄连 6g	党参 30g
干姜 15g	炙甘草 6g	大枣 15g	生姜 15g
焦山楂 15g	莱菔子 25g	茯苓 15g	连翘 10g
炒建曲 25g	吴茱萸 6g		

4 剂，水煎温服，3 日服 2 剂，1 日 3 次。

二诊：2013 年 9 月 18 日复诊。患者服上药 4 剂后，胃脘痞满缓解，纳食增加，腹胀减轻，大便稍通畅，质偏稀，仍有未消化食物，口干、口苦缓解。治守前法。上方加大腹皮 25g，补骨脂 15g，肉豆蔻 15g，五味子 10g。6 剂，服法同前。

三诊：2013 年 9 月 27 日复诊。患者服上药 6 剂后，胃脘痞满明显缓解，大便成形，食欲增强，纳食增加，便中未消化食物明显减少，心烦、夜寐好转。效不更方，予二诊方 6 剂。

之后患者于上方加减连续服药 1 月余，痞满消失，大便通畅且未见未消化食物，纳食较病前增加。

按语：功能性消化不良发病率较高，从中医药治疗功能性消化不良来看，不论是固定方剂还是辨证加减用药，临床均获得较好的疗效。本案患者主要表现为"胃脘痞满"，病机为寒热错杂，虚实夹杂。《伤寒论》载半夏泻心汤治疗痞证："若心下满而硬痛者，此为结胸也，大陷胸汤主之，但满而不痛者，此为痞，柴胡不中与之，宜半夏泻心汤""呕而肠鸣，心下痞者，半夏泻心汤主之。"半夏泻心汤专为寒热错杂虚实夹杂之"痞证"而设，此患者病机与之相符，故以半夏泻心汤为主，合用保和丸健脾消食，恢复脾胃运化之机。二诊时患者虽寒热得调，气机得疏，然正气显弱，偏于虚寒，考虑病久及肾，加用补骨脂、肉豆蔻、五味子合吴茱萸取四神丸之意，温补脾肾，化湿止泻，加用大腹皮以行大肠滞气。此医案中李培抓主症，辨证精准，用药切合病机，随症灵活加减变通，故收效明显。

（17）泄泻病例1（功能性腹泻）

王某，男，44岁，2012年6月11日就诊。

主诉：反复大便不成形5年。

病史：患者5年前无明显诱因出现大便次数增多，质稀，4～5次/日，无腹痛、腹胀，无血便及黏液脓血便，无里急后重，无疲倦乏力。口服黄连素、整肠生、双歧杆菌等药物，服药时大便情况改善，停药后复发。现症见大便每日4～6次，质稀，进食辛辣、油腻、生冷之物后可呈水样，纳差不饥，偶感乏力，无腹痛、腹胀，无便血。查体：全腹软，无压痛和叩击痛，叩诊无明显鼓音，移动性浊音（－）。舌淡胖有齿痕，苔白，脉沉细无力。结肠镜检查、粪便常规检查未见异常。

诊断：泄泻（功能性腹泻）。

辨证：脾虚湿盛证。

治法：健脾除湿。

方剂：七味白术散加味。

药物：
党参 30g	茯苓 25g	炒白术 25g	炙甘草 6g
葛根 20g	藿香 15g	木香 15g	炒建曲 25g

2剂，水煎温服，共服3日，1日3次。嘱饮食规律，忌辛辣、生冷、油腻之物。

二诊：2012 年 6 月 14 日复诊。患者服药后腹泻频率减至 3 次 / 日，较前稍成形，偶肠鸣，食欲稍有改善。伴汗出恶风，倦怠乏力。舌淡胖有齿痕，苔白，脉沉细无力。予上方加味。

药物：党参 30g　　茯苓 25g　　炒白术 25g　　炙甘草 6g

　　　葛根 20g　　藿香 15g　　木香 15g　　炒建曲 25g

　　　黄芪 30g　　桂枝 10g　　白芍 15g　　防风 10g

　　　猪苓 30g　　泽泻 15g

4 剂，水煎温服，共服 6 日，1 日 3 次。余嘱同前。

三诊：2012 年 6 月 20 日复诊。患者服药后腹泻频率减至 1 ～ 2 次 / 日，呈条状软便，稍有排便不爽，无肠鸣、腹胀、腹痛，纳食有所增加。汗出恶风缓解，倦怠乏力明显改善。予上方加味。

药物：党参 30g　　茯苓 25g　　炒白术 25g　　炙甘草 6g

　　　葛根 20g　　藿香 15g　　木香 15g　　炒建曲 25g

　　　黄芪 30g　　桂枝 10g　　白芍 15g　　防风 10g

　　　猪苓 30g　　泽泻 15g　　白头翁 15g

4 剂，水煎温服，共服 6 日，1 日 3 次。余嘱同前。

四诊：2012 年 6 月 26 日复诊。患者服药后大便 1 次 / 日，条状，不软不干，无排便不爽、肠鸣、腹胀、腹痛，纳食基本正常。无汗出恶风、倦怠乏力。守方 4 剂以资巩固。嘱饮食规律，建议食用薏苡仁、山药等养胃健脾之品，忌辛辣、生冷、油腻之物。随访 2 个月，未见复发。

按语：李培治疗功能性腹泻多从脾胃入手，认为中气不足，脾失健运为其主要病机。本病日久，缠绵反复，脾虚生湿，脾虚为本，湿盛为标，因此治疗本病当标本兼顾，正如《景岳全书·泄泻》所言："脾胃受伤，则水反为湿，谷反为滞，精华之气不能输化，乃至合污下降而泻痢作也。"李培针对本病脾虚湿盛之病机，立法健脾除湿，处方以七味白术散加减。本方由四君子汤加葛根、藿香、木香而成，以四君子汤为基础，取益气健脾之功，复中焦运化之力。配伍葛根升发清阳，鼓舞脾升而收止泻之效，尚可生津止渴，兼顾久泻伤阴之弊；藿香芳香化湿，健脾和胃；木香辛温行胃肠之滞。诸药合用，标本兼顾。水泻为甚，兼见汗出恶风者，李培常用五苓散、玉屏风散，表里同治，使湿邪从小便而去。

（18）泄泻病例 2（慢性结肠炎）

李某，女，46 岁，2012 年 11 月 8 日就诊。

主诉：反复脐周隐痛伴黏液便 6 年。

病史：患者于 6 年前反复出现脐周隐痛，里急后重，解稀黏液便，每因进食生冷、油腻之品而诱发，食后 20 分钟左右即痛，泻后痛减。现患者解稀便 3～5 次/日，味臭，完谷不化，有少许白色黏液，伴脐周隐痛，喜按，里急后重。患者体型偏瘦，面色萎黄无华，纳差，神疲乏力，四肢不温，腰酸，夜尿多，每晚 4 次。舌淡胖边有齿痕，苔白，脉细。结肠镜示慢性结肠炎。

诊断：泄泻（慢性结肠炎）。

辨证：脾肾阳虚证。

治法：补脾益肾，燥湿止泻。

方剂：理中丸合白头翁汤加减。

药物：

炮姜 10g	肉桂 5g	党参 30g	炒白术 25g
山药 30g	木香 15g	白头翁 30g	黄芩 15g
黄连 8g	吴茱萸 6g	炙甘草 6g	炒建曲 25g

3 日服 2 剂，1 日 3 次，水煎服。

服 10 余剂后二诊：腹痛减，胃纳好转，大便 2 次/日，质软，夜尿每晚 2 次，仍有腰酸，舌质淡有齿痕，苔白，脉细。继上方加杜仲 15g，桑螵蛸 15g，3 日 2 剂，1 日 3 次，水煎服。此后以此方加减，服 20 余剂后，大便 2 次/日，质软成形，腰痛、腰酸、夜尿等症状消失，舌淡红，苔薄白，脉细。继予健脾益肾膏方调理。

按语：该患者食入不久即泻，反复发作，属脾肾阳虚，湿热蕴肠，予炮姜、肉桂温脾肾阳气，党参、炒白术、山药健脾益气，木香行肠道之气，白头翁、黄芩重用清肠道湿热，小剂量黄连、吴茱萸降胃逆，建曲护胃和中，甘草调和诸药。全方共用，阳气达，湿热除，泄泻自止。

（19）泄泻病例 3（慢性结肠炎）

刘某，男，63 岁，2013 年 11 月 8 日就诊。

主诉：腹痛腹泻 3 年余。

病史：3 年多前患者因饮食生冷而出现腹痛、腹泻、呕吐，便中有脓血、黏液，偶有水样便，至外院消化科治疗，诊断为急性胃肠炎，经治疗（具体不详）

病情缓解出院。但患者仍时觉腹部隐痛并大便稀溏，经多次治疗，前述症状仍反复发作，现来我处就诊。现症见腹部隐痛、微胀，大便不畅，2～3次/日，质稀色黄，无黏液脓血便，无里急后重，小便调，身体消瘦，神疲倦怠，面色苍白无华，纳差，喜热食，口干，怕冷畏风，四肢不温，时头晕，乏力，舌质淡，苔薄白，脉细弱。查体左下腹有明显压痛表现。行结肠镜检查：结肠、直肠散在充血、水肿，提示慢性结肠炎。

诊断：泄泻（慢性结肠炎）。

辨证：脾胃虚弱兼肾阳虚证。

治法：温中健脾，化湿止泻。

方剂：参苓白术散合附子理中汤加减。

药物：白人参 15g　　炒白术 20g　　茯苓 20g　　炒白扁豆 30g

　　　陈皮 15g　　　莲子心 20g　　炙甘草 6g　　山药 30g

　　　薏苡仁 30g　　桔梗 15g　　　炮姜 15g　　砂仁 15g^{（后下）}

　　　大腹皮 25g　　小茴香 15g　　熟附片 15g^{（先煎 1 小时）}

4剂，水煎温服，3日服2剂，1日3次，忌食生冷、油腻食物。

二诊：2013年11月14日复诊。患者服上方4剂后，大便较前成形，2～3次/日，较前通畅，纳食稍增，腹胀、腹痛稍缓解。然口干苦，大便时肛门稍有灼热感。治法如前，上方加黄连6g，白芍18g。6剂，服法同前。

三诊：2013年11月23日复诊。患者服上方6剂后，大便成形，大便畅通，肛门灼热感消失，已无口苦，腹胀、腹痛明显减轻，怕冷好转。效不更方，予上方6剂，服法同前。

之后，患者于上方加减连服两月余，诸症息平。

按语：患者年高体弱，饮食失调，而致脾肾阳虚，肾阳虚不能暖脾土，脾阳虚则运化失司，水谷不化而致泄泻，湿阻气滞而致腹胀、腹痛，清阳不升，清窍失养而致头晕，脾主四肢，脾阳虚不能温养四肢而见四肢不温。脉证合参，以脾肾阳虚为本，湿阻气滞为标，应标本兼治。故以附子理中汤温补脾肾，参苓白术散健脾燥湿，加大腹皮理气除胀化湿，通大肠气滞，小茴香温中、下焦之气，兼理气消胀。二诊时患者虽寒湿得除，然辛燥太过，故加用黄连苦寒燥湿，制约辛温太过以平衡寒热，加白芍养阴敛气、缓解止痛，制约辛散太过，防伤阴耗气，故加用后收效明显。通过此案，可知《素问·至真要大论》"谨察阴阳所在而调之，以平为期"，在临床应用中须时时谨记。

（20）泄泻病例 4（功能性腹泻）

陈某，女，30 岁，2013 年 12 月 16 日就诊。

主诉：左下腹疼痛伴腹泻 1 个多月。

病史：患者 1 个多月前无明显诱因出现左下腹疼痛，伴大便质稀，到当地医院求诊，予以思密达、整肠生口服治疗，但症状缓解不明显，遂来我院就诊。辅查：血常规、肝肾功能、大小便常规、大便细菌培养、腹部 B 超及电子肠镜检查均未见异常。现左下腹隐痛，便前加剧，便后缓解，便质稀溏，3 ～ 4 次 / 日，无黏液脓血便，伴胸脘痞闷、腹胀、神疲、四肢乏力、心烦、失眠，舌质淡红，苔白腻，脉弦细。

诊断：泄泻（功能性腹泻）。

辨证：脾胃虚弱证。

治法：健脾化湿。

方剂：参苓白术散加减。

药物：党参 30g　　　炒白术 25g　　　茯苓 25g　　　山药 30g
　　　木香 15g　　　薏苡仁 25g　　　炒白扁豆 25g　陈皮 15g
　　　桔梗 15g　　　泽泻 30g　　　炙甘草 6g　　　砂仁 15g^{（后下）}

3 日服 2 剂，1 日 3 次。服用 4 剂后，症状缓解，在上方基础上辨证加减，坚持服用 1 个月后痊愈。

按语：《景岳全书·泄泻》曰："泄泻之本，无不由于脾胃。"其认为脾虚是发生泄泻的关键。分析本例患者病情，脾胃气虚，升运失调，消化与吸收障碍，则大便稀溏，即"清气在下，则生飧泄"。湿滞中焦则见胸脘痞闷；脾失健运，则气血生化不足，感神疲、四肢无力；舌淡红，苔白腻即为脾虚湿盛之象。故考虑治疗应首先从健脾化湿入手，予以参苓白术散加减。

（21）便秘病例 1（功能性便秘）

赵某，女，49 岁，2013 年 5 月 23 日就诊。

主诉：大便秘结难解两年余。

病史：患者大便难解，常二三日一行，粪质干结，严重时呈羊屎状，须使用开塞露方能通畅，伴腹满微痛，餐后饱胀，偶见嗳气、反酸。平素自服麻仁软胶囊、果导等通便药后病情稍有缓解，但停药后即复发，伴心烦易怒，失眠多梦，口中异味，倦怠乏力。查体：中下腹轻压痛，叩诊鼓音明显。舌质淡红，苔薄白，脉沉弦细。结肠镜检查未见异常。

诊断：便秘（功能性便秘）。

辨证：肝郁脾虚证。

治法：疏肝健脾，理气润肠。

方剂：便秘方加味。

药物：柴胡 15g	白芍 18g	枳壳 25g	炙甘草 6g
生白术 30g	百合 30g	知母 15g	石菖蒲 15g
莱菔子 25g	火麻仁 30g	肉苁蓉 30g	决明子 25g
黄连 6g	吴茱萸 6g	建曲 25g	

2剂，水煎温服，共服3日，1日3次。嘱清淡饮食，调畅情志，忌牛奶、豆浆等高蛋白食物，以及土豆、红薯等高淀粉食物。

二诊：2013年5月26日复诊。患者服药后腹满胀痛有所缓解，大便质地稍软，一二日一行，口中异味稍减，无明显嗳气、反酸。仍有心烦失眠，倦怠乏力。舌淡苔白，脉弦细。予上方加减。

药物：柴胡 15g	白芍 18g	枳壳 25g	炙甘草 6g
生白术 30g	百合 30g	知母 15g	石菖蒲 15g
莱菔子 25g	火麻仁 30g	肉苁蓉 30g	决明子 25g
酸枣仁 30g	党参 30g	建曲 25g	

4剂，水煎温服，共服6日，1日3次。余嘱同前。

三诊：2013年6月1日复诊。患者服药后腹满胀痛消失，大便质软，每日一行。心烦失眠、倦怠乏力明显减轻，口中异味不显。继予上方6剂巩固疗效。嘱饮食、起居、情志调理。随访半年，大便正常。

按语： 李培认为，本病病位虽在大肠，却与肝、肺、脾、肾四脏相关。肝失疏泄条达，气机不畅，肠腑不应，则推动运行失司；辛金失于濡养，肺气肃降失常，损及肠腑，以致无水行舟，无力传导；脾胃虚弱，运化失常，清阳不升，浊阴不降，从而腑气不通，传导失常；肾阳虚弱，火不暖土，脾胃大肠失于温煦，久之寒凝气结，无力运化传导。可见，治疗功能性便秘之关键，在于调和肝、肺、脾、肾四脏功能，因此遣方用药须兼而顾之，遂拟疏肝健脾、理气润肠之便秘方治之。本方以四逆散为组方之本，力专调气。生白术量大可通便导滞。另外，生白术合枳壳，取枳术丸组方之意，以补中顺气宽肠。百合、知母滋阴润肺以助气降，稍佐石菖蒲开宣肺气而行大肠滞气，由此开上窍以通下窍，达"提壶揭盖"之效。肉苁蓉温肾助阳，助火暖土。决明子、莱菔子更增降气通便之力。黄连、吴茱萸辛开苦降，解郁抑酸。若大便干结状如羊屎，则加火麻仁增润肠之效。

（22）便秘病例2（功能性便秘）

王某，男，52岁，2012年3月11日就诊。

主诉：大便秘结难解3年余。

病史：患者大便秘结，排便困难，通常二三日一行，伴腹胀满微痛，饭后饱胀感，时有反酸、烧心，精神欠佳。舌质淡红，苔薄白，脉弦。患者平素心烦、易怒、失眠、多梦。结肠镜检查未见明显异常。

诊断：便秘（功能性便秘）。

辨证：肝郁气滞证。

治法：疏肝理脾，润肠通便。

方剂：便秘方加味。

药物：

柴胡 15g	白芍 18g	枳壳 25g	炙甘草 6g
生白术 30g	百合 30g	知母 15g	石菖蒲 15g
莱菔子 25g	火麻仁 30g	肉苁蓉 30g	决明子 25g
黄连 6g	吴茱萸 6g	建曲 25g	

4剂，每剂分5次顿服，每日3次。嘱其清淡饮食，调畅情志。

二诊：2012年3月17日复诊。腹满痛缓解，大便质地稍软，一二日一行，心烦稍减，睡眠欠佳。无明显反酸、烧心。于上方加合欢皮25g，首乌藤25g，继服4剂。

三诊：2012年3月23日复诊。腹满痛消失，心烦、失眠明显改善，大便质软，1次/日，自觉疲乏无力。于上方去黄连、吴茱萸，加党参30g，继服6剂巩固疗效。嘱其生活调理，随访半年，大便正常。

按语：气滞便秘（简称气秘）是指由于气机郁滞，通降失职，以致传导受阻，糟粕内停之证。气秘多发于忧愁、思虑过度、情志不畅或久坐少动的人，多因七情郁结，气壅大肠，或中气不足，传送无力所致。方中柴胡、枳壳、莱菔子、石菖蒲理气导滞；生白术（重用）健脾助运，推陈出新；肉苁蓉、火麻仁、决明子、知母、百合润补兼顾，以充糟粕下行所需之水。

（23）便秘病例3（功能性便秘）

田某，女，35 岁，1998 年 7 月 30 日就诊。

主诉：反复便秘 6 余年。

病史：患者 6 年多来，大便不畅，数日一行，腹痞满不适，心烦易怒，胁肋胀满，曾服大黄苏打片、果导片，番泻叶、生大黄泡水内服，只取效一时，随即如故。日久，自扪及腹部多处包块，到处求医，忧心忡忡，甚至停止工作求治。该患者中医见症：大便秘结，数日 1 次，甚则热结旁流，口干口苦，心烦易怒，胁肋痞满胀痛，腹胀，小便黄，舌红苔黄少津，脉沉弦有力。

诊断：便秘（功能性便秘）。

辨证：阳明腑实证。

治法：宣肺开秘，峻下热结，泻火解毒。

方剂：大承气汤加减。

药物：生大黄 15g　　枳实 25g　　厚朴 15g　　芒硝 30g^{（冲服）}
　　　　栀子 15g　　　麦冬 25g　　桔梗 15g　　杏仁 15g
　　　　紫苏子 15g

1 剂，水煎服，1 日 1 剂，1 日 3 次，每次 200mL。

服上方 1 剂后，解下较多干硬如羊屎状大便，顿感胁肋、腹部胀满减轻，矢气多，全身轻松。上方生大黄减至 10g，芒硝减至 15g。

继服 2 剂，诸症消失，嘱少食辛辣，多食粗纤维食物，适当运动，增加肠蠕动。随访 3 个月，大便 1 ～ 2 日 1 次，未出现上述症状。

按语：该病例为肺气壅塞，气机升降失常，热结肠腑，热极津伤的阳明腑实证。方中生大黄、栀子泄热通便，芒硝软坚润燥，荡涤肠胃热结燥屎；厚朴行气宽中，枳实消积导滞。上药合用有峻下热结的功效。热极伤津，故用麦冬滋阴增液通便；桔梗、杏仁、紫苏子宣肃肺气，畅达三焦。本方妙在宣肃肺气。肺朝百脉，主一身之气，宣肃肺气能开中导下，提壶揭盖，若不用宣肺之品，难达良效。诸药共用，气机条达，燥屎得下，诸症得解，一身轻松。

（24）便秘病例 4（功能性便秘）

王某，女，28 岁，2013 年 2 月 5 日就诊。

主诉：大便燥结半年。

病史：患者半年前产后大出血，大便即燥结，2～3 天 1 次，无腹胀腹痛等不适。当地医生予中药（大黄之类）治疗，药后便通，停药则便秘，反复发作。现大便燥结，2～5 天 1 次，伴见面色苍白，头晕目眩，乏力，口干，无口苦。舌质淡红，苔薄白、少津，脉细。

诊断：便秘（功能性便秘）。

辨证：津亏血少证。

治法：滋阴养血，润燥通便。

方剂：润肠丸（《沈氏尊生书》）加减。

药物：熟地黄 15g　　当归 15g　　　赤芍 15g　　　生首乌 10g

　　　火麻仁 30g　　党参 30g　　　黄精 30g　　　建曲 25g

　　　大枣 10g

4 剂，3 日服 2 剂，1 日 3 次，水煎服。

患者服药后大便较软，1 次 / 日。续以八珍汤加减调理巩固而愈。

按语：患者因产后大出血，致血虚津亏，血虚肠燥便秘。便秘是疾病的现象，血虚肠液干枯是疾病的本质。"治病必求其本"，一般导下药如单味的大黄、番泻叶、郁李仁等，以及复方成药麻仁丸、润肠丸等（方中都有大黄），适用于肠胃燥热的大便秘结，导泻的作用较强，但久服后大便更为燥结。因此，对血虚肠燥而致的便秘，非养血润燥不为功，养血润肠是增液行舟的方法，虽不是立时起泻下作用，但疗效是可靠的。故予熟地黄、当归、赤芍、生首乌、黄精、大枣养血，党参益气，火麻仁润肠，建曲消食不致壅补。全方共奏补血益气之功，则便秘好转。患者病久，养血益气非一时之功，故予八珍汤加减长期调理。

（25）便秘病例 5（糜烂性胃炎，十二指肠球部溃疡；功能性便秘）

田某，女，49 岁，2012 年 8 月 27 日就诊。

主诉：胃脘疼痛伴大便燥结 8 年。

病史：患者反复胃脘疼痛，常因腹部受凉、嗜食辛辣厚味、情志抑郁等因素而加重，伴反酸，呕吐清水，口淡纳少，畏寒喜暖，大便三四日一行，干结难解，小便短赤，舌质红，苔白而少，脉沉弦细。7年前胃镜检查提示十二指肠球部溃疡，糜烂性胃炎。

诊断：胃脘痛；便秘（糜烂性胃炎，十二指肠球部溃疡，功能性便秘）。

辨证：寒热错杂证。

治法：寒热平调，理气止痛。

方剂：半夏泻心汤合左金丸、金铃子散加减。

药物：法半夏15g　　黄连6g　　　黄芩15g　　　枳壳25g

　　　莱菔子25g　　吴茱萸6g　　海螵蛸30g　　延胡索25g

　　　郁金15g　　　川楝子15g　　炮姜15g　　　建曲25g

　　　决明子30g

4剂，水煎服，2剂服3日，1日3次。

二诊：2012年9月3日复诊。胃脘疼痛减轻，进食稍增，无腹胀、反酸、呕吐清水，大便不干，2日一行，舌质淡，苔薄白，脉沉弱。守上方，6剂，水煎服。2剂服3日，1日3次。服后诸症消失，少有复发。

按语：李培认为，本案属寒热错杂、虚实夹杂之证。寒邪客胃，胃失和降，胃气上逆，水气不化，故呕吐清水、反酸；胃脘气机不畅，不通则痛，故胃脘疼痛；脾胃虚弱，寒邪犯胃，寒湿中阻，故口淡；热结肠腑，传导不利，故大便干结难解；热结膀胱，则小便短赤；舌质红亦为热象。处方半夏泻心汤合左金丸、金铃子散加减。方中炮姜辛热，温中散寒；法半夏苦辛温燥，和胃降逆；黄连、黄芩苦寒清降；配以吴茱萸、海螵蛸抑酸制酸；郁金活血行气止痛，循"久病入络"之意；针对便结加用莱菔子、决明子下气润肠通便。全方体现寒温并用、辛开苦降之基本治法。

2. 胰腺疾病

（1）脾心痛病例1（急性胰腺炎）

张某，男，34岁，2011年11月3日就诊。

主诉：上腹部疼痛2天，加重2小时。

病史：患者平素喜食肥甘辛辣，饮酒量多（约500mL/d），性情易急躁，2天前因饮酒过量又感受风寒，凌晨始即觉发热恶寒，上腹部疼痛，全身酸痛，呕吐 3 次，均为胃内容物。当地医生以感冒治疗两天，病情不见好转，反而加剧，遂来就诊。症见发热，上腹部痛剧，口苦，不思饮食，便干溲赤。查体：体温 38.5℃，心率 110 次 / 分，血压 110/70mmHg，急性病容，面色潮红，上腹部按之疼痛剧烈。舌边尖红，苔黄厚，脉弦数。血淀粉酶 320U/L，白细胞计数 15.6×10^9/L。腹部 B 超显示弥漫性胰腺肿大，局限性胰腺增厚，胰腺边缘光滑度较高，界限清楚；胆囊内存在强光团伴声影，胆囊壁增厚，胆管轻度扩张，提示急性胰腺炎、结石性胆囊炎。

诊断：脾心痛（急性胰腺炎）。

辨证：邪伏少阳证。

治法：和解少阳，泄热燥湿。

方剂：大柴胡汤加减。

药物：大黄 25g$^{（后下）}$　　黄芩 15g　　　　白芍 18g　　　　柴胡 15g

　　　厚朴 20g　　　　枳实 25g　　　　木香 20g　　　　莱菔子 30g

　　　赤芍 20g　　　　延胡索 25g　　　茵陈 20g　　　　芒硝 20g$^{（冲服）}$

水煎服，2 剂服 3 日，1 日 3 次，每次 200mL。

二诊：2011 年 11 月 7 日复诊。患者服 2 剂后，腑气已通，解下未消化臭秽大便 3 次，腹痛减，热退，呕吐止。复查血淀粉酶、血液分析均在正常范围。

原方损益继进 3 剂，诸症悉平，随访 1 年，未复发。

按语：本案中，患者平素嗜好辛辣酒饮，内伤脾胃，湿热内蕴中焦，运化不行，加之急躁易怒，已显气机不畅之征。今酒后复感风寒，邪入少阳，枢机不利，斡旋失司，终致风寒、食滞、湿热诸邪互结，壅遏于阳明、少阳。此为少阳阳明合病，理当少阳阳明双解，首推大柴胡汤。《医方集解》言："少阳固不可下，然兼阳明腑实则当下。"本方中大黄、柴胡两药升降相因，柴胡升而散外邪，大黄降而泻内实，配合莱菔子、枳实推陈消滞；黄芩清热解毒，与木香寒温相合，以燮理脾胃升降。全方合而用之，可和解少阳枢机，泄热燥湿导滞。

（2）脾心痛病例 2（急性胰腺炎）

周某，男，36 岁，2012 年 10 月 4 日就诊。

主诉：上腹痛 20 小时。

病史：患者于 20 小时前进食脂餐后出现上腹胀痛，以左侧明显，自服胃康灵、诺氟沙星等药治疗后，效果不显，腹痛进行性加重，遂来我院，收入住院。查体：生命体征稳定，舌红，苔黄厚，脉弦滑。心肺听诊未见明显异常，腹部平坦，腹肌稍紧，上腹压痛（+），以左上腹为甚，无反跳痛，腹部未触及明显包块及包肠，肝区叩痛（–），听诊肠鸣音弱，未闻及气过水音。辅助检查：2012年10月4日本院上腹部CT示胰腺改变，符合急性胰腺炎表现；肝脏改变，提示脂肪肝。本院血常规显示WBC（白细胞）13.66×10^9/L，N%（中性粒细胞比例）86%，Hb（血红蛋白）164g/L。血淀粉酶177.6U/L。血脂显示TG（甘油三酯）22.81mmol/L。西医予以抑酸、抑制胰液分泌、防治感染、补充电解质液体治疗。本病属临床急重症。

诊断：脾心痛（急性胰腺炎）。

辨证：腑实热结证。

治法：通腑泻下，清热泻火。

方剂：柴芩承气汤加减。

药物：柴胡15g　　　黄芩15g　　　法半夏25g　　　赤芍15g
　　　生大黄25g$^{（后入）}$　厚朴15g　　　枳实25g　　　木香15g
　　　莱菔子30g　　延胡索20g　　茵陈20g　　　芒硝20g$^{（冲服）}$
　　　栀子15g　　　桃仁15g

口服，每次50mL，每2小时1次；保留灌肠，1日4～6次，每次200mL。

二诊：2012年10月11日复诊。患者服4剂后，腑气已通，腹胀、腹痛缓解，可自行解大便。复查血淀粉酶、血液分析均在正常范围。嘱患者进食低脂流质饮食。

患者以上方加减，连服2周余，诸症基本消失。随访1年，未复发。

按语： 胰腺炎在中医学中属于"脾心痛"范畴。中医学认为，六腑的共同生理特点是"传化物而不藏"（《素问·五脏别论》），如胃纳腐降浊、胆排泄胆汁、小肠泌别清浊、三焦通调水道等。六腑之纳出、转输、气化等功能得以正常进行，全赖其"泻而不藏"。胃主降浊，以下降为顺，将受纳腐熟之物推向下行。脾主升清，运化水谷形成精微，上输于心肺头目，又与肺所入之清气相合，奉心化赤，以养全身。可见脾胃相反相成，共同维系运化和升降功能的正常。正如《素问·经脉别论》所云："饮入于胃，游溢精气，上输于脾，脾气散精，上归于肺，通调水道，下输膀胱，水精四布，五经并行。"可见，脾主升清，对将水谷精微等营养物质化生气血，营养全身有重要作用。急性胰腺炎初期多表现为气血闭阻，而后多因腑气壅滞不通，脾气不升，浊阴不降，进一步发展成重症急性胰腺炎，属"痞、满、燥、实、坚"之里热实证，即"阳明腑实证"，表现为严重的腹痛腹胀、大便秘结，常伴肠麻痹及腹膜炎等症状和体征。病机关键是实热内蕴，津液耗伤，热瘀互结。其疾病起因是热结，进而腑气壅滞不通，脾气不升，浊阴不降，津伤、热瘀互结，从而引起一系列病理变化。该病案初诊时期为胰腺炎急性发作期，辨证属阳明经、腑证，胃气上逆，以胃经热盛为主，治以抗感染、抑制腺体分泌，配合承气汤、泻心汤直折胃经热盛，通便以降胃气，佐以化瘀，以防急性进展伤气动血，危及生命，属急则治其标。

（3）脾心痛病例3（急性胰腺炎）

李某，男，53岁，2014年6月6日就诊。

主诉：突发上腹部疼痛1天。

病史：患者1天前进食高脂饮食后突然出现胃脘部及右上腹持续性疼痛，伴左侧腰部放射痛，恶心、呕吐1次，呕吐物为胃内容物，无咖啡色样物质，不伴发热畏寒、胸痛、心慌、黄疸、黑便等症，未诊治。次日患者上腹部疼痛胀满仍无缓解，伴频繁恶心，自服止痛药及胃药（具体用药不详），仍无缓解，大便未解，故来我院诊治。查血常规：WBC 12.4×10^9/L，N% 90.7%，RBC（红细胞）3.99×10^{12}/L，Hb 121g/L。血淀粉酶1250U/L。腹部彩超：胰腺稍水肿，边缘欠清，胆囊增大，肝脏未见明显异常。既往无慢性病史。查体：生命体征稳定，舌红，苔黄厚，脉弦滑，心肺听诊未见异常，腹部平坦，上腹压痛，无反跳痛，腹部未触及明显包块，肝区叩痛（－），肠鸣音弱，未闻及气过水音。患者入院后继续完善相关检查，肝功：ALT（谷丙转氨酶）456U/L，AST（谷草转氨酶）248U/L，GGT（谷氨酰转肽酶）156U/L。血糖、肾功、大小便常规基本正常。电解质：K^+ 3.21mmol/L，Na^+ 134mmol/L，Ca^{2+} 2.04mmol/L。治疗予以禁食、抗感染、抑酸、抑制胰酶活性和胰酶分泌、维持水电解质平衡、改善胰腺微循环等。

诊断：脾心痛（急性胰腺炎）。

辨证：肝胆湿热证。

治法：疏肝利胆，清热化湿。

方剂：大柴胡汤合茵陈蒿汤加减。

药物：茵陈 20g　　　栀子 15g　　　龙胆草 15g　　　柴胡 15g

　　　黄芩 15g　　　厚朴 15g　　　白芍 15g　　　大黄 25g^{（后下）}

　　　枳实 25g　　　木香 15g　　　延胡索 20g　　　芒硝 20g^{（冲服）}

口服，每次 50mL，每 2 小时 1 次；保留灌肠，1 日 4～6 次，每次 200mL。

二诊：2012 年 6 月 9 日复诊。上述方案治疗 3 日，患者解下未消化臭秽大便，腹痛减，呕吐止，可知腑气渐通。自觉胃脘痞闷不适，偶嗳气，伴疲倦乏力，舌淡有齿痕，苔白厚，脉沉无力。查血淀粉酶、血液分析均在正常范围。

方剂：枳实消痞丸加减。

药物：党参 30g　　　炒白术 25g　　　茯苓 25g　　　炙甘草 6g

　　　枳实 15g　　　厚朴 15g　　　生麦芽 25g　　　法半夏 25g

　　　建曲 25g　　　陈皮 15g　　　丹参 25g　　　生山楂 25g

　　　酒大黄 5g^{（后下）}

连服 7 日，胃痞、嗳气、疲乏减轻，大便通畅，无腹痛。可少进稀粥。复查血淀粉酶、血液分析均在正常范围。而后以上方加减，继服 1 周余，诸症基本消失。嘱患者进低脂饮食。

按语： 饮食不节或外邪内侵，以致脾失运化，胃失和降，湿浊内生，气机受阻；湿阻日久，郁而化热，湿热互结；加之情志不遂，肝失条达，气滞为甚而致血瘀；迁延日久可成痞块、积聚（如假性囊肿）。故治疗本病当以行气通腑为要，依据病情不同阶段处以除湿、清热、理气、化瘀之法。该病案初诊时期为胰腺炎急性发作期，属阳明腑实证，治以承气汤直折腑实，通腑以降胃气，佐以化瘀，以防急性进展伤气动血，危及生命，为"急则治标"之法。但值得注意的是，本病后期多并发胰腺假囊肿，辨证属中焦湿热，以二陈汤、小承气汤佐以大剂量赤芍、丹参、生山楂等，除湿活血，化瘀通络，辅助以局部微波照射，促进局部血液循环，促进炎症吸收，利于胰腺管扩张。

（4）脾心痛病例 4（急性胰腺炎）

张某，男，31 岁，2011 年 9 月 5 日就诊。

主诉：上腹部疼痛 1 天余。

病史：患者平素喜食肥甘辛辣，性情易急躁。1 天多前因进食脂餐后出现上腹部疼痛，胸胁苦满，口苦咽干，恶心呕吐，呕吐物为胃内容物，纳呆嗳气，溲黄便结。查体：急性病容，面色潮红，上腹部按之疼痛，舌淡红，苔薄黄，脉弦细。血淀粉酶 370U。WBC $11.6×10^9$/L。腹部彩超：胰腺稍水肿，肝脏、胆囊、脾脏未见明显异常。

诊断：脾心痛（急性胰腺炎）。

辨证：肝郁气滞证。

治法：疏肝理气，通腑泄热。

方剂：大柴胡汤加减。

药物：大黄 20g^{（后下）}　　黄芩 15g　　　白芍 15g　　　柴胡 15g

　　　厚朴 15g　　　枳实 25g　　　木香 20g　　　法半夏 15g

　　　郁金 15g　　　延胡索 20g　　川楝子 15g　　芒硝 20g^{（冲服）}

水煎服，2 剂服 3 日，1 日 3 次，每次 200mL。

二诊：2011 年 9 月 8 日复诊。患者服 2 剂后，腑气已通，腹痛减，呕吐止。继服上方 2 剂。

三诊：2011 年 9 月 11 日复诊。诸症已减大半，复查血淀粉酶、血液分析均在正常范围。上方去芒硝、大黄，加生白术、薏苡仁、建曲健脾和胃。继进 4 剂，诸症悉平。随访 1 年，未复发。

按语： 该患者证属肝郁气滞，兼有邪热中阻。大柴胡汤为基本方，常用加减：热重者加黄连、连翘；湿热重者加茵陈、栀子；呕吐重者加代赭石、竹茹；食积者加莱菔子、焦三仙。

（5）脾心痛病例 5（急性胰腺炎；胆道蛔虫症）

赵某，男，28 岁，2011 年 5 月 5 日就诊。

主诉：上腹部疼痛 1 天。

病史：患者于 1 天前无明显诱因突然出现胃脘偏右疼痛，如物钻顶，阵发加重，痛引肩背，辗转不安，痛缓如常，继则腹痛持续，压痛拒按，恶心频吐。舌淡红，苔薄黄腻，脉弦紧。辅查：血淀粉酶 390U/L。腹部彩超：胰管扩张，胰腺稍水肿；胆总管扩张，可见双线状强回声带。

诊断：脾心痛（急性胰腺炎；胆道蛔虫症）。

辨证：肝郁气滞，蛔扰胆胰证。

治法：疏肝理气，安蛔驱虫。

方剂：大柴胡汤合乌梅丸加减。

药物：柴胡 15g　　黄芩 15g　　白芍 15g　　厚朴 15g

枳实 25g　　木香 20g　　槟榔 15g　　乌梅 15g

使君子 15g　苦楝皮 30g　胡黄连 12g　芒硝 15g^{（冲服）}

水煎服，2 剂服 3 日，1 日 3 次，每次 200mL。

二诊：2011 年 5 月 8 日复诊。患者服 2 剂后，腹痛减，呕吐止。诸症已减大半，复查血淀粉酶在正常范围。上方去芒硝、使君子、苦楝皮、槟榔，加生白术、薏苡仁、建曲健脾和胃。

继进 4 剂，诸症悉平。随访 1 年，未复发。

按语：方中柴胡、木香疏肝理气；黄芩、胡黄连清肝胃之热；槟榔、使君子、苦楝皮杀虫驱蛔，配芒硝以增强驱蛔之功。热象重者可加茵陈、栀子；疼痛重者木香可增至 30g。方中驱虫药不可久用，一般服用 3～5 天症状缓解后，即可停药，改用其他药物调理。

（6）脾心痛病例 6（急性胰腺炎恢复期）

王某，女，54 岁，2012 年 3 月 5 日就诊。

主诉：上腹部疼痛 7 天。

病史：患者 7 天前因腹痛在当地医院诊断为急性胰腺炎，经对症治疗后腹痛缓解（具体用药不详）。现症：神疲乏力，面色苍白，食欲不振，脘痞腹胀，纳呆，大便量少，黏滞不爽，口干饮少。舌质淡，胖大而有齿痕，苔白腻，脉细弱。

诊断：脾心痛（急性胰腺炎恢复期）。

辨证：脾虚湿困证。

治法：健脾和胃，理气化湿。

方剂：参苓白术散加减。

药物：党参 30g　　茯苓 25g　　生白术 30g　山药 15g

厚朴 15g　　枳实 25g　　白扁豆 20g　砂仁 15g

莲子心 15g　薏苡仁 20g　桔梗 15g　　建曲 25g

炙甘草 6g

水煎服，2 剂服 3 日，1 日 3 次，每次 200mL。

二诊：2012 年 3 月 8 日复诊。患者服 2 剂后，神疲乏力、食欲不振减。继服上方 2 剂。

三诊：2011 年 3 月 12 日复诊。诸症已减大半，仍微腹胀，在原方基础上加用大腹皮 25g，继进 4 剂，诸症悉平。随访 1 年，未复发。

按语： 该患者属急性胰腺炎恢复期，病情缓解后，邪去正伤，热去湿留，表现为气血两虚，脾胃虚弱，湿邪困脾，参苓白术散为基本方以健脾益气，和胃化湿。方中以党参、生白术、茯苓、炙甘草（即四君子汤）平补脾胃之气，为主药。以薏苡仁之渗利，辅以白扁豆、莲子心、山药之平补，可助四君健脾益胃，养心安神。佐以砂仁芳香醒脾，促中州运化，通上下气机，复斡旋之力。桔梗为太阴肺经的引经药，入方如舟车载药上行，寓升于降，相反相成。

3. 肝胆疾病

（1）黄疸病例 1（黄疸性肝炎）

祁某，男，44 岁，2014 年 6 月 17 日就诊。

主诉：目黄、溲黄 10 余天。

病史：患者平素喜食肥甘辛辣，饮酒量多（约 400mL/d），性情易急躁，10 余天前洗澡后自觉疲倦、厌油、纳差、腹胀，大便溏、五六日一行，尿黄，目黄，无发热恶寒，无腹痛。当地医生以感冒治疗 2 天，病情不见好转，反而加剧，遂来就诊。症见疲倦、厌油、纳差、脘胀，大便溏、五六日一行，尿黄，目黄。查体：生命体征平稳。总胆红素 36.1μmol/L。脉细而涩，舌苔黄腐。

诊断：黄疸（黄疸性肝炎）。

辨证：湿热俱重证。

治法：利湿化浊，清热解毒。

方剂：甘露消毒丹合四苓汤加减。

药物：

茵陈 30g	广藿香 25g	连翘 15g	白豆蔻 15g^(杵, 后入)
薄荷 10g^(后下)	川木通 15g	射干 15g	滑石 30g^(包)
川贝母 15g	石菖蒲 15g	黄芩 15g	猪苓 25g
茯苓 25g	泽泻 25g	苍术 15g	生薏苡仁 30g
虎杖 30g	平地木 15g		

10 剂，水煎服，1 日 1 剂，1 日 3 次，每次 200mL。

二诊：2014年6月27日复诊。患者目黄、溲黄渐退，腹胀渐消，大便溏、四五日一行，咽痛，苔薄黄腻，再守方治之，10剂，1日1剂，水煎服。

三诊：2014年7月25日复诊。患者服前方共25剂，现黄疸已退，大便已成形，小溲黄赤，脉缓，左关弦，舌苔薄腻根厚，再守方出入。以二诊方为基础，加车前子25g^{（包）}，21剂，1日1剂，水煎服。

按语： 王士雄誉甘露消毒丹为"治湿温时疫之主方"，李培常将其与四苓汤合用治疗湿热相合之黄疸性肝炎。本案患者慢性乙型肝炎病程已达7年，黄疸经久不愈，且大便溏薄五六日一行，乃湿热下迫大肠所致；湿阻中焦，故脘胀；湿邪阻滞脉络，故脉现细涩之象，用茵陈甘露消毒合剂退黄法。以甘露消毒丹利湿化浊、清热解毒，合四苓汤增强利湿渗浊之功；生薏苡仁清热利湿；平地木、虎杖和血泄热退黄，为李培常用退黄药对。二诊诸症好转，效不更方。三诊黄疸已退，守方加炒车前子以助清利肺肝、渗湿泄热之功。本医案立法用方精细入微，匠心独具，充分体现了中医审证求因、治疗求本的法则及严谨的治学精神。

（2）鼓胀病例1（肝硬化）

于某，女，61岁，2011年3月7日就诊。

主诉：腹胀、纳呆半月余。

病史：患者乙肝病史30余年，肝硬化病史20余年，2年前出现腹水，1年前出现过呕血，半个多月前因受凉后出现腹部胀满不适，伴纳呆、大便稀溏、口苦。现主要症见腹部胀闷不适，腹大如鼓，面黄而晦暗，纳呆便溏，自觉口苦，舌暗红、苔白腻，脉沉弱。肝功：谷丙转氨酶（ALT）30U/L，谷草转氨酶（AST）60U/L，总胆红素（TBIL）60.2μmol/L。彩超：肝硬化，脾大，腹水。

诊断：鼓胀（肝硬化）。

辨证：脾肾阳虚证。

治法：温阳健脾，化瘀利水。

方剂：茵陈术附汤化裁。

药物：

茵陈 25g	郁金 25g	黄芪 30g	灵芝 25g
炒白术 25g	茯苓 25g	山药 30g	夏枯草 30g
焦山楂 30g	丹参 30g	枳壳 25g	三七粉 15g^{（冲服）}
熟附片 5g	大腹皮 25g	阿胶 25g^{（烊化）}	海螵蛸 30g

　　桂枝 5g　　　　　　陈皮 15g　　　　　车前子 25g

10 剂，水煎服，1 日 1 剂，1 日 3 次，每次 200mL。

　　二诊：2011 年 3 月 17 日复诊。患者腹水渐退，胁肋胀闷改善，饮食可，大便调，舌淡红，苔白腻，脉沉。上方去大腹皮、丹参，加苍术 15g，白豆蔻 15g，木香 15g，蒲黄 15g。1 日 1 剂，水煎服，共 10 剂。

　　三诊：2011 年 3 月 27 日复诊。诸症缓解，肝功基本正常，续以扶正祛邪之法，随症加减治疗 3 个月后，彩超提示腹水已明显消退，肝硬化较前亦有改善，患者体质明显增强。此后仍坚持随诊，定期复查相关指标。

　　按语：此患者阳气虚弱，湿困瘀阻为患，故李培以茵陈术附汤加减。方中茵陈利胆退黄；附片温阳泄浊；李培常谓茯苓、桂枝二药配伍白术取其温阳利水之功，配伍丹参则取其活血化瘀之意，故常以二者兼顾；陈皮、大腹皮合用理气健脾利水；车前子利小便以实大便；焦山楂健脾消食；三七止血不留瘀，化瘀不伤正；阿胶既能止血又能养血，三七、阿胶二药合用以活血养血止血；李培认为血络阻滞日久，非草木之药可去，故选用海螵蛸搜络去其阻塞。腹水渐退，利水不宜过急，恐伤正气，故减大腹皮等利水之品；气帅血行，气虚血阻，血行瘀滞，气血不行，水湿难化，故加入苍术、白豆蔻、木香、蒲黄，使气足、血行、瘀化，则腹水自除。李培强调肝郁血滞、气血不和乃水湿内停的根本原因，故治疗应注意活血行气以助利水。鼓胀之为病，临床变化多端，须严格把握病机，准确辨证，做到攻补兼施，灵活用药，方可收到良好的疗效。

　　（3）鼓胀病例 2（乙肝肝硬化腹水）

　　姚某，男，59 岁，2014 年 8 月 23 日就诊。

　　主诉：腹胀、纳呆 9 月余。

　　病史：2013 年 11 月，患者无明显诱因出现腹胀、尿少，当地医院诊断为乙肝肝硬化合并腹水，口服恩替卡韦控制病毒，但腹水难以消退，多次大量利尿及腹腔穿刺放腹水治疗，腹水控制不佳。1 个月前无明显诱因出现发热，经检查诊断为布鲁菌感染，予规范口服多西环素片治疗。但患者腹胀难忍，身体日益消瘦，西医无特效疗法，为求中医治疗，前来就诊。患者被搀入诊室，精神差，单腹胀大，四肢消瘦，两胁隐痛，午后低热，体倦乏力，语声低怯，双目干涩，口干口苦，纳食及夜休差，大便干结，小便短赤。查体：双侧巩膜未见黄染，腹部膨隆，按之坚硬，腹壁青筋隐隐，移动性浊音（+），大量腹水，双下肢膝以下中度凹陷性水肿。舌质红绛少津，体瘦，苔少，根部苔厚色黑，脉沉细。彩超：肝硬化，脾大，腹水。

诊断：鼓胀（乙肝肝硬化腹水）。

辨证：肝肾阴虚证。

治法：滋阴利水。

方剂：甲苓饮化裁。

药物：炙鳖甲 30g　　　白芍 15g　　　麦冬 15g　　　三七粉 10g^{（冲服）}

　　　冬葵子 15g　　　首乌藤 25g　　　生牡蛎 15g　　　阿胶 20g^{（烊化）}

　　　生地黄 20g　　　猪苓 25g　　　茯苓 20g　　　龟板 12g^{（先煎）}

　　　火麻仁 20g　　　百合 30g　　　白茅根 30g　　　砂仁 25g^{（另包）}

　　　泽泻 25g　　　车前子 25g

7 剂，水煎服，1 日 1 剂，1 日 3 次，每次 200mL。

二诊：2014 年 8 月 30 日复诊。患者被扶入诊室，精神有所好转，自述服药后尿量增多，腹胀明显减轻，两胁仍隐痛不适，双目干涩、口干口苦均好转，纳食增加，夜休好转，大便通畅。舌脉基本同前。予上方去冬葵子，猪苓减半，加黄芪 30g，鸡内金 30g，怀牛膝 15g，14 剂，水煎服。

三诊：2014 年 9 月 13 日复诊。患者自行步入诊室，精神尚可，腹胀进一步减轻，双下肢轻度水肿，双目干痒，稍有口干、口苦，纳食及夜休可，舌暗红少津、体瘦，苔少，根部苔略黑，脉沉弦细。上方去白茅根，加三才汤，14 剂，水煎服。

四诊：2014 年 9 月 28 日复诊。患者精神明显好转，语声如常，腹水基本消退，双下肢无水肿，双目无干痒，无口干口苦，纳食可，夜休好，二便调。舌质暗红、体瘦，苔薄少，脉沉弦细。中药守方治疗以巩固疗效，随症加减治疗 2 个月，病情稳定。

按语：鼓胀一病，夙称大证，以其起病之缓，与夫治效之迟，断非其他杂症可比。本案患者肝硬化晚期出现腹水，因病情复杂，迁延日久，耗气伤阴，加之利水过度导致肝肾阴虚，若再行大量利尿、放腹水之举，则阴虚益甚，阴虚火起，从而形成阴虚相火，动血、动风之势。"治病必求于本"，故此时不可再强行利水之法，反当固护阴精，此正合"本于阴阳"之意。患者合并布鲁菌感染，中医学将其归属"温病"范畴，患者发热已有一月之余，温邪易夺阴津，温病后期更须注重固护阴精，所谓"存得一分阴液，便有一分生机"。应用甲苓饮利水不伤阴，滋阴不敛邪，使水气去，邪热清，阴液复，诸症自解。初诊在甲苓饮原方基础上，加强清热利水之功，并加冬葵子助火麻仁通便，所谓"小关不通通大关，一关通，百关俱通"。用三七粉入肝经走血分，具有止血不留瘀、化瘀不伤正之效，可预防上消化道出血。二诊腹水有所减退，遵循"衰其大半而止"的原则，减少利水之药，增加益气扶正之品。三诊腹水渐退，加三才汤益气养阴，固护阴精。四诊腹水基本消退，效不更方，巩固疗效。本医案着眼于阴虚相火的病机特点，审证精详，标本同治，阴阳并调，故收效显著。

（4）鼓胀病例 3（乙肝肝硬化）

于某，男，41 岁，2013 年 10 月 18 日就诊。

主诉：腹胀、纳差半月余。

病史：患者乙肝"小三阳"10 年余，未系统用药治疗。半个多月前患者不明原因出现右上腹疼伴胀满不适，纳差、疲倦乏力、口苦。现面色暗淡无泽，乏力，纳差，夜眠可，腹胀膨隆，腹痛，小便量少，大便正常，舌淡红、暗滞、有齿痕，苔白腻，脉沉弦滑。肝功：谷氨酰转肽酶 87U/L，谷丙转氨酶 56U/L，谷草转氨酶 54U/L，总胆红素 89.7μmol/L，HBV-DNA（乙肝病毒脱氧核糖核酸）5.6×10^3IU/mL。上腹部 CT：肝硬化，肝脏缩小，脾大。

诊断：鼓胀（乙肝肝硬化）。

辨证：血瘀水停证。

治法：活血化瘀，行气利水。

方剂：鳖甲煎丸加减。

药物：

丹参 30g	桂枝 15g	泽泻 25g	阿胶 25g（烊化）
枳实 25g	生白术 30g	茯苓 25g	三七粉 10g（冲服）
木香 25g	海螵蛸 25g	生大黄 5g	鳖甲 15g（先煎）
藕节炭 15g	侧柏炭 15g		

6 剂，水煎服，1 日 1 剂，1 日 3 次，每次 200mL。

二诊：2013 年 10 月 24 日复诊。患者腹胀减轻，仍乏力，饮食稍有改善，尿量增多，舌淡红、暗滞，苔白稍腻，脉沉弦。予上方去枳实、侧柏炭，生大黄改为酒大黄5g，加鸡内金30g、炒蒲黄15g，10剂，水煎服。

三诊：2013年11月3日复诊。患者腹胀、水肿均较前减轻，尿量较前无明显变化，舌淡红，苔白，脉沉弦。予上方加丝瓜络15g，15剂，水煎服。后在三诊方药基础上加减，半年后，复查肝功能未见明显异常。上腹部彩超：肝硬化，肝脏边缘欠光滑，脾稍大。各种临床症状明显好转。

按语： 此患者初诊时有水肿、小便不利、纳差、腹痛、腹胀、舌质暗等表现，气滞、血瘀、水停三证兼见，此时治疗上宜活血化瘀、利水行气，气行则血行，气行则湿去，同时患者久病体虚，还应重视扶正以祛邪。《金匮要略》揭示鼓胀的病因病机："肝水者，其腹大，不能自转侧，胁下腹痛，时时津液微生，小便续通。"方中藕节炭、侧柏炭预防出血；生白术健脾；茯苓、泽泻、桂枝利水；大黄通腑泄水；枳实理气除胀满；鳖甲、海螵蛸补肝肾；阿胶活血养血；丹参、三七活血化瘀，可预防肝硬化进一步发展。药物配伍恰当，故疗效显著。

（5）鼓胀病例4（肝硬化）

于某，男，61岁，2000年2月10日就诊。

主诉：右胁痞满疼痛10余年，伴腹胀2个月。

病史：患者有肝硬化病史10多年，反复右胁肋痞满疼痛不适，诊断为肝硬化，因经济原因未予重视。2个月前因饮食不洁又感受风寒，腹部胀满不适，伴纳呆、大便稀溏、口苦，腹部胀闷不适，腹大如鼓，面黄而晦暗。现症：右下腹痞胀疼痛，胃脘、腹部胀满，面色晦暗黧黑，神疲消瘦，纳呆，眠差，小便较少，大便较干、两日一行。查体：面色黧黑，巩膜皮肤无黄染及出血点，舌质紫暗苔黄，脉弦细。腹部膨隆，移动性浊音（＋）、腹围94cm，肝未扪及，脾左肋下2.5cm。双下肢凹陷性水肿。B超检查显示肝脏缩小，回声增粗，门脉主干直径1.5cm，脾肋间厚5.3cm，左肋缘下2.6cm，脾静脉直径1.2cm，腹腔内见大量液性暗区。

诊断：鼓胀（肝硬化）。

辨证：气滞血瘀证。

治法：开中导下，疏肝化瘀，理气健脾。

方剂：血府逐瘀汤化裁。

药物：杏仁 15g　　　紫苏叶 15g　　　桔梗 15g　　　桃仁 15g
　　　红花 10g　　　当归 20g　　　生地黄 25g　　　川芎 20g
　　　赤芍 15g　　　柴胡 15g　　　枳壳 25g　　　黄芪 30g
　　　炒白术 25g

3 剂，水煎服，1 日 1 剂，1 日 3 次，每次 200mL。

患者连服 3 剂后，右上腹痞胀疼痛、脘腹胀满明显减轻，小便量增多，大便正常，精神好转。复查 B 超，腹水量显著减少，腹围 82cm，继续治疗 1 个月，病情稳定，可以从事一般工作。

按语： 鼓胀病机在于久病入络，肝脉瘀阻，疏泄失常，上侮肺金，肺失宣降，横逆犯脾，脾失健运，升降无权，下竭肾阴，气化无源。上、中、下三焦受累，气道涩滞。治疗上采用开宣肺气、疏肝化瘀为治则，辅以理气健脾，用血府逐瘀汤化裁。因肺朝百脉，主一身之气，宣肺能提壶揭盖、开中导下，故用紫苏叶、桔梗、杏仁开宣肺气，使三焦畅达，瘀去滞消，气道畅通，故上症减轻。

4. 其他疾病

（1）咳嗽病例 1（慢性咽炎）

李某，女，38 岁，2012 年 3 月 22 日就诊。

主诉：反复咳嗽咳痰 3 个多月。

病史：患者经常咳嗽，数日未止，咽痒，痰少色黄，曾于当地诊所就医，医家多以滋阴补肾、化痰止咳之药治疗，症状反加重。今咽痒干咳，便溏、便涩交替出现，以便溏居多，手足汗出，失寐或易醒，口干不欲饮，月事为常。查体：咽后壁充血，淋巴滤泡增生。舌质红，苔灰黄腻，有纵向裂纹，脉弦滑带数。胸部 DR 检查未见明显异常。既往血压偏低，有慢性糜烂性胃炎病史。

诊断：咳嗽（慢性咽炎）。

辨证：痰热蕴肺证。

治法：清热肃肺，豁痰止咳。

方剂：黄连温胆汤加减。

药物：黄连 6g　　　陈皮 15g　　　法半夏 25g　　　茯苓 25g
　　　炙甘草 6g　　　枳壳 25g　　　竹茹 15g　　　射干 25g
　　　薏苡仁 25g　　　僵蚕 15g　　　旋覆花 15g　　　合欢皮 25g

石菖蒲 15g　　　　　细辛 3g　　　　　　五味子 15g

水煎服，2 剂服 3 日，1 日 3 次，共 4 剂。

二诊：2012 年 3 月 29 日复诊。患者咽痒干咳明显减轻，大便成形，稍有不爽，伴倦怠乏力，睡眠情况稍有好转。舌红苔黄腻。于上方加减。

药物：黄连 8g　　　　陈皮 15g　　　　法半夏 25g　　　　茯苓 25g

　　　炙甘草 6g　　　枳壳 25g　　　　竹茹 15g　　　　射干 15g

　　　薏苡仁 25g　　　僵蚕 15g　　　旋覆花 15g　　　合欢皮 25g

　　　石菖蒲 15g　　　细辛 3g　　　　生白术 30g　　　蝉蜕 15g

　　　藿香 15g　　　　党参 30g

水煎服，2 日服 3 剂，1 日 3 次，共 4 剂。

三诊：2012 年 4 月 5 日复诊。患者咽痒干咳基本消失，大便基本正常。倦怠乏力明显减轻，睡眠情况明显好转。继予上方 4 剂以巩固疗效。随访 1 个月，诸症皆除。

按语：温胆汤出自《三因极一病证方论》，由《备急千金要方》温胆汤变化而成，原方较本方少茯苓、大枣，而重用生姜，主治"大病后虚烦不得眠"。治咳嗽先辨外感与内伤，此患者脾失健运为患，水液失于输布，内聚化为痰湿，久之郁而化热，痰热互结，上渍于肺，壅塞肺气，肃降不利，遂为咳嗽。故治当以清热化痰、运脾降逆为要。黄连温胆汤为清热除湿之代表方。以该方为基础，配以旋覆花助枳壳消痰下气。伍以薏苡仁助茯苓健脾利湿。加用射干、僵蚕利咽化痰散结，石菖蒲化痰定志。合用合欢皮疏肝化痰助眠。稍佐细辛温化痰饮，且为少阴经之要药，引药力于咽喉，加之五味子敛肺滋阴，如此一开一合，顺应肺气之宣降。诸药相配，体现"脾为生痰之源，肺为贮痰之器"的辨治思想。

（2）眩晕病例 1（颈椎病）

陈某，女，26 岁，2012 年 5 月 10 日就诊。

主诉：头晕目眩 6 月余。

病史：患者头晕目眩，重则恶心呕吐，甚则倾倒，步态不稳，伴头部两侧阵发性胀痛，夜寐不佳，梦多，时有心悸，口苦口干，纳谷如常。苔薄黄，质淡红，脉细弦。头颅 CT 未见异常。颈椎 DR 显示颈椎退行性变。

诊断：眩晕（颈椎病）。

辨证：肝阳化风证。

治法：清化热痰，息风潜阳，理气和胃。

方剂：黄连温胆汤加减。

药物：黄连 6g　　　　竹茹 15g　　　　枳壳 25g　　　　白芍 18g

　　　　蒺藜 30g　　　　茯苓 25g　　　　陈皮 15g　　　　炙甘草 6g

　　　　酸枣仁 30g　　　法半夏 25g　　　生姜 15g

水煎服，2 剂服 3 日，1 日 3 次，共 4 剂。

二诊：2012 年 5 月 17 日复诊。患者眩晕明显好转，恶心、呕吐已止，疼痛缓解。予上方加葛根 15g，石菖蒲 15g，继服 4 剂，症状改善。继予上方 4 剂以巩固疗效。

按语：《丹溪心法》言"头眩，痰夹气虚并火，治痰为主，夹补气药及降火药，无痰则不作眩"。诸家治疗眩晕多从平肝潜阳着手，药选天麻、钩藤之剂，疗效欠佳。门诊眩晕病人甚多，应分清引起眩晕的原因。对于颈椎病引起的眩晕，酌加葛根 15g，石菖蒲 15g，解肌疏风，促进颈部血液循环以图缓解症状。

（3）口疮病例 1（复发性口腔溃疡）

王某，男，45 岁，2015 年 4 月 20 日就诊。

主诉：反复口腔溃疡 4 年余。

病史：4 年多前，患者因进食辛辣、饮酒后出现口腔溃疡，疼痛明显，遂至当地医院就诊，口服药物（具体不详）后逐渐缓解。之后患者常因进食辛辣、饮酒、熬夜、情志不舒等反复发作。刻见舌上、两颊各有一溃疡，大小相近，直径约 3mm，溃疡面色黄，无脓疱，疼痛显著，伴口苦纳差，口干喜饮，倦怠乏力，心烦失眠，小便黄热，大便不爽，无腹胀腹痛，无潮热盗汗。舌暗红，苔黄腻，脉沉细数。

诊断：口疮（复发性口腔溃疡）。

辨证：胃火上攻证。

治法：清热除湿，养血活血。

方剂：自拟口腔溃疡方加减。

药物：栀子 15g　　　　黄芩 15g　　　　黄连 10g　　　　黄柏 10g

　　　　当归 15g　　　　川芎 15g　　　　赤芍 15g　　　　生地黄 25g

　　丹参 30g　　　　　太子参 30g　　　　焦山楂 25g　　　　炒建曲 25g
　　肉桂 5g

　　4剂，水煎服，每剂分5次服，1日3次，每次150mL，餐后半小时服。嘱忌辛辣、油腻、烟酒，作息规律。

　　二诊：2015年4月27日复诊。患者自述口腔溃疡疼痛减轻，口干、口苦明显缓解，进食稍增，但仍感倦怠乏力，大便稍感黏滞。两颊疮面已基本愈合，舌部疮面明显减小，色灰白。舌暗红，苔黄腻，脉沉细数。以前方为基础，易太子参为党参30g，继予4剂，煎服法与禁忌同前。

　　三诊：2015年5月4日复诊。患者溃疡完全愈合，余无不适，继予中药调理2周后停药。随访半年，未再复发。

　　按语：口疮是指口腔黏膜出现圆形或椭圆形浅层小溃疡，可单发或多发在口腔黏膜的任何部位，局部有烧灼样疼痛，在说话、进食等受到刺激时痛苦异常，发病率高且极易复发。心脾积热、阴虚火旺和湿邪为患是口疮发生的主要病理机制。李培认为本案患者湿热、瘀阻之象明显，遂投以清热除湿、养血活血之方治之，合用丹参以增强活血止痛清热之效，加用焦山楂、炒建曲消积开胃促纳。然中病后患者仍有疲倦乏力之感，且脉沉细数，表明邪实于外，正虚存内，若正气不复无力御邪，则正虚邪恋，缠绵难解，故于攻邪之时适配益气健脾之物，扶正以助祛邪，从而杜绝缠绵反复之隐患。

　　（4）口疮病例2（复发性口腔溃疡）

　　赵某，女，42岁，2013年4月5日就诊。

　　主诉：口疮反复不愈10余年。

　　病史：患者口疮反复不愈已10余年，几乎每月发作1次，曾服多种维生素及清热中药制剂，均未能治愈。患者1天前因进食辛辣食物，导致口腔溃疡复发，状如红豆样大，溃疡面白，四周不红，讲话、吞咽均疼痛，自服三黄片及西瓜霜片等无效，心烦易怒，纳呆嗳气，口苦口干，大便干燥，数日一行。舌质淡红，苔白而略厚，脉滑。

　　诊断：口疮（复发性口腔溃疡）。

　　辨证：阴虚火旺证。

　　治法：健脾和胃，滋阴降火。

方剂：黄连解毒汤、半夏泻心汤、四物汤三方相合加味。

药物：黄连 6g　　　　黄芩 15g　　　　栀子 15g　　　　太子参 30g

　　　法半夏 25g　　　干姜 15g　　　苍术 25g　　　　生甘草 10g

　　　生地黄 30g　　　当归 15g　　　川芎 15g　　　　白芍 18g

　　　柴胡 15g　　　　升麻 25g

3 日服 2 剂，1 日 3 次，忌辛辣之品。

服用 4 剂后，疼痛减轻，未见新的溃疡出现。继用原方 4 剂。随访 2 个月，未复发。

按语： 此患者素有郁热，而病后服多种寒凉药物，中气受损，脾不升清，溃疡愈合困难；脾开窍于口，寒热错杂于中焦脾胃，津失输布而阴火上行，致口疮反复发作。病属寒热错杂，单泻火或温里，皆不能愈，故寒热并投。予黄连、黄芩、栀子清郁热，太子参健脾，法半夏、干姜、苍术理中焦；口疮反复为本病关键，久必有瘀，故重用养血活血药，加入生地黄、白芍、川芎、当归以化瘀；柴胡、升麻使诸药升提，作用于口腔。

（5）牙痛病例 1（慢性牙龈炎）

李某，女，40 岁，2012 年 12 月 15 日就诊。

主诉：牙龈肿痛反复发作 2 年，加重 3 个月。

病史：患者 2 年前因淋雨后伤风引起牙龈肿痛，服消炎药及中成药后牙痛缓解，此后常反复，服药可缓解。3 个月前复发，服用多种抗菌消炎药及黄连上清丸均未见缓解。就诊时见牙龈色淡白漫肿，牙齿无缺损，疼痛绵绵不绝，牙齿浮动，咬物无力，夜寐多梦，不易入睡，纳可，二便调。舌淡，苔薄白，脉沉细。

诊断：牙痛（慢性牙龈炎）。

辨证：虚火上炎证。

治法：益气养血，滋阴降火。

方剂：当归六黄汤加味。

药物：黄芪 30g　　　熟地黄 30g　　　黄连 6g　　　　黄芩 15g

　　　黄柏 15g　　　生地黄 30g　　　当归 15g　　　白芷 15g

　　　远志 15g　　　厚朴 15g　　　　炙甘草 6g

4 剂，3 日服 2 剂，1 日 3 次，水煎服。

服药 4 剂后，痛减大半。效不更方，继续服 6 剂而愈。

按语：该病对应西医学中的慢性牙龈炎，属中医虚火牙痛范畴，为久服苦寒药阳损及阴所致，治疗上因犯"虚虚之戒"，故久治无效。辨证选用当归六黄汤滋阴降火，气血得养，阴火得降；叶天士曰："齿为肾之余，龈为胃之络"，故加白芷引经至足阳明胃经；厚朴行气止痛，防滋腻碍脾，且"寒则泣而不流，温则消而去之"，故清热泻火的同时，需加用温药；加远志改善睡眠。全方共奏益气养血、滋阴降火之功。

（6）心悸病例 1（神经官能症）

张某，女，62 岁，2012 年 11 月 15 日就诊。

主诉：心慌、气短、乏力 2 个月。

病史：患者 2 个月前因劳累出现心慌心跳，气短乏力，动则汗出，夜寐不安。刻见：自感心慌心跳，失眠健忘，心率 96 次 / 分，律齐，面稍苍白，神倦乏力，纳差，语声低微，大便干，1 次 / 日，口干喜饮，手足心热。舌淡红，少苔，脉细弱。

诊断：心悸（神经官能症）。

辨证：气血两虚证。

治法：滋阴养血，补气温阳，宁心复脉。

方剂：炙甘草汤加减。

药物：

熟地黄 30g	党参 30g	炙甘草 15g	生姜 15g
桂枝 10g	麦冬 15g	酸枣仁 30g	阿胶 15g^{（烊化）}
大枣 15g			

4 剂，3 日服 2 剂，水煎服。

服药 4 剂后心慌心跳缓解，纳增，大便成形。效不更方，原方又进 4 剂。4 剂后除睡眠稍差外，余症消失。前方加首乌藤 25g，继服 4 剂后症除。

按语：该患者的中医诊断为心悸，证属气血亏虚。本方重用熟地黄滋阴养血，配伍阿胶、麦冬滋心阴、养心血、充血脉以助地黄之功；再配炙甘草、人参、大枣补益心脾之气，配桂枝、生姜温心阳、通血脉。综合全方，共成阴阳气血并补之剂，对阴血不足之心悸有显著的作用。

（7）瘾疹病例 1（荨麻疹）

梁某，男，50 岁，2013 年 5 月 24 日就诊。

主诉：反复风团样皮疹伴瘙痒 1 年，加重 1 周。

病史：患者反复出现风团样皮疹，伴皮肤瘙痒 1 年，1 周前因工作劳累后再现风团样皮疹，皮肤瘙痒明显。患者有风湿性心脏病病史多年，此次伴心慌、心悸而来就诊。症见：精神疲倦，面色不华，寝食不佳，全身可见隆起的风团样皮损，成片状，瘙痒难忍，疹块色暗。舌淡红，苔薄白，脉细弱。

诊断：瘾疹（荨麻疹）。

辨证：血虚生风证。

治法：养心安神，补血祛风。

方剂：天王补心丹加减。

药物：防风 15g　　　　生地黄 25g　　　　玄参 25g　　　　党参 30g

　　　当归 15g　　　　川芎 15g　　　　柏子仁 15g　　　麦冬 15g

　　　远志 15g　　　　炙甘草 6g

4 剂，3 日服 2 剂，水煎服。

服药 4 剂后各症均减，疹块已退，仍有疲倦，纳差。原方去玄参，加山药 30g，黄芪 30g，续服 4 剂。4 剂后余症均失，为巩固疗效，嘱服天王补心丸半个月。随访 1 年，未再复发。

按语：瘾疹是一种常见皮肤疾患，以皮肤出现瘙痒性风团或丘疹、骤起骤消为特点，相当于西医学的荨麻疹或丘疹性荨麻疹。本病责之于风，其发病与外感风寒风热之邪、湿热内蕴、七情内伤或气血不足有关。本例患者患风湿性心脏病多年，心失所养，久病必虚，血虚生风，见风团样皮疹年余，瘙痒致寐不安，食不佳，进一步耗伤心血。以天王补心汤养心安神以治本，酌加祛风止痒之品以治标，药切病机，故数剂见功。

二、医话

1. 研读前贤学说，重在系统和潜心

李培尽管担任医院院长、地方中医药学会会长等行政职务多年，但是他从来

不居功，并且十分虚心好学。他常教导学生，"中医经典及各家学说乃中医理论之魂，闲暇时应手不释卷，读书百遍，其义方现"，"学医广读书，行医不拘古"。比如，中医经典和各家学说中关于脾胃的论述，成为李培诊治脾胃相关疾病、临证遣方用药的重要理论依据、临床指导，就在于他认真地感悟和凝练。基于中医古籍对脾胃的阐述，李培在繁忙的行政工作之余，系统学习了中医从《黄帝内经》、张仲景、孙思邈至清代各医学家对脾胃病的认识和经验，并积极结合当代中医脾胃病学家的学术观点和临床经验。各朝代、各流派关于脾胃疾病生理、病理、病机变化、理论发展、临床经验的系统知识（见本书学术思想部分），勾勒出中医脾胃学说发展变化的总体框架。李培常常用自己的观点要求学生，指出：要想成为一名优秀的中医脾胃病医生，需要不断地从中医脾胃思想发展的历史长河中汲取精华，并且勤于在实践中体会、在实践中创新。古今成大医者，无一不由此路也。

2. 治脾胃病当寒热并用

寒热并用法是针对某些病因造成的寒热错杂证候，以寒凉药物与温热药物相互配伍运用，使其发挥治疗作用。"寒热错杂证"概念的确立，一般多是以方测证归纳而来的，一般认为寒热错杂方证的代表有《伤寒论》中的半夏泻心汤证、柴胡桂枝干姜汤证等。由于脾与胃在生理上相反相成，在病理上相互影响，因此脾胃病寒热错杂证较多见。脾胃病寒热错杂者，究其本质，寒多指脾胃虚弱，内生之寒，热多为宿食湿郁所化之热。脾胃病易产生寒热互结之证候，单一的清热法或祛寒法难以以一概全，而寒热并用法的用药特点恰能适应脾胃病的病机特性，既可平衡阴阳，又可斡旋气机，使脾胃气机升降调顺，阴阳平衡，从而达到调治脾胃病的目的。

脾气虚衰，往往是引起"寒化"的病理基础。正如《难经·二十二难》所说："气主煦之。"《素问·刺志论》也说："气虚者，寒也。"脾气不足，使温煦功能减退，不仅出现畏寒喜热、四肢不温、体温低下和气血津液运行迟缓等寒象，还可由于气虚及阳，阳虚生内寒，引起脘腹冷痛、喜热饮、呕吐清水、下利清谷等脾气虚寒证。故脾病易虚，虚多寒化而产生寒证。

胃气壅实，往往是引起"热化"的病理基础。正如《素问·刺志论》所说："气实者，热也。"如饮食过量，食滞胃腑，郁而化热，导致口苦而臭、呕吐酸腐、胃中嘈杂等胃热的病理表现；过食肥甘厚味，致湿阻胃腑，郁而化热，产生口腻口苦、脘痞恶心、烦热口渴、便下不爽、小便短赤、舌苔黄腻等湿热的病理表现。正如《临证指南医案·湿》所说："……内生湿邪，多因膏粱酒醴，必患湿热湿火之症。"由此看来，胃病易实，实多化热而产生热证。

脾的升腾气化表现为升清的功能。若脾阳不足，寒从中生，寒性趋下，则升清障碍，表现为清气不升，清阳下陷，产生久泄、脱肛等气机下陷的病证；胃的凝聚成形表现为降浊的功能。若胃津不足，胃燥生热，热性炎上，则降浊功能失常，表现为浊阴不降，胃气逆上，产生胸膈逆满、嗳气、呃逆、呕吐等气机逆上的病证。由此可知：脾寒胃热是脾胃病的主要病理因素之一。

中医学认为，寒邪是脾胃病的最主要病因。《素问·举痛论》指出："寒邪客于肠胃，厥逆上出，故痛而呕。"李东垣认为，胃病与人体阳气不足有关，"脾胃不足治源，乃阳气不足，阴气有余"。后代医家多宗此说，认为脾胃病多为虚寒证。李培在临床中发现脾胃病既有病程缠绵反复，遇寒而发或加重，虚寒的一面，又有胃脘灼热，反酸，舌苔黄腻，胃热的一面。对此，叶天士有精辟论述："考《内经》诸痛，皆主寒客，但经年累月久痛，寒必化热。"说明脾胃病存在寒热错杂病机。因此，李培清温并用，以竹茹、蒲公英、黄芩清热解毒，佐以人参、黄芪健脾温中，再配合左金丸，寒热并用治疗脾胃病，疗效确实比单用苦寒清热或香砂六君子汤快速、确切。

3. 抗消化性溃疡复发当健脾理气、化湿活血

（1）脾胃虚弱是根本

李培认为，脾虚不仅是溃疡发病与转归的关键，也是溃疡愈合与复发的关键，这点已成为大多数学者的共识。中医理论认为：古有"脾旺四季不受邪"及"正气存内，邪不可干"之论。消化性溃疡多由饮食不节、劳倦、七情内伤及外邪等导致脾胃受损，脾虚则气血生化乏源，机体抗病能力下降而易患病，局部则为胃部膜络抵御邪气的能力下降，表现在中和、对抗有刺激性的食物及对不洁或不节食物的适应、调节能力下降，易招致外邪入侵而形成溃疡。故健脾益气实际上就是提高机体免疫功能，保护胃黏膜屏障，以抵御各种损伤因素的侵袭。脾气虚弱还可导致血瘀、食滞、痰饮等病理产物的产生，这些病理产物反过来又可影响脾胃气机的升降和气血的化生，加重脾虚，形成恶性循环，使溃疡缠绵难愈，

易于复发。

（2）胃络瘀阻是关键

胃络瘀阻既是病理产物，又是病因，在胃黏膜糜烂、溃疡形成中起着关键作用。中医理论认为：复发性溃疡病史久、病程长，符合"久病必瘀""久痛入络"等理论，并且"初病在气，久病在血"及"离经之血便成瘀"等都说明其与瘀血有关。西医学表明：消化性溃疡普遍存在微循环障碍。

（3）寒热虚实是标象

本病病位在胃，涉及肝脾诸脏，病性多为虚实夹杂，即脾胃虚弱兼气滞、湿热、痰浊和血瘀。溃疡活动期多属肝胃郁热、肝郁气滞、脾胃湿热、胃络瘀阻等实证、热证，缓解期多为脾气虚或胃阴虚等虚证、寒证。病程较长，迁延难愈，与久病入络、胃之络脉瘀阻、气血瘀滞有关。无论是活动期还是缓解期，都有不同程度的脾虚症状，显示气血不足，机体防御功能减弱。

基于以上对消化性溃疡复发机理的认识，脾胃虚弱是基本病机，本病诱因又多与情志变动有关，故肝气犯胃亦是重要因素。不同程度的气滞血瘀是一个常见的重要病理改变，故中医抗复发可以从健脾理气（健脾理气类方药通过增强和保护胃黏膜屏障，提高愈合质量，以减少复发）、清热化湿（清热化湿以"祛毒邪"，湿热是消化性溃疡复发的危险因素之一）、活血化瘀（活血化瘀以改善胃黏膜微循环，消除"瘀血"的病理变化）考虑。在辨证用药时，应配合应用"活血化瘀"的丹参、延胡索、乳香、没药、三七等，以扩张微血管，改善胃肠黏膜局部微循环，增加组织器官的血氧供应和解除局部的血管痉挛，保证黏膜上皮及溃疡底部和边缘腺体迅速再生。在治疗上还应注意调畅气机，理气和胃，加入柴胡、木香、陈皮、郁金等药。

溃疡病由于病程长、复发率高，顽固者常年不愈、反复发作，所以强调治疗的长期性和持续性有很大的意义。因此，服药的疗程和方法与本病的预后有密切关系。

此外，消化性溃疡属于典型身心疾病范畴，心理－社会因素对发病起着重要作用。因此，预防本病应注意保持心情愉快、乐观，避免精神过度紧张，这和中医的理气方法十分吻合。另外，应劳逸结合，进行体育锻炼，如太极拳、气功等。饮食方面，避免暴饮暴食、饥饱失常，避免进生冷刺激性食物和烟酒，克服不良饮食习惯，慎用某些药物，如阿司匹林、保泰松、利血平、咖啡因和激素等。

三、常用类方及发挥

1. 小柴胡类方

（1）小柴胡汤

小柴胡汤方药物组成和建议用量：柴胡（15g）、黄芩（20g）、人参（15g）、炙甘草（6g）、半夏（15g）、生姜（15g）、大枣（10枚）。功效为和解少阳，疏泄胆火，扶正祛邪。主治"往来寒热，胸胁苦满，嘿嘿不欲饮食，心烦喜呕，或胸中烦而不呕，或渴，或腹中痛，或胁下痞硬，或心下悸，小便不利，或不渴，身有微热，或咳者"（见《伤寒论》第96条，小柴胡汤证）。李培总结，本方寒温并用，攻补兼施，升降协调。外证得之，重在和解少阳，疏散邪热；内证得之，尚有疏利三焦，条达上下，宣通内外，运转枢机之效。故本方广泛应用于临床各科，涉及外感内伤诸多病证。《伤寒论》第101条所言"伤寒中风，有柴胡证，但见一证便是，不必悉具"，意在辨证规范而不失灵活。李培主张，凡见少阳提纲证候之一，或小柴胡汤证候之一者，皆可酌情应用本方，且处方时需随证加减，圆机活法。

《伤寒论》第37条："太阳病，十日已去，脉浮细而嗜卧者，外已解也。设胸满胁痛者，与小柴胡汤……"第97条："血弱气尽，腠理开，邪气因入，与正气相搏，结于胁下。正邪分争，往来寒热，休作有时，嘿嘿不欲饮食，脏腑相连，其痛必下，邪高痛下，故使呕也，小柴胡汤主之。"本方既为少阳病之主方，理当出于少阳病篇，而《伤寒论》中却出在太阳中篇，可见本方原可治太阳病，为太阳与少阳统治之方，不仅善治少阳经证，以解半表半里之邪，而且善治太阳表证，以祛在表之邪。李培常用此方治疗外感迁延不愈或虚人感冒。李培指出，无论外感迁延不愈，抑或虚人感冒，均与正虚邪恋相关，即正气不足，御邪无力，邪入腠理。腠理者，少阳之分也，故正虚而外邪余留者，纵有太阳表证，亦为病之标也，纵无少阳正证或变证，却总是腠理空疏，邪与正搏。此与仲景所论并无二致，均不任发汗，故可借用小柴胡汤，从少阳之枢以达太阳之气，则太阳表证亦可除矣。方中参、草、枣补益中土，令谷气充沛，以为胜邪之本，合柴、芩、夏、姜，从少阳之枢，以达太阳之气，逐在外之邪，此为扶正祛邪之妙用也。

此外，李培运用审因论治的临床思路，结合小柴胡汤的现代药理学研究成果，将本方用于恶性肿瘤患者术后及化疗、放疗后的治疗。李培指出，化疗药物和射线可损伤中焦脾胃之气，使中气亏虚，胃失受纳，脾失运化，气血化生无源，湿浊内聚，成痰成饮，终使胃失和降，气逆于上，而发恶心、呕吐、纳差诸症，加之患者对癌症及治疗过程的恐惧与焦虑，常伴情志不畅、烦躁不安、失眠神差等症状，即与小柴胡汤证之"嘿嘿不欲饮食，心烦喜呕"相似，故治疗应以疏肝健脾、和胃降逆为主。小柴胡汤方中柴胡、黄芩合用，一疏一清，苦降寒泻，气郁通达。生姜、半夏性味辛开热泻，和胃降逆，为止呕圣药。人参、大枣、甘草为甘补药，补中益气，扶助正气，共奏疏肝理气，和胃降逆，兼顾益气扶正之效。

（2）大柴胡汤

大柴胡汤方见于《伤寒论》第103条"太阳病，过经十余日，反二三下之，后四五日，柴胡证仍在者，先与小柴胡汤；呕不止，心下急，郁郁微烦者，为未解也，与大柴胡汤下之则愈"及《金匮要略·腹满寒疝宿食病脉证治》第12条"心下满痛者，此为实也，当下之，宜大柴胡汤"。方由小柴胡汤去人参、炙甘草，加芍药、枳实、大黄而成，功效和解攻里，为少阳兼阳明里实双解之剂。李培认为，小柴胡汤可治疗少阳之经病，而大柴胡汤则可治疗少阳之腑病。李培临证多用大柴胡汤治疗外感发热、胃痛、胁痛、呕吐、腹痛、便秘等病症。另外，李培将该方加减化裁，尚可用于胆囊炎、胆石症、急/慢性胰腺炎等肝胆胰系统疾病的治疗，体现"六腑以通为用""不通则痛，通则不痛"的理论特色。

（3）柴胡桂枝汤

柴胡桂枝汤方见于《伤寒论》第146条"伤寒六七日，发热，微恶寒，支节烦疼，微呕，心下支结，外证未去者，柴胡桂枝汤主之"及《金匮要略》附方《外台》柴胡桂枝汤，治心腹卒中痛者"。"发热，微恶寒，支节烦疼"提示太阳表证未解；"微呕，心下支结"说明少阳半表半里之证又现。因太阳、少阳二证均较轻浅，故分别取小柴胡汤、桂枝汤原方用量各半相合而成：桂枝、芍药、黄芩、人参、炙甘草、半夏、大枣、生姜、柴胡。李培常用本方治疗某些外感发热性疾病属于太阳少阳同病者。另外，针对内伤杂病，李培主参"微呕""心下支结"等症，并将"心下支结"一症扩展为心前区疼痛、胸骨后闷胀、胸脘痞结胀闷等症，而不拘泥于"发热"一症，着眼主症及病机，遂加减化裁此方用于消化性溃疡、围绝经期综合征、冠心病、胃心综合征、胆心综合征及其他非器质性疾病。

（4）柴胡桂枝干姜汤

柴胡桂枝干姜汤方见于《伤寒论》第147条"伤寒五六日，已发汗而复下之，胸胁满微结，小便不利，渴而不呕，但头汗出，往来寒热，心烦者，此为未解也，柴胡桂枝干姜汤主之"。方由小柴胡汤去人参、大枣、半夏、生姜，加天花粉、桂枝、干姜、牡蛎而成，主治少阳兼水饮内结之证。李培认为本方证实属手足少阳同病，"胸胁满微结"为饮阻上焦，不同于小柴胡汤证之"胸胁苦满"；汗、下、邪热皆能耗伤津液，复以三焦气机不畅，以致津液不下，故"小便不利"，此有别于少阳主症之小便利；津液虚少，热伤津致燥，故"渴而不呕"。三焦实为水火气机之通道，邪犯少阳，既可见胆气内郁化火，又可见三焦水饮内阻。由是观之，本方证或可谓之少阳经腑同病，故用柴胡桂枝干姜汤和解兼温化。李培善用此方治疗心律失常、慢性肾炎、尿路感染、盆腔炎、顽固性头痛等属少阳火郁饮停之杂病。

（5）柴胡加龙骨牡蛎汤

柴胡加龙骨牡蛎汤方见于《伤寒论》第107条"伤寒八九日，下之，胸满烦惊，小便不利，谵语，一身尽重，不可转侧者，柴胡加龙骨牡蛎汤主之"。方由小柴胡汤之半量去甘草，加桂枝、茯苓、龙骨、牡蛎、铅丹及大黄构成，专为少阳胆火上炎，三焦枢机不利，痰浊内生，痰热扰神之烦惊谵语而设。方中龙骨、牡蛎为重镇安神之常用药对，而柴胡、牡蛎相配亦为李培所喜用。李培认为，柴胡配牡蛎，一升一降，一散一敛，可疏肝软坚，调畅气血，若另加泽泻，则有化痰散结之功。因铅丹有毒，李培常以磁石代之。李培常用此方治疗神经衰弱、精神分裂症、抑郁症等具备"胸满烦惊""谵语"证候特征的神经精神疾病。

（6）柴胡加芒硝汤

柴胡加芒硝汤方见于《伤寒论》第104条"伤寒十三日，不解，胸胁满而呕，日晡所发潮热，已而微利，此本柴胡证，下之以不得利，今反利者，知医以丸药下之，此非其治也。潮热者，实也。先宜服小柴胡汤以解外，后以柴胡加芒硝汤主之"。方由小柴胡汤原量1/3加芒硝而成，为少阳兼阳明里实轻证（即少阳枢机不利，阳明燥实微结）而设。本方与大柴胡汤方均为和解清里之剂，然本方针对正气较虚、里实不甚之势，无大黄、枳实荡涤破滞之力，而留人参、甘草以扶正，量轻势缓，与大柴胡汤有缓峻之别，因此临证须视病情轻重缓急而选择使用。

（7）柴平汤

柴平汤方出自《景岳全书》，即《伤寒论》之小柴胡汤方与《太平惠民和剂局方》之平胃散方相合而成。《景岳全书》言："凡温疟身痛，手足沉重，寒热者宜此。"《增补内经拾遗》引《宦邸便方》言："方用小柴胡汤以散风寒，平胃散以消饮食，故曰柴平。"《医方考》载："用小柴胡汤以和解表里，平胃散以健脾制湿，二方合而为一，故曰柴平。"可见，柴平汤之功效是集小柴胡汤之和解少阳、疏肝解郁，与平胃散之燥湿化浊、理气宽中于一体。李培依据临证经验，提出柴平汤之六大病证：①疟疾属邪伏半表半里、少阳枢机不利之证。②感冒属风寒夹湿，邪入少阳，或外感风寒、内伤寒湿之表里两感证候。③胃脘痛属肝胃不和、气血壅滞之证。④胁痛属肝气郁结、气血壅滞，或肝胆湿热、气机郁滞之证。⑤呕吐属外邪犯胃或肝气犯胃，以致胃失和降之证。⑥泄泻属外邪伤及肠胃或肝气乘脾犯胃所致之证。其中，李培用本方治疗泄泻颇具特色。李培指出，外感风寒暑湿热等邪气，伤及肠胃，传化失常，皆能导致泄泻的发生，均可以本方化裁治疗。由外感寒湿或风寒所致，症见泄泻清稀，甚至如水样，腹痛肠鸣，脘闷食少，或伴有恶寒发热，头身疼痛，苔薄白或白腻，脉濡缓者，本方加木香、藿香、桂枝、葛根、茯苓、泽泻以治之。由外感湿热或暑湿所致，症见腹痛作泻，泻下急迫，或泻而不爽，粪色黄褐而臭，肛门灼热，烦热口渴，小便短黄，舌苔黄腻，脉濡数或滑数者，以本方加葛根、茯苓、泽泻、车前子、黄连等治之。发于夏季盛暑之时，伴自汗面垢，烦渴尿赤者，更加藿香、香薷、滑石、扁豆等以清暑化湿。由食滞肠胃所致，症见腹痛肠鸣，泻下粪便臭如败卵，泻后痛减，脘腹痞满，嗳腐厌食，舌苔厚腻，脉滑者，以本方加神曲、焦山楂、莱菔子、茯苓等治之。若食积化热，脘腹胀满，泻而不爽者，酌加枳实、大黄以"通因通用"，因势利导。由肝气乘脾犯胃所致，症见腹痛肠鸣作泻，每于抑郁恼怒或情绪紧张之时发作，胸胁胀闷，嗳气食少，舌淡红夹青，脉弦者，以本方加白芍、木香、茯苓、白术、防风、吴茱萸等培中泻木以止泻。

（8）柴苓汤

柴苓汤方见于《丹溪心法附余》，为《伤寒论》之小柴胡汤、五苓散二方相合而成。功效为分利阴阳，和解表里。主治伤寒、温热病、伤暑、疟疾、痢疾等，邪在半表半里，症见发热，或寒热往来，或泻泄，小便不利者，以及小儿麻疹、痘疮、疝气见有上述症状者。李培将此方进一步加减化裁，自拟加减柴苓汤方，具体用药及常用剂量为柴胡（15g）、黄芩（25g）、法半夏（25g）、土茯苓（25g）、泽泻（20g）、滑石（30g）、金银花（15g）、连翘（15g）、夏枯草（30g）、金钱草（30g）、炙甘草（6g），用于急/慢性尿路感染属肝气不舒、膀胱湿热，症见心烦易怒或寒热往来、尿频、尿急、尿痛或尿灼热不畅者。若兼见女子带下量多、色黄臭秽者，易黄芩为黄柏（15g）、加用车前子（30g）、芡实（15g）、白果（10g），以增强利湿止带之效。

（9）柴胡温胆汤

柴胡温胆汤方为《伤寒论》之小柴胡汤方与《三因极一病证方论》之温胆汤方相合化裁而成，常用药物有柴胡、黄芩、法半夏、陈皮、茯苓、竹茹、枳实、生甘草。若恶心、呕吐明显者加生姜，因其少阳枢机不利，胆火内郁，更兼湿热阻滞，故去参、枣之壅滞。本方既能疏解气郁，又能清热化痰，常用于气郁痰火所致目眩、耳鸣、忧郁、失眠、心悸、癫痫、妇科湿热带下等病证。

（10）柴胡陷胸汤

柴胡陷胸汤方为《伤寒论》之小柴胡汤、小陷胸汤二方相合加减而成，常用药物有柴胡、姜半夏、黄连、桔梗、黄芩、瓜蒌子、枳实、生姜。李培常用本方治疗发热性疾病，以及呼吸、消化、心血管系统疾病，如感冒发热、感冒后咳嗽、慢性胃炎、消化性溃疡、冠心病等。证候特点包括：①发热，包括恶寒发热，或但热不寒，或寒热往来，或寒热起伏不定，或午后热甚。②咳嗽、胸闷、胸痛、胁痛。③胃脘（或剑突偏右、偏左）痞结疼痛，或兼胸胁疼痛。④少阳或阳明经脉所过之处酸楚疼痛。⑤脉弦、缓、数等。⑥舌红或绛，苔白薄或白厚，或黄薄、黄厚。

（11）柴胡建中汤

柴胡建中汤方为《伤寒论》之小柴胡汤、小建中汤二方相合而成。功效为温中健脾，疏肝解郁。主治脘腹疼痛属中虚气郁，木旺乘土者，症见脘腹作痛，缠绵日久，饱食则痛缓腹胀，微饥则痛剧心悸，舌淡白，脉左弦细、右虚迟。李培指出，准确理解并能恰当应用此方，尚需把握小柴胡汤、小建中汤二方之间的关系。

从六经辨证来看，小柴胡汤是治疗少阳病主方，在人体部位上主治在胁，小建中汤是治疗太阴病主方，在人体部位上主治在腹。两方主治正是从阳入阴的关键之处，"伤寒三日，三阳为尽，三阴当受邪，其人反能食而不呕，此为三阴不受邪也"。反之，若不能食而呕，则是有入三阴之趋势，而三阴之首即是太阴，所以太阴提纲证提到"腹满而吐食不下"正是承接少阳而来，这足以说明少阳、太阴密切的生理病理联系。《伤寒论》第100条述："伤寒，阳脉涩，阴脉弦，法当腹中急痛，先与小建中汤，不差者，小柴胡汤主之。"本条"腹中急痛"已有入太阴之趋势，是里气已虚，故先予小建中汤，若得内气充实或可自解，若不解再以小柴胡汤扶正达邪，从外而解，此寓有"攘外必先安内"之意。李培引《伤寒寻源三集》之言作深入阐释："盖阳脉涩，则中土已虚，阴脉弦，则木来贼土之象，腹中急痛是脾阳下陷，此时若用小柴胡汤制木，其如中土先已虚馁何？夫中土虚馁，非甘不补，土受木克非酸不安，必先以小建中汤扶植中土，土气既实，若不瘥，再以小柴胡疏土中之木，用药自有先后，非先以小建中汤姑为尝试也。"

从脏腑辨证来看，小柴胡汤主治肝胆，小建中汤主治脾胃，肝胆属木，脾胃属土，五行之中木克土，《金匮要略》亦认为"见肝之病，知肝传脾，当先实脾"，说明肝、脾在生理病理上密切相关。脾胃为一身气机的枢纽，二者皆居中心而属土，脾以阴土而升于阳，胃以阳土而降于阴。土位于中而火上水下，左木右金，左主乎升，右主乎降，而升降之权，又在中气，升则赖脾之左旋，降则赖胃之右转也。中气旺则脾升而胃降，木火金水亦得以轮转；中气衰则脾郁而胃逆，则木火金水皆失其运行矣。

可见两方合用，以小建中汤培补中焦，以复脾胃枢纽之职，以小柴胡汤调和肝脾，使气机从左旋而升，则水升火降，坎离相合，使人体恢复到阴平阳秘的正常状态。

（12）小柴胡合白虎汤

小柴胡合白虎汤方即《伤寒论》之小柴胡汤、白虎汤二方相合，阳明少阳同治，和解少阳并除阳明之热。主治春温发热，头痛以两太阳为甚，胸胁痛，口渴便溏，耳聋面赤，舌心焦燥，脉左浮弦数、中按有力，右关滑大。李培常用此方治疗高热不退，或寒热往来，热多寒少，以及甲状腺功能亢进所致心悸、震颤、多汗、口渴等症。

2. 四逆散系列方

四逆散系列方即由四逆散衍生出的系列方剂，包括四逆散、逍遥散、丹栀逍遥散、黑逍遥散、柴胡疏肝散、滋水清肝饮、血府逐瘀汤、柴芍方、柴胡香附方、便秘方等。

（1）四逆散

四逆散方药物组成和建议用量为柴胡（15g）、白芍（15g）、枳实（15g）、炙甘草（15g）。主治"少阴病，四逆，其人或咳，或悸，或小便不利，或腹中痛，或泄利下重者"（见《伤寒论》第318条，四逆散证）。方中，柴胡配白芍一散一收，一疏一养；柴胡伍枳实一升一降；柴、芍与枳、草，亦肝亦脾，亦气亦血。四药相合，疏而无过，升清降浊，肝脾同治，气血并调。临证时，李培常将此方作为疏肝解郁、调和肝脾之基础方，广泛用于慢性胃炎、功能性消化不良等疾病的治疗。

（2）逍遥散

逍遥散方出自宋代《太平惠民和剂局方》，为四逆散方去枳实，加当归、茯苓、白术、煨生姜、薄荷而成。功效为疏肝养血，健脾和中。主治"血虚劳倦，五心烦热，肢体疼痛，头目昏重，心忪颊赤，口燥咽干，发热盗汗，减食嗜卧，及血热相搏，月水不调，脐腹胀痛，寒热如疟"；又治"室女血弱阴虚，营卫不和，痰嗽潮热，肌体羸瘦，渐成骨蒸"。目前用于治疗女性月经病、更年期综合征、功能性消化不良、慢性肝炎等疾病属肝经郁滞，气血不和者。李培在此方基础上常加用黄连、吴茱萸（连萸等量）治疗肝胃不和之反酸烧心；合用酸枣仁汤治疗阴虚内热之失眠；合用甘麦大枣汤治疗心烦易怒兼有汗出者。

（3）丹栀逍遥散

丹栀逍遥散方出自《内科摘要》，即逍遥散方加牡丹皮、栀子而成。功效为养血健脾，疏肝清热。主治"肝郁血虚发热，或潮热，或自汗盗汗，或头痛目赤，或怔忡不宁，或颊赤口干，或月经不调、肚腹作胀，或小腹重坠，小便涩痛"。目前广泛应用于神经官能症、痛经、闭经、尿路感染、结膜炎等疾病属肝郁血虚，内有郁热之治疗。李培以此方为基础，加黄连、瓜蒌仁、法半夏治疗木火刑金之咳嗽痰多；加刺蒺藜、菊花、枸杞子等药物治疗虚火循经上冲之目睛干涩痒痛诸症。

（4）黑逍遥散

黑逍遥散方出自《医宗己任编》，即逍遥散方加熟地黄。功效为养血疏肝，健脾和中。主治肝郁血虚，胁痛头眩，或胃脘当心而痛，或肩胛绊痛，或时眼赤痛，连及太阳，以及妇人郁怒伤肝，致血妄行、赤白淫闭、沙淋崩浊等症。目前广泛用于治疗更年期综合征、经前期综合征、痛经、乳腺炎、赤白带下等疾病属血虚气郁，冲任失养者。李培基于此方，加用牡丹皮、栀子、益母草、蒲公英、川芎等药物治疗肝血亏虚，冲任失养所致产后乳头皲裂疼痛；易白芍、熟地黄，为赤芍、生地黄，加麦冬、玉竹、玄参等物治疗肝郁化火伤阴之咽喉不利，声音嘶哑。

（5）柴胡疏肝散

柴胡疏肝散方出自《景岳全书》，即逍遥散易枳实为枳壳，加陈皮、川芎、香附而成。功效为疏肝理气，活血止痛。主治证候以肝气郁滞为特点，包括胁肋疼痛，胸闷善太息，情志抑郁，心烦易怒，或嗳气，脘腹胀满，脉弦等。目前用于治疗慢性胃炎、急/慢性肝炎、肋间神经痛、中耳炎、神经官能症等疾病属肝气不舒，抑郁疼痛为甚者。李培在此方基础上，加高良姜、吴茱萸治疗肝郁气滞，中焦虚寒之胃脘疼痛；加苍术、厚朴、藿香等药治疗气机不畅兼有湿阻之腹满胀痛诸症。

（6）滋水清肝饮

滋水清肝饮方出自《医宗己任编》，为丹栀逍遥散、六味地黄丸二方相合加减而成，组成药物和建议用量为熟地黄（30g）、山药（30g）、山茱萸（15g）、牡丹皮（15g）、泽泻（15g）、茯苓（25g）、柴胡（15g）、白芍（15g）、当归（15g）、栀子（15g）、酸枣仁（30g）。功效为滋阴养血，清热疏肝。主治证候以肝郁阴虚为特点，包括胁肋胀痛，胃脘疼痛，咽干口燥，舌红少苔，脉虚弦或细软等。目前用于治疗慢性肝炎、肝硬化腹水、痤疮、更年期综合征等疾病属肝肾阴虚气滞者。李培在此方基础上，合用黄连、肉桂、麦冬、炙甘草、阿胶等药物治疗阴虚气滞、心肾不交之失眠；加丹参、川牛膝、枸杞子、天花粉、黄芪、太子参等药物治疗肾阴亏虚，肝经郁热，血瘀入络之消渴漏微（相当于糖尿病肾病）。

（7）血府逐瘀汤

血府逐瘀汤方出自《医林改错》，为四逆散、桃红四物汤二方相合加减而成，组成药物和建议用量为柴胡（15g）、枳壳（25g）、赤芍（15g）、生甘草（6g）、桃仁（15g）、红花（5g）、生地黄（15g）、当归（15g）、川芎（15g）、桔梗（10g）、怀牛膝（20g）。功效为活血化瘀，行气止痛。主治"胸中血府血瘀"之证，如胸痛，头痛，日久不愈，痛如针刺而有定处，或呃逆日久不止，或饮水即呛，干呕，或内热瞀闷，或心悸怔忡，失眠多梦，急躁易怒，入暮潮热，唇暗或两目暗黑，舌质暗红，或舌有瘀斑、瘀点，脉涩或弦紧。目前该方广泛用于治疗冠心病、顽固性头痛、痛经、闭经、蛇串疮疼痛、肝硬化、闪挫软伤疼痛等病证属血瘀气滞者。李培以此方为基础，加木香、香附、郁金、乌药等药物治疗气滞血瘀，经络受阻之老年性下肢无力；加香附、栀子、蝉蜕、刺蒺藜、全蝎等药物治疗血瘀气滞，肌肤失养之神经性皮炎；加滑石、瞿麦、乌药、栀子等药物治疗气滞血瘀，湿热下注之慢性顽固性尿路感染。

（8）柴芍方

柴芍方系李培经验方，乃四逆散、四君子汤、左金丸三方相合加味而成，具体组成及建议剂量为柴胡（15g）、白芍（18g）、枳实（25g）、炙甘草（6g）、党参（30g）、炒白术（25g）、茯苓（25g）、黄连（6g）、吴茱萸（6g）、草豆蔻（15g）、丹参（30g）、肉桂（5g）。功效为疏肝健脾，温经通脉，抑酸止痛。主治肝郁脾虚，气血不和之胃脘疼痛，或伴胃脘灼热，腹胀便溏，畏寒肢冷，舌淡，边有齿痕，苔白，脉沉弦或弦细。此方常用于慢性胃炎、功能性消化不良等疾病属肝脾不和，运化失常者。

（9）柴胡香附方

柴胡香附方系李培经验方，乃柴胡疏肝散、黄连温胆汤、金铃子散三方相合加减而成，具体用药及建议剂量为柴胡（15g）、香附（25g）、炒白术（25g）、茯苓（25g）、延胡索（25g）、川楝子（15g）、炙甘草（6g）、枇杷叶（15g）、法半夏（25g）、陈皮（15g）、黄连（6g）、枳实（25g）、竹茹（15g）、射干（25g）、肉桂（5g）、紫苏梗（15g）。功效为理气降逆，健脾和胃，清热除湿。主治肝郁脾虚兼湿热之反酸烧心，嗳气反流，口苦口干，心烦易怒，胁肋胀痛，或伴胸骨后疼痛，背心疼痛，脘腹胀满，舌苔厚或腻；脉弦细。临证时，李培采用病证结合的思路，用此方治疗肝郁脾虚兼湿热型胃食管反流病。

方中柴胡、香附、枳实、延胡索、川楝子共奏疏肝理气之效。法半夏、竹茹、陈皮、炒白术、茯苓、黄连、紫苏梗健脾除浊，同时陈皮与竹茹相配，又取《金匮》橘皮竹茹汤组方之义，同降肺胃之气。射干、枇杷叶针对兼症，利咽降逆。肉桂、炙甘草温脾调和。全方配伍特点在于土木并调，气血同治，寒温并用，攻补并行。

（10）便秘方

便秘方系李培经验方，由四逆散合百合知母汤加味而成，具体用药及建议剂量为柴胡（15g）、白芍（18g）、枳实（25g）、生甘草（6g）、生白术（30g）、百合（30g）、知母（25g）、石菖蒲（15g）、肉苁蓉（30g）、肉桂（5g）、决明子（30g）、莱菔子（30g）、黄连（6g）、吴茱萸（6g）、建曲（25g）。功效为理气滋阴，温阳助运，润肠通便。主治肝郁气滞，津亏肠燥之大便干结难解，脘腹胀满，兼见口干引饮，嗳气食少，反酸烧心，下腹不温，舌淡红，苔白少津，脉弦有力。临证时，李培采用病证结合的思路，用此方治疗功能性便秘属气滞型。

本方以四逆散为组方之本，力专调气。生白术味苦、甘，性温，归脾、胃经，量大（即每剂用量不少于30g）可通便导滞，如《伤寒论》言"大便坚硬加白术四两"及《汪旭高医书六种》云"……白术生肠胃之津液，大便硬是肠胃之津液枯，故加白术"等。另外，生白术合枳实，取枳术丸组方之意，以补中顺气宽肠。百合、知母滋阴润肺以助气降，稍佐石菖蒲开宣肺气而行大肠滞气，由此开上窍以通下窍，达"提壶揭盖"之效。肉苁蓉、肉桂温肾助阳，助火暖土。决明子、莱菔子更增降气通便之力。黄连、吴茱萸、建曲均为李培常用和胃之品，黄连、吴茱萸取其左金丸之义：一辛一苦，辛开苦降，疏泄肝经之郁气，使肝气条达，郁结得开，胃气得降；一寒一热，寒热并用，相反相成，平调寒热温凉之性，以适肝用。若大便干结状如羊屎，则加火麻仁增润肠之效；老年人伴见咳嗽气紧者，加苏子降气通便。

3. 东垣系列方

东垣系列方在脾胃学派中占据极其重要的地位，李培崇东垣之说，以东垣方为基础加减化裁，用于脾胃疾病及其他内伤杂病，系列方如下。

（1）补中益气汤

补中益气汤方组成和建议用药剂量为黄芪（30～50g）、炙甘草（6g）、人参/党参（30g）、当归（15g）、橘皮（15g）、升麻（15g）、柴胡（15g）、炒白术（25g）。功效为补中益气，升阳举陷。主治脾胃气虚，少气懒言，四肢无力，困倦少食，饮食乏时，不耐劳累，动则气短；或气虚发热，气高而喘，身热而烦，渴喜热饮，其脉洪大，按之无力，皮肤不任风寒而生寒热头痛；或气虚下陷，久泻脱肛。李培常用此方治疗倦怠乏力显著、脏器下垂、头晕空痛、久泻久痢或排便量少费力者。伴见上腹疼痛者，加丹参30g、草豆蔻15g；痛在下腹者，加小茴香15g；疼痛剧烈者，加乳香、没药各10g；伴大便量少、黏滞不爽者，易炒白术为生白术30g；头痛显著者，加川芎15g；伴四末不温、情志不遂、脉沉细者，合用四逆散或柴胡疏肝散，加肉桂5g；伴恶风汗出显著者，合用桂枝汤。

李培指出，本方应用之关键在于"虚""陷"二字，且由"虚"致"陷"。《脾胃论》有言："饮食不节则胃病……形体劳役则脾病。"饮食不节，脾胃内伤，中气不足，精微失于布散，肢体失于充养，从而出现倦怠乏力，懒言恶食，排便无力等证候，此即"虚"之机理也。以"虚"为基础，脾胃斡旋失司，当升者不升，当降者不降。清气下流则不举，表现为脏气下垂，久泻久痢，口渴饮热，严重者统摄无权而发便血、崩漏；浊气上涌则不畅，表现为清窍失灵，头昏空痛。此乃"陷"之机理也。《脾胃论·脾胃虚实传变论》云："胆者，少阳春生之气。春气升则万化安，故胆气春生，则余脏从之。"可见，东垣治疗脾胃病证，突出益气与升阳，尤重脾阳之升。李培指出，脾阳之升有赖于少阳春生之气的带动，若少阳春生之气不行，则清阳不升，而致"飧泄、肠澼不一而起矣"。因此，本方正为脾胃虚弱、清阳不升之病机而设，以芪、参、术、草、归补益气血为基础，配伍升、柴，"升麻引胃气上腾而复其本位，柴胡引清气行少阳之气上升"，从而借少阳春生之气而助脾升举阳气。另少佐陈皮，寓降于升，升中有降，以应斡旋之势。正如张景岳所言："补中益气一汤，允为东垣独得心法，本方以升、柴助升气，以参、术、归、芪助阳气，此意诚尽善然。"

（2）升阳益胃汤

升阳益胃汤方的组成和建议剂量为黄芪（30～60g）、法半夏（25g）、人参/党参（30g）、柴胡（15g）、炙甘草（6g）、白芍（18g）、防风（15g）、独活（15g）、羌活（15g）、橘皮/陈皮（15g）、茯苓（25g）、泽泻（15g）、炒白术（25g）、黄连（6g）（或加生姜、大枣各15g）。功效为升阳益气除湿。主治脾胃虚弱，湿热滞留中焦，无以升清降浊，症见怠惰嗜卧，四肢不收，身体沉重，关节疼痛，口苦舌干，饮食无味，大便不调，小便频数，舌苔白腻，脉濡缓；或当有肺病，怕冷战栗，表情忧郁、憔悴，面色恶而不和等。李培应用此方治疗脾虚外感汗多之普通感冒、脾胃气虚之慢性胃炎等病证，并以此方为基础，配伍桑白皮（15g）、葶苈子（15g）、紫苏子（15g）、厚朴（15g）、前胡（15g）、肉桂（5g）等药治疗气虚外感，痰涎壅肺之慢性支气管炎急性发作期，缓解期则加用仙茅（15g）、淫羊藿（15g）、菟丝子（15g）等温肾固本。李培在本方基础上，加用苍术（15g）、茵陈（25g）、楮实子（25g）、丹参（30g）等药治疗慢性乙型肝炎属脾虚湿困，肝郁不达者。

《脾胃论·肺之脾胃虚论》言："脾胃之虚，怠惰嗜卧，四肢不收。时值秋燥令行，湿热少退，体重节痛，口苦舌干、食无味，大便不调，小便频数，不嗜食，食不消，兼见肺病，洒淅恶寒，惨惨不乐，面色恶而不和，乃阳气不伸故也。当升阳益胃，名之曰升阳益胃汤。"李培指出，升阳益胃汤本为脾胃虚弱，又逢秋燥当令，湿热未尽，"所生"受病而设。脾胃气虚，腐熟运化无力，化源不足，加之湿热尚存，气机郁遏，输布无力，脏腑形体四肢皆无以充养，且肺金为脾土所生，"脾胃一虚，肺气先绝生化之源"，肺气不足则外邪乘之。可见，本方所治乃脾本虚肺标实之证，故方中芪、参、草补脾虚之本，柴、防、羌、独治肺实之标，术、苓、夏、橘/陈、泽、连共奏运脾胃、除湿热之效。另外，本方以"升阳"冠名，体现于柴、防、羌、独四味"风药"升举阳气之力。《脾胃论·饮食劳倦所伤始为热中论》言："脾胃气虚，则下流于肾，阴火得以乘其土位，故脾证始得……脾胃之气下流，使谷气不得升浮，是春生之令不行，则无阳以护其营卫，则不任风寒，乃生寒热。"可见，脾胃虚弱，清阳下陷为因，内生郁热，阴火上乘为果，故借柴、防、羌、独发散之力，行春气萌生之令，清阳得以提举伸展，"火郁发之"而解。

（3）升阳散火汤

升阳散火汤方组成和建议剂量为生甘草（6g）、防风（15g）、炙甘草（6g）、升麻（15g）、葛根（15g）、人参/党参（30g）、独活（15g）、白芍（18g）、羌活（15g）、柴胡（15g）。功效为补气升阳，发散火郁。主治饮食劳倦，脾胃损伤，阳气下陷，气不生血，血虚发热证，症见四肢发热，肌热，筋痹热，骨髓中热，发困，热如火燎，扪之烙手，烦渴喜热饮，脉洪大而虚，重按无力等。李培在此方基础上，去茯苓、泽泻、黄连、黄芪、炒白术，加藿香、金银花、牡丹皮各15g，酒大黄（5g）、生白术（30g）等，治疗脾胃虚弱，郁火动血，兼阳明腑热，大便干结之复发性口腔溃疡、牙龈炎、牙龈出血等病症；以本方为基础，减党参（15g），去茯苓、泽泻、黄连、黄芪、炒白术，加浙贝母（15g）、桔梗（15g）、射干（25g）、蝉蜕（15g）等物治疗中气虚弱，阳气伏郁，风火郁结于咽喉之风火喉痹；以本方为基础，去茯苓、泽泻、黄连、黄芪、炒白术，加用地榆炭（15g）、仙鹤草（15g）、茜草（15g）、白茅根（15g）等物治疗脾虚失固之过敏性紫癜。

《脾胃论·调理脾胃治验》云："升阳散火汤治男子、妇人四肢发热，肌热，筋痹热，骨髓中热，发困，热如火燎，扪之烙手，此病多因血虚而得之，或胃虚过食冷物，抑遏阳气于脾土，火郁则发之。"可见，本方为治疗血虚发热证而设。然方中并未大量应用补血药物，何以治疗血虚？李培指出，东垣之说突出脾胃化生气血的作用。人体气血依赖脾胃对水谷的转化，通过胃纳脾运、脾升胃降的作用，将水谷精微上输于肺，与外界清气相合，由肺下降入心，奉心化赤为血，而脾胃之气充盛，又是确保胃纳脾运、脾升胃降正常的关键。若脾胃本不足，无力转化输布精微，则生血乏源，久之血虚及气，气血两亏，全身脏腑形骸失于充养。考东垣在其著作中多处提及"血虚"，盖此"血虚"源于脾胃内伤，中气不足，为"中焦受气取汁"不足所致。换言之，该"血虚"是以气血为前提，且以气虚为主要表现，如此理解即符合东垣用药之法"血虚以人参补之"。故"血虚"致发热实为中气虚弱，无力升浮，而致气郁化为"阴火"。因此，治疗此类"血虚"发热，当以补益中气，升发阳气为基本原则，另稍佐养血入阴之品。

（4）清暑益气汤（即东垣清暑益气汤）

清暑益气汤方组成和建议剂量为黄芪（30～60g）、苍术（15g）、升麻（15g）、人参/党参（30g）、建曲（25g）、橘皮/陈皮（15g）、炒白术（25g）、麦冬（15g）、当归（15g）、炙甘草（6g）、青皮（15g）、黄柏（15g）、葛根（15g）、泽泻（15g）、五味子（10g）。功效为清暑益气，除湿健脾。主治平素气虚，复受暑湿，症见身热头痛，口渴自汗，四肢困倦，不思饮食，胸满身重，大便溏薄，小便短赤，苔腻，脉虚者。李培常用此方治疗脾胃气虚，夹湿郁热之慢性疲劳综合征、亚健康状态等病症。他以此方为基础，去五味子、青皮、当归、黄柏、麦冬，加柴胡（15g）、黄芩（25g）、青蒿（15g）、鳖甲（15g）等药治疗气虚夹湿，少阳郁热之慢性低热症。

《脾胃论·长夏湿热胃困尤甚用清暑益气汤论》言："时当长夏，湿热大胜，蒸蒸而炽，人感之多四肢困倦，精神短少，懒于动作，胸满气促，肢节沉疼；或气高而喘，身热而烦，心下膨痞，小便黄而数，大便溏而频，或痢出黄如糜，或如泔色；或渴或不渴，不思饮食，自汗体重；或汗少者，血先病而气不病也。其脉中得洪缓，若湿气相搏，必加之以迟，迟、病虽互换少瘥，其天暑湿令则一也。宜以清燥之剂治之。"书中明确提出暑热伤中之证候特点。长夏湿热相兼，湿重于热，且具土性，易袭土位。脾胃素虚，不耐暑气，中土为之所困，运化不行，精微不布，清阳下陷，气机郁滞而生内热。由此可知，本方正为脾虚伤暑，气郁化热之病机而立，体现益气升阳、清热除湿之法。津伤甚者，当减利水渗湿之力，稍增养阴生津之物。李培指出，本方虽名"清暑"，然不拘于暑热之时，凡疲劳倦怠显著，心烦口渴，便溏尿黄，舌苔厚腻，脉细无力者均可用之。若湿热并见，热重于湿，气虚津伤显著者，可用王氏清暑益气汤（西洋参30g，麦冬15g，石斛25g，黄连6g，竹叶15g，荷梗15g，知母15g，生甘草6g，西瓜翠衣30g）。相比而言，东垣清暑益气汤健脾燥湿之力更强，而王氏清暑益气汤重在养阴生津。

（5）白术散（即七味白术散）

白术散方组成和建议剂量为人参/党参（30g）、炒白术（25g）、木香（15g）、茯苓（25g）、藿香（15g）、炙甘草（6g）、葛根（15g）。功效为健脾止泻，升阳泻火。主治脾胃久虚之虚热、泄泻证，症见肌肤发热，口渴喜热饮，大便稀溏，怠惰嗜卧，自汗，四肢无力，少气懒言，舌淡，苔白腻，脉虚弱。李培以此方为基础，加用白头翁（30g）、秦皮（15g）、黄连（8g）、赤芍（15g）、仙鹤草（25g）、槟榔（20g）、当归（15g）等药物，治疗慢性非特异性溃疡性结肠炎属脾虚不运，气滞、湿热、血瘀合于肠腑者，以脘痞纳差、溏泄脓血、里急后重、倦怠乏力为证候特点。下痢血多者，去当归，加牡丹皮（15g）、三七粉（10g）凉血化瘀止血；腹痛明显者，加白芍（18g）缓急止痛。

《景岳全书·泄泻》有言："脾胃受伤，则水反为湿，谷反为滞，精华之气不能输化，乃至合污下降而泻痢作也。"李培通过长期临床观察，发现脾胃虚弱为泄泻之"本虚"，外邪直中、情志不畅、饮食不节为泄泻之"标实"。"本虚"为斡旋失司，湿浊内聚之根；"标实"为精微失布，气血不调之源。"本虚"与"标实"相合，一来清阳不升，直走肠间，二来浊阴不降，停滞郁热。如此，唯有运化正常，水液得以输布，精微得以发散，"本虚"之根自消；气机畅达，蔽外邪之袭扰，助清阳之上举，"标实"之源易去。本方正为调治"本虚标实"泄泻而设：以四君子汤益气健脾之功为基础，巧用葛根升发清阳，鼓舞脾胃之气上行而收止泻之效；合用藿香化湿解表，以绝内外合邪之患；辅以木香辛温理气，通行肠腑之滞。全方标本兼顾，泄泻可止。

（6）当归六黄汤

当归六黄汤方组成和建议用量为当归（15g）、生地黄（25g）、熟地黄（25g）、黄芩（25g）、黄连（6g）、黄柏（15g）、黄芪（30～60g）。功效为滋阴泻火，固表止汗。主治阴虚火旺盗汗，症见发热盗汗，面赤心烦，口干唇燥，大便干结，小便黄赤，舌红苔黄，脉数。李培常用此方治疗内有阴虚，外有表虚之多汗症。气血虚甚者，重用黄芪（60g）并加炙甘草（6g）；气阴虚甚者加麦冬（15g）、西洋参（30g）；汗出淋漓，兼见便溏遗精者，加煅龙骨（25g）、煅牡蛎（25g）、五味子（10g）。基于此方，加减化裁治疗围绝经期综合征。肾阴亏虚，心肝阳亢者加秦艽（15g）、制鳖甲（20g）；阴虚火旺为甚者，加黄柏（15g）、泽泻（15g）、牡丹皮（15g）；情志不畅，烦躁欲哭者，合用甘麦大枣汤；腰膝酸软者加桑寄生（15g）、怀牛膝（15g）；头晕耳鸣，眠差多梦者，加磁石（20g）、珍珠母（20g）；自汗明显，畏寒倦怠者，加炒白术（25g）、防风（15g）；盗汗明显，大便干结者，加二至丸、知母（20g）。

《素问·评热病论》云："汗者精气也。"一般而言，人体内津液出于腠理，即为汗。汗为人体五液之一，性清稀，在质为阴精，源于营分，水谷精微所化。《素问·阴阳别论》谓："阳加于阴谓之汗。"汗虽以阴液为质，然须阳气蒸化，由卫气开发腠理，出于玄府。正常情况下，因天气炎热、运动过多或过食温热，导致体内阳气张弛亢盛，阳气偏盛则腠理开泄，玄府通畅而汗出，过盛之阳气亦随汗而泄越于外，从而阴阳得以平衡。正如《景岳全书·盗汗》所言："汗之根本，由于营气；汗之启闭，由于卫气。"因此，汗出异常者，不外阴阳失调、营卫不和、开合失司、玄府不通等方面，病机特点多为卫阳不足或兼外感风邪，以致肌表不固，津液不藏，气虚不能敛阴，阴虚生内热，迫津外出。《医方考》有言："阴虚有火，令人盗汗者，此方主之。醒而出汗曰自汗，睡去出汗曰盗汗，自汗阳虚，盗汗阴虚也……然阴虚所以盗汗者，阴虚之人睡去，则卫外之阳乘虚陷入于阴中，表液失其固卫，故令溅然而汗出。人觉则阳用事，卫气复出于表，表实而汗即止矣。"故此方当为阴虚火旺之盗汗而设。然方中苦寒之物、甘温之品量亦不少，若属阴虚虚火，用药似以甘寒为主，而不宜主用甘温配苦寒。当作何解？李培指出，欲深刻理解东垣处方所旨，尚需回归东垣思想。《脾胃论·阳明病湿胜自汗论》云："或曰：湿之与汗，阴乎阳乎？曰：西南坤土地，脾胃也。人之汗犹天地之雨也，阴滋其湿，则为雾露为雨也，阴湿寒，下行之地气也，汗多则亡阳……《内经》曰：气虚则外寒，虽见热中，蒸蒸为汗，终传大寒，知始为热中，表虚之阳……"脾胃内伤，初为热中。气虚不运，升降枢转失常，三焦郁滞，阴火内生，迫津外泄，而成盗汗。阴火耗气，亦可伤阴；汗多"亡阳（气）"，亦能"亡阴"。换言之，盗汗之起源于气虚，盗汗之成源于阴火，结果则为气阴血耗伤。因此，治疗时泻阴火即可止盗汗，而气虚、阴亏、血耗亦须顾及。基于上述病机分析，东垣借黄芩、黄连、黄柏、生地黄之苦寒、甘寒泻阴火，熟地黄、当归甘温补阴血，倍用黄芪甘温补元气。如此元气得复，阴血得养，阴火得降，汗出自止。

（7）清胃散

清胃散方组成和建议用量为生地黄（25g）、当归（15g）、牡丹皮（15g）、黄连（8g）、升麻（15g）。功效为清胃凉血。主治胃火牙痛，表现为牙痛牵引头痛，面颊发热，或上下牙痛不可忍，牵引头脑满热，其牙齿喜冷恶热；或牙宣出血；或牙龈红肿溃烂；或唇舌颊腮肿痛；口气热臭，口干舌燥，舌红苔黄，脉滑数。李培以此方为基础，去牡丹皮，加赤芍、川芎、黄芩、黄柏、栀子、建曲、丹参、肉桂等药，治疗胃火炽盛，兼有脾虚之牙龈炎、牙周炎、口舌溃疡等病症。牙龈出血明显者，加蒲黄（15g）、白茅根（30g）、仙鹤草（25g）；牙龈红肿甚者，加天花粉（25g）、连翘（15g）；口渴引饮者，加太子参（30g）、石斛（25g）；小便短赤灼热、舌苔黄厚腻者，加薏苡仁（30g）、车前子（30g）、淡竹叶（15g）；

伴见腹满胀痛，大便干结难解者，加酒大黄（8g，后下）。

《脾胃论·调理脾胃治验》曰："清胃散治因服补药而致上下牙痛不可忍，牵引头脑满热，发大痛，此足阳明别络入脑也。喜寒恶热，此阳明经中热盛作也。"胃有积热，热循足阳明经脉上攻，足阳明胃经入上齿，手阳明大肠经入下齿，故出现牙痛牵引头痛，面颊发热，或上下牙痛不可忍，牵引头脑慢热，其牙齿喜冷恶热。胃为多气多血之腑，胃热每致血分亦热，《灵枢·痈疽》有言："大热不止，热盛则肉腐，肉腐则血败，血败则为脓。"故出现牙宣出血，或牙龈红肿溃烂，或唇舌颊腮肿痛。胃中积热，夹食夹浊，上冲于口，灼伤脉络，腐糜肉膜，进而出现口舌溃疡。李培指出，此方中未出现大量"风药"，可见与"升阳散火"之法有别。"升阳散火"为祛除"阴火"而设。"阴火"者，气虚气郁而热成也，故益气升阳之法可助郁结之气消散，郁热得解。而本方直指阳明实热，乃"阳火"也，阳明本多气多血，易于壅滞，若予甘温益气之品，则如抱薪救火，胃热不减反甚也。因此，治疗"阳火"当以寒凉苦降为主，稍佐升发推动之物以助热散，方能奏釜底抽薪之效。

（8）枳实消痞丸（又名失笑丸）

枳实消痞丸方组成和建议用量为枳实（25g）、人参/党参（30g）、炒白术（25g）、茯苓（25g）、干姜（15g）、炙甘草（6g）、生麦芽（25g）、法半夏（25g）、建曲（25g）、厚朴（15g）、黄连（6g）。功效为行气消痞，健脾和胃。主治脾胃气虚，寒热互结证，症见心下痞满，不欲饮食，倦怠乏力，大便失调，苔黄腻。李培常用此方治疗慢性胃炎、功能性消化不良等疾病属胃热脾寒，气壅湿聚者，以饮食不振，食后胀甚，气短乏力为证候要点。

《医方考》有言："痞与否同，不通泰也。亦曰：天地不交而成痞，故肺气不降，脾气不运，升降不通，而名痞也。脾为邪气乘之不足以胜谷，故令恶食。脾者卑脏，役气于四肢，而后肢体强健。脾病则不能致气于肢体，故令懒怠。"李培指出，痞满是脾胃疾病的常见症状，病因涉及外感、内伤两端，病机总归脾胃功能失调，升降失司，胃气壅塞，以自觉满闷不舒，触之无形，按之柔软，压之无痛为临床特点。《伤寒论》已明确提出此类病证之特征，即"但满而不痛者，此为痞"，"心下痞，按之濡"，并针对虚实夹杂、寒热错杂之病机，拟定辛开苦降、寒热兼顾之治疗大法，代表方为半夏泻心汤。东垣基于半夏泻心汤组方之义，着眼于脾胃内伤之理，轻苦寒重温补，化积滞助运行，创枳实消痞丸辛开苦降，消补兼施。正如《成方便读》所言："夫满而不痛者为痞，痞属无形之邪，自外而入，客于胸胃之间，未经有形之痰血饮食互结，仅与正气搏聚一处为患。故以黄连、干姜并用，一辛一苦，一散一降，则无论寒热之邪，皆可开泄，二味实为治痞之主药。然痞结于中，则气壅湿聚，必渐至痰食交阻，故以枳实破气、厚朴散湿、麦芽化食、半夏行痰，自无胶固难愈之势。但邪之所凑，其气必虚，故必以四君子坐镇中州，祛邪扶正，并驾齐驱。故此方无论虚实之痞，皆可治之。"

（9）当归补血汤

当归补血汤方组成和建议用量为黄芪（30～60g）、当归（15g）。功效为补气生血。主治血虚发热证，症见肌热面红，烦渴欲饮，脉洪大而虚，重按无力；亦治妇人经期、产后血虚发热头痛；或疮疡溃后，久不愈合者。

《内外伤辨惑论》云："此病得之于饥困劳役。"劳倦内伤，元气不足，阴血亦亏。阳气根于阴血之中，为阴血所载，阴血亏耗，则阳无所附，虚阳浮越于外。本方证所现之象，颇似阳明热盛津伤之候，如脉洪大，渴思饮，发热，面赤，心烦等，然详加辨析可知与阳明热盛之白虎汤证有天壤之别。白虎汤证脉洪大而实满，大渴而喜冷饮，身大热而大汗出，属实证；当归补血汤证脉虽轻取洪大却重按虚软，口渴而喜温饮，身虽热而温不甚高，无大汗出，属虚证。正如《内外伤辨惑论》所言："……其脉洪大而虚，重按全无。《内经》曰：'脉虚血虚。'……血虚发热，证象白虎，惟脉不长实有辨耳，误服白虎汤必死。"《医方考》进一步阐释二方证之区别："血实则身凉，血虚则身热。或以肌困劳役，虚其阴血，则阳独治，故令肌热、目赤、面红、烦渴引饮。此证纯象伤寒家白虎汤之证，但脉大而虚，非大而长，为可辨尔。《内经》所谓脉虚血虚是也。当归味浓，为阴中之阴，故能养血，而黄芪则味甘补气者也。今黄芪多于当归数倍，而曰补血汤者，有形之血不能自生，生于无形之气故也。"李培指出，本方重用黄芪，一来直补亏耗之中气，固浮阳于肌表，二来借黄芪上升之性以助升清运化，防"谷气下流，阴火自生"之弊。当归味浓苦温，其性趋下，若大量使用，恐碍升提之势；稍佐当归则养血和营，浮阳秘敛。盖"有形之血不能速生，无形之气所当急固"，权宜之下，当以益气固脱为要，确保阴血生化有源，如此阳生阴长，气旺血生，而虚热自退。

（10）升阳除湿汤

升阳除湿汤方组成和建议用量为苍术（15g）、炒麦芽（25g）、陈皮（15g）、猪苓（20g）、泽泻（15g）、益智仁（15g）、法半夏（25g）、防风（15g）、炒建曲（25g）、升麻（15g）、柴胡（15g）、羌活（15g）、炙甘草（6g）。功效为升阳举陷，祛湿止泻。主治饮食伤胃，劳倦伤脾，导致脾胃阳气下陷，湿邪下注之泄泻证，症见为不思饮食，腹胀肠鸣，腹中隐隐作痛，泄泻无度，小便黄，怠惰嗜卧，四肢无力，脉迟缓。李培常以此方为基础，去炒麦芽、益智仁、炒建曲、升麻，加党参（30g）、炒白术（25g）、补骨脂（15g）、肉豆蔻（15g）、吴茱萸（6g）等药物治疗脾虚及肾，清阳下陷之久泻久痢。若兼大便量少不爽，肛门灼热，进食辛辣后加重，苔腻偏黄，则在本方基础上加生白术（40g）、黄连（8g）、白头翁（30g）清解肠腑湿热。

李培指出，久泻久痢的病机关键在于脾虚湿盛。素体脾胃虚弱，复以外邪直中或饮食、劳倦、七情内伤，以致脾胃运化输布异常，清阳不升，水湿下注，直走肠间，作泻作痢。据此，东垣着眼于"升清"，以"风药"轻清宣上之力，升提下陷之清阳，且"风能胜湿"，直扫肠腑秽浊。另配健运中焦之物，合用淡渗利湿之品，寓降于升，除湿止泻。诸药合用，标本兼治。

（11）羌活胜湿汤

羌活胜湿汤方组成和建议用量为羌活（15g）、独活（15g）、藁本（15g）、防风（15g）、炙甘草（6g）、川芎（15g）、蔓荆子（15g）。功效为祛风胜湿止痛。主治风湿在表证，症见肩背痛不可回顾，头痛身重，或腰肌疼痛，难以转侧，恶寒微热，苔白脉浮。李培常用此方治疗肩臂麻木或项背疼痛属风寒夹湿袭表者。若兼肝肾不足，表现腰痛畏寒或腰膝酸软，小便清长者，加用巴戟天、杜仲、淫羊藿等药物温补肝肾。他又以此方为基础，加茯苓、泽泻、车前子、川木通等药物治疗功能性水肿属水湿浸渍者。

李培指出，凡外邪袭表致项、背、腰疼痛者，均从太阳论治。《灵枢·经脉》云："膀胱足太阳之脉……从颠入络脑，还出别下项……夹脊，抵腰中。"足太阳膀胱经循行项、背、腰各处，统一身之营卫，敷布经气于一身之外，为六经之藩篱，故外邪伤人，首犯太阳。风寒夹湿为病，或因胃寒晓行，感受雾露之湿，或因远行汗出，淋受凉雨，风寒湿相合，从外而受，着于太阳经脉，经气不利，营卫受阻，不通则痛，表现为头痛身痛，腰脊疼痛，甚则肩背痛不可回顾，难以转侧。针对上述病机特点，东垣依据《内经》中"湿伤肉，风胜湿"的论述，阐发以"风药"治湿的学术思想。"风药"以祛风见长，多具味薄气清、轻扬发散之木性，然湿属土，土为木所克，故具木性之"风药"当胜其土性之湿。可见，东垣运用诸多风药治疗风寒湿袭表之痛证，是出于"辛散能疏风，温性能驱寒，风性能胜湿"的考虑。风寒湿并除，经气自利，疼痛得解。正如汪切庵所言："此足太阳药也。《经》曰：风能胜湿。羌、独、防、藁、芎、蔓，皆风药也，湿气在表，六者辛温升散，又皆解表之药，使湿从汗出，则诸邪散矣。"

（12）天台乌药散

天台乌药散方组成和建议用量为天台乌药（15g）、木香（15g）、小茴香（15g）、青皮（15g）、高良姜（15g）、槟榔（25g）、炒川楝子（15g）、莱菔子（30g）（因巴豆刺激性强，易引起胃肠不适，故李培常以莱菔子代之）。功效为行气疏肝，散寒止痛。主治寒凝气滞，症见小肠疝气，少腹引拉睾丸而痛，偏坠肿胀。李培常用此方治疗下焦寒盛，厥阴气郁之下腹冷痛、胀痛不适。他以此方为基础，加肉桂、巴戟天、淫羊藿等药物，治疗肝肾不足，下焦虚寒之女子带下清稀量多。若兼见四末不温，腹胀便溏，脉沉细者，则去青皮、天台乌药、高良姜，加制附子（10g）、人参/党参（30g）、炒白术（25g）、炮姜（15g）等药物健脾温肾。

（13）龙胆泻肝汤（即七味龙胆泻肝汤）

龙胆泻肝汤方组成和建议用量为龙胆草（15g）、柴胡（15g）、泽泻（15g）、车前子（25g）、川木通（15g）、生地黄（25g）、当归（15g）。功效为清肝胆实火，泻下焦湿热。主治肝胆实火上炎而致头痛目赤，胁痛，口苦，耳聋，耳肿等；或肝胆湿热下注而致阴肿，阴痒，阴汗，小便淋浊，妇女湿热带下黄臭。

七味龙胆泻肝汤方为《局方》龙胆泻肝汤方去栀子、黄芩、生甘草而成，清热泻火之力稍轻。李培应用本方时，常依据热势强弱、实火范围、脾胃功能、正气盛衰等方面做适当调整。若兼上焦热盛，表现为面红目赤显著，上半身汗多，心烦不眠，气粗声高者，则予本方加栀子（15g）、淡竹叶（15g）、黄芩（25g）、生甘草（6g）、菊花（15g）等药物清心除烦。若兼中焦热盛，表现为口舌溃疡，烦渴饮冷者，加石膏（30g）、知母（25g）、黄连（6g）、升麻（15g）、牡丹皮（15g）等药物清热养阴，凉血活血；伴大便干结难解，口中异味者，加决明子（30g）或酒大黄（6g）通腑泻热。若兼中焦湿热，表现为口苦，口中黏腻不爽，嗳腐吞酸，舌红苔黄厚腻者，去生地黄、当归，加黄连（8～10g）、吴茱萸（3g）、陈皮（15g）、法半夏（25g）、藿香（15g）、竹茹（15g）、枇杷叶（15g）等药物清热除湿，和胃降逆。若下焦湿热显著，表现为下部多汗、潮湿或湿疹，小便短赤或尿频尿急尿痛，女子带下黄臭量多者，则予本方加苍术、黄柏、滑石、车前子等药物清热除湿，利尿通淋。

四、功能性便秘与肝、肺、脾、肾相关

基于大量的病例资料和长期临床实践，结合历代医著之论，李培指出功能性便秘之病位在大肠，且与肝、肺、脾、肾四脏相关。

1. 肝郁气滞，肠腑不应

李培强调，便秘一病，不论寒热虚实，均不离气滞，而肝之疏泄在调理气机中发挥重要作用，正如清·黄元御在《四圣心源》所言："肾司二便，而传送之职，则在庚金，疏泄之权，则在乙木。"明·李梴所著《医学入门》中已明确提出"肝与大肠相通"之理。前已述及，大肠具金体而兼土性，应肝木之疏泄而运行，更借大肠金性之降，魄门开启，肝之浊气和肠中糟粕随之排出体外。如此一疏一降，相互促进，共同调节糟粕排出。若肝失疏泄条达，气机不畅，肠腑不应，推动运行失司，进而出现脘腹胀满、糟粕停滞等证候。

2. 肺失润降，肠燥无助

肺与大肠相表里，肺之润降为大肠润降之基础。辛金得润，以使庚金不至于燥气太过而无水行舟；辛金肃降正常，方能承大肠之助力，以使庚金不至于失于推动而无力行舟。正如唐宗海在《医经精义·脏腑之官》中所言："大肠之所以能传导者，以其为肺之腑。肺气下达，故能传导。"若辛金失于濡养，肺气肃降失常，损及肠腑，无水行舟，无力传导，则生便秘。

3. 脾肾阳虚，寒凝气结

《灵枢·口问》言："中气不足，溲便为之变。"李培指出，脾胃居中焦，脾主升，胃主降，水谷之清气精微由脾气升散敷布，水谷之浊气糟粕则由胃气通降

下传，经肠腑燥化由魄门排出体外。病理情况下，脾胃虚弱，运化失常，清阳不升，浊阴不降，腑气不通，传导失常，糟粕停聚大肠而秘结。同时，肾司二便，肾阳为一身阳气之根，阳之动，始于温。正如《景岳全书·秘结》所言："凡下焦阳虚则阳气不行，阳气不行，则不能传送，而阴凝于下，此阳虚而阴结也。"若肾阳虚弱，火不暖土，脾胃大肠失于温煦，无力运化传导，久之寒凝气结，糟粕不行。

综上所述，本病虽定位于大肠，却与肝、肺、脾、肾四脏相关。李培指出，治疗功能性便秘之关键，在于调和肝、肺、脾、肾四脏功能，因此遣方用药需兼而顾之，遂拟理气滋阴、温阳助运、润肠通便之便秘方治之。

五、胃食管反流病的关键病机是肝郁、脾虚、湿热

胃食管反流病（GERD）是李培门诊常见的消化系统疾病，其病例数超过日门诊量的30%。基于大量的病例资料和长期的临床实践，李培认为七情内伤、素虚过劳、饮食偏嗜是诱发或加重 GERD 的常见原因；肝郁、脾虚、湿热是形成 GERD 的关键病机。

1. 七情内伤导致肝胃不和

情志过激或不遂导致肝失疏泄。郁怒伤肝，气机郁滞，横逆犯胃，从而胃失和降，浊邪上逆为病。此时，本病临床表现以嗳气反流为主，同时伴见急躁易怒、郁郁寡欢、失眠健忘、头痛头晕等症。由此李培指出，疏肝理气为治疗本病的首要方法。

2. 素虚过劳导致土虚木乘

李培推崇东垣学说，认为素体中虚或内伤劳倦是引发脾胃疾患的重要因素。素体虚弱，加之内伤过劳，可进一步发展为中气不足。依据五行制化理论，素虚过劳导致中气不足，土虚则无以生金，金不制木，木旺乘土，进而加重脾胃损伤，中焦枢转不利，清阳不升，浊阴不降，上逆为患。此时患者在嗳气反流的基础上，常伴有倦怠乏力、少气懒言、食少便溏、口苦口干等症状。由此李培强调，健运中土对于本病"治本"具有重要的临床意义。

3. 饮食偏嗜导致湿热内生

临床中不乏多食辛辣厚味、酗酒之人。李培总结临床患者的基本情况，同时结合本地区饮食习惯，提出"湿热内蕴"是影响 GERD 发生发展的重要病理因素。湿热源自两方面：其一，偏好辛辣、肥腻、酒饮等阻碍气机、酿生湿热之品；其二，气郁可化热，脾虚可生湿。基于前述气郁脾虚之理，若嗜食肥甘辛辣，则湿热蕴于中焦，阻碍气机，通降不行，运化不及，秽浊之物聚酸作邪，上泛食管。此时，患者在反酸、烧心症状的基础上，常伴见脘腹痞满、舌苔厚腻、大便不爽等症状。李培借清热除湿之法，可达畅中祛"邪"之效。

4. 肝郁、脾虚、湿热 3 个病理因素存在相关性

综合上述对 GERD 病因病机的分析可知，肝郁、脾虚、湿热虽能单独致病，但在整个病变过程中却相互联系。肝郁、脾虚、湿热 3 个病理因素的相关性如图 1 所示。

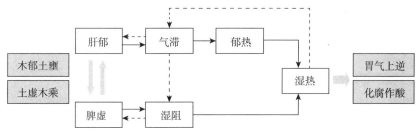

图 1　肝郁、脾虚、湿热 3 个病理因素的相互作用

脾虚则水湿不运，肝郁则气机不畅。朱丹溪言"气有余便是火"，气机郁滞化热，与湿互结，则成湿热。湿热又可阻碍气机升降，从而气滞为甚。如此肝郁难解，湿浊难消，肝郁脾虚更为严重。同时，肝郁、脾虚尚能相互传变：肝气不舒，横逆克伐脾土，脾虚湿困显著，形成"木郁土壅"之变；土虚则不能生金，金不制木，木旺则乘土尤甚，此即"土虚木乘"之传。由此，湿热为肝郁脾虚之病理产物，同时又加重肝郁脾虚，从而形成恶性循环。

综上所述，李培指出 GERD 主要病理因素为气机不调，升降不行，肝郁脾虚，湿热内蕴，进一步提炼得出本病的主要证型为肝郁脾虚兼湿热证。针对本病

的病机特点，李培提出理气降逆、健脾和胃、清热除湿之综合治法，代表方剂为柴胡香附方。

六、常用有效方剂

1. 柴芍方

组成：竹叶柴胡 15g　　白芍 18g　　枳壳 25g　　炙甘草 6g

党参 30g　　炒白术 25g　　茯苓 25g　　丹参 30g

草豆蔻 15g　　黄连 6g　　吴茱萸 6g　　建曲 25g

肉桂 5g

功能主治：健脾疏肝。

适应证：胃脘痛，肝郁脾虚证；西医的慢性浅表性胃炎、糜烂性胃炎。

使用要点：主要用于治疗肝郁脾虚，气血不和之胃脘疼痛，或伴胃脘灼热，腹胀便溏，畏寒肢冷，舌淡，边有齿痕，苔白，脉沉弦或弦细。如有气机阻滞之候，重用生白术并配伍莪术，协推滞助运之功，湿热症状较重者加藿香、佩兰化湿和胃。

2. 柴胡香附方

组成：竹叶柴胡 15g　　香附 25g　　炒白术 25g　　茯苓 25g

延胡索 25g　　川楝子 15g　　炙甘草 6g　　枇杷叶 15g

法半夏 25g　　陈皮 15g　　黄连 6g　　枳实 25g

竹茹 15g

功能主治：理气降逆，健脾和胃，清热除湿。

适应证：食管瘅、胃脘痛，肝郁脾虚兼湿热证；西医的慢性反流性食管炎、慢性浅表性胃炎。

使用要点：主治肝郁脾虚兼湿热之反酸烧心，嗳气反流，口苦口干，心烦易怒，胁肋胀痛，或伴胸骨后疼痛，背心疼痛，脘腹胀满，舌苔厚或腻，脉弦细。肝郁症状严重者加木香，湿热阻滞者加黄芩。

3. 便秘方

组成：竹叶柴胡 15g　　白芍 18g　　枳实 25g　　甘草 6g

白术 30g	百合 30g	知母 25g	石菖蒲 15g
肉苁蓉 30g	肉桂 5g	决明子 30g	莱菔子 30g
黄连 6g	吴茱萸 6g	建曲 25g	

功能主治：滋阴润燥。

适应证：便秘，阴虚气滞型；西医的老年习惯性便秘，功能性便秘。

使用要点：主要用于治疗津亏肠燥导致的大便干结难解，脘腹胀满，兼见口干引饮，嗳气食少，反酸烧心，下腹不温，舌淡红，苔白少津，脉弦有力。若大便干结状如羊屎，则加火麻仁增润肠之效；老年人伴见咳嗽气紧者，加紫苏子降气通便。

4. 茵郁丹方

组成：
茵陈 25g	郁金 25g	炒白术 25g	茯苓 25g
山药 30g	夏枯草 30g	蒲公英 30g	板蓝根 25g
丹参 30g	焦山楂 30g	木香 15g	枳壳 25g
甘草 6g			

功能主治：健脾疏肝。

适应证：黄疸，肝郁脾虚兼湿热；西医的慢性乙型肝炎。

使用要点：主要用于肝郁脾虚引起的腹部胀满，疲倦、厌油，纳呆不食，口淡乏味，四肢乏力，大便溏，舌淡苔白黄腻。如气郁化火面见口苦口干，心烦失眠，小便短赤者，加牡丹皮、栀子；腹胀有水者，加猪苓、泽泻。

5. 胆囊炎方

组成：
苍术 25g	赤芍 25g	甘草 6g	姜黄 25g
酒大黄 6g	蒲公英 30g	枳壳 25g	木香 15g
鸡内金 30g	金钱草 30g	吴茱萸 6g	海金沙 25g

功能主治：清利湿热。

适应证：胁痛，湿热蕴结证；西医的胆囊炎、胆石症。

使用要点：湿热蕴结于肝胆引起的持续性右上腹胀痛或绞痛，痛引肩背，胸闷纳呆，泛恶呕逆，口苦咽干，舌苔黄腻，脉弦紧。恶心呕吐者加黄连；小便不利、黄疸者加茵陈、龙胆草。

6. 癥积方

组成：西洋参 25g   白术 25g   茯苓 20g   炙甘草 6g

         萆薢 25g   丹参 30g   菟丝子 30g   楮实子 25g

         土鳖虫 15g   鳖甲 30g   肉桂 4g   黄连 5g

         延胡索 25g

功能主治：健脾疏肝。

适应证：癥积，脾虚浊停证；西医的乙肝肝硬化、肝硬化腹水等。

使用要点：主要用于脾气虚弱，湿浊内停引起的腹部胀闷不适，腹大如鼓，面黄而晦暗，纳呆便溏，口苦，舌暗红，苔白腻，脉沉弱。湿热者加大腹皮、苍术化湿行水，血瘀者加入蒲黄、丹参活血化瘀。

7. 口腔黏膜溃疡方

组成：当归 15g   生地黄 25g   白芍 18g   川芎 25g

         黄芩 15g   黄连 10g   黄柏 15g   栀子 15g

         升麻 15g   肉桂 4g   建曲 25g

功能主治：滋阴降火。

适应证：口疮，阴虚火旺证；西医的口腔溃疡、口腔炎等。

使用要点：主要用于治疗阴虚火旺，虚火上攻导致的口疮，心烦易怒，口苦口干，大便干燥，舌质红，苔黄而少，脉虚数。食欲不振者加焦山楂，病程日久夹瘀者加丹参，体质虚弱者加太子参。

8. 咳嗽方

组成：炙麻黄 10g   苦杏仁 15g   炙甘草 6g   黄芩 25g

         川银花 25g   桔梗 15g   浙贝母 25g   百部 20g

         地龙 25g   紫苏子 25g

功能主治：疏风散寒，宣肺止咳。

适应证：咳嗽，肺气不宣证；西医的急性上呼吸道感染。

使用要点：主要治疗风寒袭肺，肺气不宣引起的咽痒咳嗽声重，气急，咯痰稀薄色白，常伴鼻塞，流清涕，头痛，肢体酸楚，恶寒发热，无汗等表证，舌苔薄白，脉浮或浮紧。咽痒甚者，加牛蒡子、蝉蜕；鼻塞声重者加辛夷花、苍耳子宣通鼻窍；若夹痰湿，咳而痰黏，胸闷，苔腻者，加半夏、厚朴、茯苓燥湿化痰。

9. 桑菊止嗽散

组成：桑叶 15g　　　菊花 15g　　　桔梗 20g　　　连翘 20g

　　　薄荷 15g^(后下)　芦根 30g　　　甘草 6g　　　陈皮 15g

　　　紫菀 15g　　　百部 15g　　　白前 15g

功能主治：疏风清热，宣肺止咳。

适应证：咳嗽，风温犯肺证；西医的急性上呼吸道感染。

使用要点：主要用于风温犯肺引起的咳嗽频剧，气粗或咳声嘎哑，喉燥咽痛，咯痰不爽，痰黏稠或稠黄，咳时汗出，常伴鼻流黄涕、口渴、头痛、肢楚、恶风、身热等表证，舌苔薄黄，脉浮数或浮滑。肺热内盛者加黄芩、知母清肺泄热；咽痛、声嘎者，加射干、山豆根清热利咽；若风热伤络，见鼻衄或痰中带血丝者，加白茅根、生地黄凉血止血。

10. 加减柴芩汤

组成：竹叶柴胡 15g　黄芩 15g　　　法半夏 25g　　土茯苓 25g

　　　泽泻 20g　　　滑石 30g　　　川银花 15g　　连翘 20g

　　　夏枯草 30g　　金钱草 30g　　甘草 6g

功能主治：清热利湿通淋。

适应证：淋证，湿热蕴结；西医的急、慢性尿路感染，泌尿道结核，尿路结石，急、慢性前列腺炎，化学性膀胱炎，乳糜尿及尿道综合征等。

使用要点：主要用于湿热蕴结引起的小便频数短涩，灼热刺痛，溺色黄赤，少腹拘急胀痛，或有寒热、口苦、呕恶，或有腰痛拒按，或有大便秘结，苔黄腻，脉滑数。若大便秘结、腹胀者，可重用生大黄、枳实以通腑泻热；若阳明热证者，加知母、石膏清气分之热；热毒壅盛者，加黄连；气滞者，加青皮、乌药。

11. 皮炎方

组成：金银花 15g　紫草 20g　　　牡丹皮 18g　　蝉蜕 15g

　　　僵蚕 18g　　　防风 15g　　　刺蒺藜 25g　　白鲜皮 25g

　　　生地黄 25g　　车前子 25g

功能主治：清热解毒，疏风消疹。

适应证：湿疹，血分热毒证；西医的急性湿疹或慢性湿疹急性发作。

使用要点：主要治疗因内热炽盛引起的皮肤潮红肿胀灼热，状如涂丹，继而粟疹成片或水疙瘩密集，渗液流津，瘙痒无休，抓后痒痛相兼，渗出不止。常伴身热心烦，口渴思饮，大便秘结，小溲黄赤，舌质红，苔黄腻，脉弦滑数。血热毒盛者加板蓝根、丹参，湿热壅盛者加龙胆草、黄柏。

12. 膏方

组成：白人参 90g　　　鹿角胶 75g　　　龟甲胶 75g　　　枸杞子 90g

　　　　丹参 150g　　　粉葛 100g　　　山楂 150g

功能主治：补阴益阳。

适应证：虚证，阴阳两虚证；西医的体质虚弱或因外科手术、产后及大病、重病、慢性消耗性疾病恢复期出现的各种虚弱症状。

使用要点：主要用于阴阳两虚引起的少气无力，消瘦面黄，喑哑，潮热盗汗，骨蒸痨热，泄溏便急，痰白沫状或血痰，心悸气短，寡言少欲，纳呆，自汗，滑精，闭经，苔少，脉微细或虚。阳气虚弱者加熟地黄、巴戟天；阴虚甚者加黄精、女贞子。

学术思想

川派中医药名家系列丛书

李　培

一、系统学习厚基础

李培深入研读中医"四大经典"，广泛采撷各家学术精华。《黄帝内经》五脏一体观和扶正祛邪的思想，《伤寒论》和《金匮要略》温助阳气的思想，《温病条辨》顾护阴液的思想，《脾胃论》以脾胃为中心的思想，为李培学术思想的形成奠定了理论基础。

李培系统研读中医"四大经典"，广泛采撷各家精华，总结了历代关于脾胃疾病的学术思想及临床特点，为自己学术思想的形成奠定了扎实的理论基础，简要叙述如下。

《黄帝内经》对脾胃的解剖结构、生理功能、基本病因、病理机制、病机变化、治疗原则和方法进行了描述，为后世创立脾胃学说提供了理论依据，奠定了理论基础。

《伤寒论》强调"胃燥、脾寒、湿盛"为阳明、太阴发病之源，而太阳病、少阳病、少阴病、厥阴病论述则反映其他层面之病证（即他经病）与脾胃病的关系，即经病传变，同时提出三阳经传三阴经的重要临床指征，并为脾胃相关疾病的诊治提供了六经、脏腑辨证的思路与行之有效的方药，使顾护脾胃成为仲景学术特点之一，体现在：①泻实之剂中配伍补中益气之品，桂枝汤方、白虎汤方、白虎加人参汤方等当属此类；②服药后注意饮食调摄，如服用桂枝汤后须"啜热稀粥一升余"；③病愈初时注意扶正调理和饮食禁忌等。

《金匮要略》立论于杂病，着眼于整体，以脏腑经络辨证为特色，以"治未病"开篇，强调肝脾传变之弊，需"见肝之病，知肝传脾，当先实脾"；突出脾胃对于人体健康的重要意义，"四季脾旺不受邪"；脾胃之气盛衰影响疾病转归和预后，能"定生死，决吉凶"；治疗脾胃分虚实，虚者分为中气不足与中阳虚衰，实者分为肠腑积滞、饮停胃脘、湿邪困脾、胃肠热盛。

《温病条辨》发现伤阴耗气为温病致病共性，夹杂湿浊者尚能阻碍气机、蒙蔽清窍，严重者伤血动血，神明失主。书中尚有湿邪或寒湿相间、中阳虚衰、正虚邪盛之论述，依据脾胃病证的不同临床表现，提出针对虚实寒热病机的治法和方药，包括：①损伤胃阴者，立益胃生津之法，代表方益胃汤、五汁饮；素体阴虚、肠燥津亏者立增液润下之法，代表方护胃承气汤、增液汤；阳明腑实、热扰心神者立急下存阴之法，代表方新加黄龙汤、宣白/导赤/增液/牛黄承气汤。②湿郁三焦、气机阻滞者立升降中焦之法，代表方一至五加减正气散。③寒湿相间致病，中阳郁结者立运脾除湿之法，代表方半苓汤、草果茵陈汤；脾胃虚弱者立温健脾胃之法，代表方附子理中汤去甘草加广皮厚朴汤；中阳暴脱者立温阳驱浊之法，代表方蜀椒救中汤、九痛丸；脾肾阳虚者立温肾健脾之法，代表方鹿附汤、术附姜苓汤。④脾阳虚衰，中气下陷者立升阳举陷之法，代表方桃花粥、茵陈白芷汤。⑤正虚邪盛，外感寒湿，中气不足者立益气解表（又名逆流挽舟）之法，代表方活人败毒散。除此之外，《温病条辨》还提出"顾护脾胃，保全生机"的治疗防护理念，确定顾护脾胃的基本原则："治上焦如羽""治中焦如衡""治下焦如权"，宜重兼微涩调和，质重味厚先以存阴，继搜余邪。

　　唐代孙思邈《备急千金要方》和《千金翼方》中均论述"春夏取冷太过""饮食不节"是导致外感内伤于寒、脾胃受损的重要原因，并指出内伤脾胃，在内无力化生气血，在外无力抵御邪气，日久累及其他脏腑，罹患多病。因此，在养生防病治疗中，孙思邈强调"温食"，即适宜的温热饮食与温性饮食，注意顾护脾胃，孙思邈顾护脾胃的养生防治理念，对中医脾胃思想的继承和发展起到了承前启后的作用。

　　北宋钱乙精研儿科，其《小儿药证直诀》，对脾胃病理特点以"脾主困"概括："脾主困，实则困睡，身热，饮水；虚则吐泻生风。"针对小儿脾胃实证，邪热炽盛、口渴引饮甚至口舌生疮者治以清中健脾，方用泻黄散、清热泻脾散；针对小儿脾胃虚证，脾虚呕吐泄泻者治以益气健脾，方用白术散（或称七味白术散）。

　　南宋许叔微著《类证普济本事方》，重视脾胃与肾根，相比之下，"肾重于脾"。在脾胃方面，提倡理虚益损重脾胃，强调"趺阳胃脉定生死"，无论是何脏腑病变，均需注意调治脾胃。脾胃中土，气机升降之枢，化生气血，充养脏腑形体百骸，与人体生理、病理关系尤为密切，许氏以健补脾胃之气为治虚益损之大法，立方人参丸"平补五脏虚羸、六腑怯弱"，妙香散、加味十全饮"治诸虚"；

七珍散"开胃养气进食"，曲术丸治"脾元久虚，不进饮食，停饮胁痛"，温脾汤治"积滞痼冷在肠胃，连年腹痛泄泻"等。然脾胃之腐熟运化功能，尚需肾中"真火"温煦，若脾胃虚弱，损及肾火，则火不暖土，谷气不得蒸化，脏腑形骸无从濡养。故补益至虚之脾胃，常须温肾助阳，如所创二神丸、实脾散等。

南宋严用和亦重视扶脾助肾，其著作《济生方》中有"补脾不如补肾"一语，此属特指，意在说明肾与脾、先天与后天之间的内在联系，突出脾肾两虚、火不暖土之弊，"治疗之法，先实脾土……土得其政……次温肾水，骨髓坚固，气血乃从"。如《济生》实脾散，脾肾并重，不可偏废。

宋代《太平圣惠方》分别载有"脾脏""脾气""脾胃""脾胃气""脾肺""心脾""脾肾""脾肝"相关证候的特点与治法方药。《太平惠民和剂局方》着眼于病因证候，并结合脏腑病机，提出一系列脾胃证治方药。《圣济总录》进一步详细阐发脾胃藏象理论，并以此联系其他脏腑病机与证候，如从脾胃治疗胸痹、中风、消渴、积聚等病证，进一步扩展脾胃理论的应用范围。

金代刘完素指出"土为万物之母，故胃为一身之本"。因"土为万物之母，水为万物之源"，故"水土同在于下，而为万物之根本。地干而无水湿之性，则万物根本不润"。此即为脾土主湿的理论依据。因此在脾胃病理方面，重在"水湿过与不及"。"水湿过"则"胃中阴水实而阳火虚也"；"水湿不及"，"燥热大甚，而脾胃干涸或消渴者，土湿之气衰也"。依据脾胃病理特点和泻实补虚原则，刘氏提出"补泻脾胃之本者，燥其湿则为泻，润其燥则为补"的脾胃病治疗大法。其方药特色为"以药燥去其湿，是谓泻其脾胃土之本也……补阴泄阳，除湿润燥，而土气得其平，是谓补其脾土之本也"。由此可见，刘氏除擅用燥湿运脾之法外，尚注重胃阴的顾护，为后世胃阴学说的发展奠定了理论基础。

金代张元素善从经络循行、性质、功能、特点等方面系统描述脏腑生理，并以此为基础，结合标本虚实寒热辨证论治。他认为脏腑病当有"本病"与"标病"之分，脏腑为本，其经络为标。其通过脉证区分脏腑虚实，分述脏腑经络的"是动病"与"所生病"，提出脾胃病之主证、脾胃虚证、脾胃实证、脾胃寒证、脾胃热证等，并按脏腑标本虚实寒热分论，提出脾实泻之、脾虚补之、本湿除之、标湿渗之、胃实泻之、胃虚补之、本热寒之、标热解之。张元素治脾善用辛温发散，治胃善用寒凉清降，其脾胃思想成为补土学派形成之萌芽。

金代李杲是补土学派的代表医家，形成了独具一格的脾胃学说，提出"内伤脾胃，百病由生"的观点。《脾胃论》说："真气又名元气，乃先身生之精气也，非胃气不能滋之。"《内外伤辨惑论》说："夫元气、谷气、荣气、清气、卫气、生发诸阳上升之气，此六者，皆饮食入胃，谷气上行，胃气之异名，其实一也。"意在阐发"后天"与"先天"的关系。元气虽源自先天，但又依赖后天水谷精气的不断充养，才能保证元气不衰、生命不竭。李氏进一步认识到脾胃之气与元气的关系，脾胃之气充盛，化生有源，则元气得以补充而充盛，反之，脾胃虚衰，气血无从生化，元气失充，从而说明脾胃之气盛衰对于元气盛衰的重要意义。李氏在诊治内伤虚损病证时，多从脾胃入手，强调以调治脾土为中心。脾胃不仅是气血生化之源，而且是人体气机升降之枢。李氏将中焦运化转输水谷精微的作用归属为脾升胃降作用。脾主升清，将水谷精微上输心肺则化为营血，上输头面濡养清窍，四散肢体百骸则温煦形体；胃主降浊，将饮食物之秽浊降至肠腑，化为糟粕而排出。若损伤脾胃，"清气不升，浊气不降，清浊相干，乱于胸中，使周身血逆行而乱"，"或下泄而久不能升，是有秋冬而无春夏，乃生长之用，陷于殒杀之气，而百病皆起，或久升而不降亦病焉"（《脾胃论》）。如此，脾胃升降失常成为内伤杂病的重要病机之一。由于脾气不升，精微失布，元气亦虚，因此相比而言，李氏更为重视脾气之升发。他创"阴火"之说，指出"阴火"内燔是内伤热中证热象之根源，"阴火"内生的机理涉及以下5个方面：①阳气不升，伏留化火；②津伤血弱，内燥化火；③谷气下流，湿火相合；④心君不宁，化而为火；⑤劳役过度，肾水不足，肾间阴火沸腾。其中，①③④并属"郁而化火"，②⑤并属"津亏化火"。辨证要点在于脾胃气虚和火热亢盛两大证候群。对于脾胃内伤病证的治疗，李氏以甘温之剂补益脾胃，升阳气泻火热，从而使中土健运，元气充沛，则阴火自敛。他善用人参、黄芪、白术、当归、炙甘草、柴胡、升麻、羌活、独活、防风、陈皮或橘皮、苍术、茯苓、黄连、黄柏、知母、生地黄等药物组方，如补中益气汤、升阳散火汤、升阳益胃汤、调中益气汤等，体现补中、升阳、降火的治疗思想。上述治法针对"始病热中"而言，然内伤病证亦有"末传寒中"之变。如《内外伤辨惑论》言："调治差误，或妄下之，末传寒中，复遇时寒，则四肢厥逆，而心胃绞痛，冷汗出……夫六气之胜，皆能为病，惟寒毒最重，阴主杀故也。"《脾胃论》载："知始为热中，表虚亡阳，不任外寒，终传寒中，多成痹寒矣。"其治疗之法"以辛温散之，复其阳气，故曰寒邪客之，得炅则痛立止"，设神圣复气汤方（炮姜、炮附子、防风、人参、郁李仁、当归、半夏、升麻、藁本、甘草、柴胡、羌活、白葵花）。另外，将"风药"广泛用于脾胃内伤病的治疗是李氏遣方用药的一大特色。其意义在于，风药辛散之性能散热中之郁火、举下陷之清阳、燥中土之浊湿，从而扩大了风药的适应证。

元代王好古对脾胃学说的贡献在于提出"阴证"理论。基于《伤寒论》三阴证论述，认为"伤寒，人之大疾，其候最急，而阴证毒尤惨。阳证则易辨而易治，阴证则难辨而难治"（《阴证略例·麻序》），应重视对伤寒阴证的辨识与治疗，从而完善东垣"辨阴证阳证"理论。王氏分析阴证表现时指出，饮食冷物、误服凉药、口鼻吸入雾湿之气诸多因素先伤脾胃，故出现太阴证候，随后可演变为厥阴证候及少阴证候。王氏分析阴证病因病机时，强调外因、内因皆可形成阴证，然劳倦、本虚、饮食生冷或过服凉药可致"内已伏阴"，此为阴证发病之关键，若"外又感寒，内外俱病"，则预后不良。此外，王氏鉴于阴证表现的复杂性，采诸家之说并参己见，依据十二类症状总结出辨阴证阳证之规律，推崇理中丸、四逆汤、麻黄附子细辛汤等仲景方，以及韩祗和、李思训所创桂皮汤、七物理中丸等仲景类方，上述方药能入三阴，温三阴之寒，"最是治三阴病之良法"。另外，王氏自制神术汤并适宜加减，以解表除湿升举之法治疗阴证外感；自制黄芪汤、调中丸以温补中焦之气，"不可遽热"。以上足见王氏治疗阴证时对脾胃的重视。

元代罗天益遵循东垣脾胃思想，认为东垣之说"饮食劳倦，内伤脾胃"意未言尽，伤于脾胃者当分"食伤"与"饮伤"。"经曰'味归形'，若伤于味亦能损形。今饮食反过其节，以致肠胃不能胜，气不及化，故伤焉"（《卫生宝鉴·食伤脾胃论》），此为脾胃食伤之病机。其关键在饮食失节，肠胃受纳腐熟不及，故临床以"胃脘满闷而口无味""气口脉紧甚"为症状特点，治当以程度轻重分之。"酒入于胃，则络脉满而经脉虚，脾主为胃行其津液者也，阴气者，静则神藏，躁则消亡"，"挠扰于外，沉注之体，淹滞于中"（《卫生宝鉴·饮伤脾胃论》），此即脾胃饮伤之病机。其关键在"阴气虚阳气入，阳气入则胃不和"，故临床常见酒伤吐逆恶心，头晕目眩，神困多睡，志意不清，脾虚泻利等症。治宜发汗利水、上下分消，如葛花解醒汤、法制生姜散等。罗氏将东垣有"始病热中，若末传为寒中"之论进一步发挥，将劳倦所伤分为虚中有寒、虚中有热两类，并提出阴虚内热者，则合用清热养阴之剂。

金代张从正在脾胃方面，以攻邪之法固复胃气，"脾为之使，胃为之市。人之食饮酸咸甘苦百种之味，杂凑于此，壅而不行，荡其旧而新之，亦脾胃之所望也"。此法对于中焦积滞者尤为适宜。在攻邪之后，张氏常以甘凉、温淡、甘酸、清滋之品和胃气、育胃液，如"三法行毕，脏腑空虚，先宜以淡浆粥养胃肠三两日"，同时注重饮食调补，"温存而养"。

元代朱震亨在脾胃方面，创造性地提出"阴升阳降"的观点，强调脾"具坤静之德，而有乾健之运"（《格致余论·鼓胀论》），为"血气之根本，周荣滋身"，主张"诸病先睹胃气"，足见朱氏对脾胃的重视。朱氏合参虚实寒热阴阳之辨，善从湿、火、食、痰等因素分析病机，同时顺应脾胃升降规律，建立温脾阳、健脾运、和胃气、养胃阴等治疗方法，广泛应用于心腹痛、泄泻、呕吐哕、肿胀、鼓胀等病证的治疗。除治疗外，朱氏还将脾胃观点用以指导养生，建议"安于冲和之味""宜淡宜甘"，以保养脾胃。

元末明初医家戴思恭基于丹溪理论，提出"气属阳，动作火论"，"捍卫冲和不息之谓气，扰乱妄动变常之谓火"，此火即丹溪所述"妄动之相火"。一身冲和之气，发自脾胃，源于水谷，若气动太过，则冲逆化火，损伤元气。因此，治疗"相火妄动"需从脾胃入手。此外，戴氏在论述痰饮证、郁证时亦突出脾胃的作用。《推求师意》认为，痰饮"有生于脾胃，有生于六经，所起不同，若论感邪与为病之形症则一也。至于治之，必先从其邪之所起，而后及于病之所止……然经脉以胃气为本，则其所化，亦六经中胃气土德之冲和者以成之，由是同归乎湿……"郁证"多在中焦"，"当升者不升，当降者不降"，"……过于中者，其中气则常先四脏，一有不平，则中气不得和而先郁，更因饮食失节停积、痰饮寒湿不通，而脾胃自受者，所以中焦致郁多也"。可见，痰饮证、郁证均与中焦气机不畅，传化失司有关，故治疗时注重调畅气机，使胃行气于三阳、脾行气于三阴，水运则痰消，气顺则郁散。另外，戴氏将"痰饮"的概念扩大：广义之痰饮包括悬、溢、支、痰、伏、留六饮，与不同部位相对应，并有复杂之兼证；狭义之痰饮特指六饮之一。从而戴氏又提出"凡人之病，皆痰为邪"的病因学观点。

明代薛己既承补土学派之精髓，又合肾命水火之说，突出脾胃与肾命（即肾与命门）并重。其立论于"治病求本"。"本"为"四时五脏之根"，即脾胃，强调"人以脾胃为本"，"（脾）胃为五脏本源，人身之根底"。脾胃虚弱则气血阴阳不调，"其他四脏俱无生气"（《明医杂著·补中益气汤论注》）。然而久病者波及肾命，肾命受损，元气无存，因此肾命亦为发病之本脏。薛氏临证时注重"滋化源"：其一善补脾胃之气，以固气血生化之源，如"症属形气病，气俱不足，脾胃虚弱，津血枯涸而大便难耳，法当滋补化源"（《明医杂著·补阴丸论》），宜补中益气汤之类；其二需补肾命真阴真阳，宜八味丸、六味丸之类，亦在阐发"治脾无效，则求之于肾"的求本观点。

明代李时珍则强调脾胃在证治和养生方面的重要性，首推脾胃为"万物之母""元气之母"，但不忘脾胃与其他脏腑经络的联系，认为"土虚补母，可用桂心、茯苓"；调治脾胃尚需注意气机升降与运化，主张开合相济，补而不滞，泻而不伤，以运脾为先；营养面容诸窍、延缓衰老需升发清阳之气，"清气上行，胸膈爽快，手足和暖，头目精明，神采迅速，诸证如扫"（《本草纲目·卷十三·草部·升麻》）。

明代缪希雍指出"谷气者，譬国家之饷道也，饷道一绝，则万众立散，脾胃一败，则百药难施"，"脾胃无恙，则后天元气日长"。治疗疾病时，他认为"皆当以保护胃气为急"（《神农本草经疏》）。鉴于脾虚、胃虚之异，缪氏强调脾虚、胃虚分而治之：胃虚宜益气，治以甘平、甘淡、甘酸之味；脾虚用甘温，佐以辛香、酸平，但香燥温补除湿之品不宜多服。与东垣相比，缪氏补益脾胃之法更专于润养阴分，具体而言，"益阴宜忌苦寒，益阳宜防泄气，祛风勿过燥散，消暑毋轻下通"（《神农本草经疏》）。缪氏提出"脾阴不足"说，明确"脾阴不足"证候有脾虚中满，饮食不进，食不能消，夜剧昼静，劳倦发热，健忘，肢痿，产后失眠腿痛等，并在《神农本草经疏》中详辨"脾气虚""脾阴虚"和"阴血虚"。治以甘凉滋润，酸甘化阴为大法，常用药物有麦冬、白芍、石斛、木瓜、枸杞子、五味子、酸枣仁、生地黄、车前子等。

明代张介宾继承李杲、薛己的脾胃思想并加以创新，认为脾胃含五脏之气，五脏亦含脾胃之气，因此脾胃调则五脏安，五脏安则脾胃和，脾胃、五脏浑然一体，从而补充、完善东垣"调脾胃以安五脏"之论。同时，张氏治脾胃，不限于参、苓、枳、术、楂、麦、曲、朴之类，指出"脾胃受伤，但使能去伤脾者，即俱是脾胃之药"(《景岳全书·杂证谟·脾胃》)，由此扩大对脾胃证治的认识。张氏虽推崇东垣之说，但亦阐发不少东垣理论之弊，而且针对东垣名方补中益气汤的应用提出七大禁忌。张氏着意于温补脾胃，然临证时仍以辨证求因，审因论治为纲。

明末清初医家喻昌认为脾胃之虚实关乎五脏之盛衰，"五脏失中土之灌溉而虚极也"。然脾与胃各有特点，"脾之土，体阴而用则阳；胃之土，体阳而用则阴"。脾主运化升清，胃主受纳通降，二者相辅相成。因此，脾胃病证需分体而治，"脾偏于阴，则和以甘热，胃偏于阳，则和以甘寒"。相比而言，喻氏更注重脾气的作用，"脾气者，人身健运之阳气，如天之有日也"，常以甘味益气补中。喻氏推崇小建中汤、黄芪建中汤、大建中汤等甘温之剂调补脾胃，正体现崇土为先、建中为本的思想，"建中如天子建中和之极。虚赢之体，服建中后，可汗可下，诚是恃也"。另外，在其所创立的"三论一法"中无不体现对脾胃的顾护。"伐髓迪光论"将仲景阳明病三分，一者"邪入阳明，太阳将尽未尽之证"（即太阳阳明病），二者"在经之邪不解，必随经而传少阳之证"（即少阳阳明病），三者为单纯阳明病（即正阳阳明病）。喻氏认为仅正阳阳明病用下法，其余并病均不宜下，从而缩小攻下法的适用范围，减少对脾胃的损伤。"秋燥论"强调燥邪对肺胃津液的影响。燥伤中土之阴，导致"手阳明大肠热结而津不润，足阳明胃热结而血不荣"。胃热上乘则化为痈；胃中津液不输于肺，肺失所养则化为痿。可见"燥邪伤肺"源于"燥邪伤中"，故急需顾清燥热、护胃阴以培土生金。"大气论"意在阐发"胸中阳气"对人体营卫、脏腑、经络的统摄作用。"胸中阳气"亦与胃气相关，"胸中之阳，如天之有日，其关系荣卫纳谷之道"，"胸中既冷，胃必不能出纳其谷"，"谷气不盛，胸中所伤之气愈益难复"。"逆流挽舟"法为喻氏治疗痢疾之特色，以风药升举之力，并借人参"回复少阳生发之气"，"缓缓逆挽其下陷之清气"，达到升清祛邪以止泻的目的，如人参败毒散。喻氏顾护脾胃气阴的思想成为后来"胃阴"学说形成的基础。

明末清初医家李中梓提出肾脾先后天根本论，"先天之本在肾，肾应北方之水，水为天一之源；后天之本在脾，脾为中宫之土，土为万物之母"(《医宗必读》)。对脾肾病证的治疗，李氏基本继承东垣、洁古理脾，立斋、养葵补肾之法，但又不拘于前人所识，主张脾肾同调。对于泄泻的治疗，李氏在总结前人经验的基础上，结合自身脾胃观，提出淡渗、升提、清凉、疏利、甘缓、酸收、燥脾、温肾、固涩 9 种治法，亦体现出李氏认识脾胃证治的独到之处。泄泻分为暴泻与久泻，暴泻者多为实证，久泻者多为虚证或虚实夹杂证。丹溪有"治湿不利小便，非其治也"一语，表明泄泻者常有湿邪为患，故用淡渗之品，"利小便以实大便"，此亦为治泻之总法。对于寒湿内盛所致泄泻，当用燥脾之法运脾除湿。湿热伤中所致泄泻者，宜清凉之法，黄芩、黄连之类清热燥湿。食滞胃肠所致泄泻者，宜行气通腑导滞，即疏利之法，以达"通因通用"之效。以上泄泻属实证，故皆以祛邪为要，而久泻者常病损三阴，或虚中有实，故治疗久泻往往以补虚为主，虚实兼顾，多法并进。如脾胃虚弱者当投以甘味补益、和中缓急之剂，如参苓白术散。若脾损至肾，火不暖土，脾肾两虚者，治宜温肾健脾，二者兼顾，如理中丸、附子理中丸或四神丸。若脾虚复以肝乘，则需疏肝、健脾、理气同用。而久泻久痢导致神疲乏力、少气懒言、肛门坠胀或滑脱者，急当升提清阳，如补中益气汤；若重至滑脱不禁，可加用固涩、酸收之法，如真人养脏汤。

清代叶桂在内伤杂病辨治方面，深受东垣学说的影响，"内伤必取法乎东垣"（《叶氏医案存真》），强调内伤杂病需重视脾胃。对于脾阳不足证，叶氏常用东垣方加减，如补中益气汤、李氏清暑益气汤等。此外，叶氏依据脾胃功能的不同，提出脾与胃分治的主张，"脾宜升则健，胃宜降则和"，"太阴湿土，得阳始运；阳明燥土，得阴自安"（《临证指南医案》），同时明确指出"脾喜刚燥，胃喜柔润"的特性，足见叶氏对"胃阴"之重视，进而补充和发展了东垣脾胃学说。鉴于外感热邪与内伤杂病皆可耗中气、伤胃阴，叶氏强调以甘寒柔润之品，行益气生津之效，如生扁豆、粳米、莲子、竹沥、甘蔗汁、石斛、天花粉、生地黄、麦冬、天冬、玉竹、沙参、生甘草、生白芍等。基于对《黄帝内经》有关经络功能论述的认识，叶氏尚指出"久病入络"的观点，"大凡经主气，络主血，久病血瘀"，"初病气结在经，久则血伤入络"（《临证指南医案》），为脾胃相关之痛、痹、积聚、癥瘕诸证的治疗提供了新的思路，亦为后世运用活血化瘀法治疗脾胃病奠定了基础。

清代薛雪重视脾胃在湿温病（即湿热病）发生过程中的作用，"太阴内伤，湿饮停聚，客邪再至，内外相引，故病湿热。此皆先有内伤，再感客邪，非由腑及脏之谓"，"温病乃太阳、少阴同病；湿热乃阳明、太阴同病"（《湿热病篇》），明确提出湿热主伤脾胃的论点。"湿热之邪，从表伤者，十之一二，由口食入者，十之八九"，"病湿热，此皆先有内伤，再感客邪"，表明湿温病为脾胃内伤虚弱，复感湿热外邪所致。"中气实则病在阳明，中气虚则病在太阴"，脾阳不足，易从湿化，湿重于热；胃热亢盛，易从热化，热重于湿；脾虚胃热并重，则湿热相持。由此，薛氏强调以脾胃为中心论治湿温病。湿重于热者，宜藿梗、白蔻仁、杏仁、枳壳、苍术、草果、半夏、石菖蒲、佩兰等芳香轻宣化湿；热重于湿者，宜白虎加苍术汤，偏于清热；湿邪伤阳者，宜人参、白术、附子、茯苓、益智仁等温燥渗利寒湿；湿热并重者，黄连、黄芩、黄柏、大黄等清热除湿。对于虚劳诸证，薛氏主张"甘温益气，莫与清凉肺药"，宜用归芪建中汤去姜、良附黄芪建中汤去姜等。

晚清唐宗海认为中医、西医应取长补短，倡导"中西汇通"。唐氏详论"水火气血"相互资生的关系，强调"水火两脏，全赖于脾"（《血证论》），指出治血与治气均"以脾为主"。他立止、消、宁、补四法治疗：止血，泻阳明之热；化瘀，理脾以生新；宁血，顺气清胃热；补血，脾健气血生。以上治法无不融贯调治脾胃之要旨。

清末至民国初年医家张锡纯继喻昌"胸中大气"说之后，又进一步阐释"大气"的含义，认为"大气"即《黄帝内经》所言之"宗气"，其"以元气为根本，以水谷之气为养料，以胸中之地为宅窟者也"（《医学衷中参西录》）。大气为病者，虚而下陷，呼吸不利，清气不入，浊气不出，全身衰竭，进而出现肢体痿废、二便不禁、肛门坠胀等。在脾胃方面，张氏将李东垣"甘温补土"及叶天士"顾护胃阴"理论有机结合，提出"淡以养脾"的治疗理念，"土爱稼穑，稼穑作甘。盖土本无味，借稼穑之味以为味。夫无味即是淡，故入脾胃属土，凡味之淡者皆能入脾胃也"。宜用粳米、薏苡仁、芡实、山药等甘淡之品滋养脾阴。此外，张氏依据《黄帝内经》"出入废则神机化灭，升降息则气立孤危""清气在下，则生飧泻，浊气在上，则生䐜胀"的理论，强调调理脾胃气机，重在升陷降逆，此亦为治疗"大气虚损"诸证之关键。除汤药疗法外，张氏亦重视食疗，"志在救人者，甚勿以为寻常服食而忽之"，予以药粥、药饼少量频服，以缓收全功。

民国医家恽铁樵指出，"气化""形能"之说是体现《黄帝内经》核心思想的重要理论，为脏腑经络生理、病理之根。同时，对于仲景六经体系，他提出"证候界限"与"表里传变"的观点，认为《伤寒论》之三阴三阳实为属阳、热、实证和属阴、寒、虚证的分界；六经传变的实质是表里传变，传与不传之关键在于三阳虚实。基于上述认识，恽氏对于脾胃学说的贡献尤以"论舌苔与胃肠病理的关系"为特色，指出"舌上无薄苔，味蕾粒粒起耸，胃停积过多；舌苔厚且黄，有积在肠"，治疗上强调胃肠分论而治，即积在肠可攻，积在胃不可攻，进一步指出"下吐之界在于幽门"，即食停胃脘者宜吐，食入肠腑者宜下。然而在攻伐的同时，恽氏不忘对胃气、胃津的顾护，亦指出攻伐之禁忌，即虚甚者与舌剥者不宜吐。

现代医家岳美中宗张仲景、李东垣、叶天士三家之言，在专研医理的同时，更加注重临床实践，主张专方专药与辨证论治相结合。对于脾胃病的认识，岳氏崇东垣之理而不拘于东垣之说，遣方用药时区分脾胃特性，注重升脾的同时兼顾降胃。对于久病阳虚者，尤其是老年人，岳氏强调以后天养先天，提出"平和量小""多补少泻""多丸少汤"的用药思想，进一步总结出补益六法，即平补、调补、清补、温补、峻补、食补，而且又不失平衡阴阳。他在辨治脾胃病时，突出脏腑传变及经络联系，注意区别土虚木乘与木旺抑土：若因木旺而致土虚，则当以逍遥散、四逆散等柴胡类方疏肝解郁为先；若因土虚而致木乘，则当以补中益气汤、理中汤等参芪类方温补中州为先。

现代名中医蒲辅周强调要正确认识整体与局部的关系，辨证求本，审证求因，抓住重点，执简驭繁，病愈复杂，用药愈精，充分体现《素问·至真要大论》所述"必伏其所主，而先其所因"的思想。对于临证辨治，他指出四时百病应以胃气为本，无论外感内伤，既有脾胃之变，当先固之，盖后天资生有源，中州斡旋有力，则疾病易愈。此外，蒲氏遣方用药，轻灵活泼，善消不伐，消补兼顾，着重指出慎用苦寒，防止苦寒败胃。

现代医家冉品珍师从蜀中名医徐立三，颇得其真传。冉氏立足于脾胃，从平调气机的角度治疗疑难杂症。如施逆流挽舟之法，投以人参败毒散治疗久利滑泻；施升肝举脾之法，投以逍遥散加黄芪、荆芥、菊花、香附、麦芽、茵陈治疗淋浊癃遗。此外，冉氏重视舌苔在辨治脾胃顽疾中的重要作用，认为"苔随病长，病去苔退"，治疗当以"祛邪退苔为先"，擅长用苦辛淡泄法除湿退苔，代表方为一加减正气散和半苓汤。

当代名中医李可深究《周易》之学，崇仲景之说，倡导"难症痼疾，师法仲景"，在辨治脾胃相关病证方面，以阳明统三阳，以太阴统三阴，认为先天之气非胃气所不能滋，后天之气非脾气所不能养，突出"火生土，土伏火"之功。同时，李氏运用降胃（肺）气、升脾气之法治疗咯血、崩漏诸证，寓补中疏导之意，达引血归经之效。

国医大师邓铁涛的脾胃学说之造诣尤为高深。邓氏强调治病求本的理念，突出护正固本的重要意义。其从五脏相关理论入手，重视调和脾胃肝肾的关系。对于慢性肝病的治疗，主张在健脾补中的基础上，酌情选择祛痰除湿、化瘀软坚、补益肝肾等法。对于慢性萎缩性胃炎、慢性肝炎、肝硬化及腹水、低蛋白血症等西医学消化系统疑难病症，邓氏发挥病证结合的优势，分型设立专方治疗之，其自拟软肝煎成为治疗肝硬化的经典基础方剂。对于重症肌无力、冠心病等疾病，邓氏立足于脾胃，从脾胃虚损、痰瘀互结的角度进行治疗。

基于上述认识，李培将中医脾胃理论的历史沿革划分为初始萌芽（先秦）、初步发展（汉唐）、蓬勃发展（宋金元）、渐趋成熟（明清）、融会贯通（近现代至今）5个阶段。各阶段的理论成果均以前人的认识和经验为基础，同时结合该时期的实际临床需求而得来，李培脾胃思想的形成亦不离此道——基于传统中医思想，着眼于"脾胃主后天"之关键，以脏腑论"脏病多养，腑病多通"与六经论"阴不离补，阳不离泻"为总纲，应用于西医学消化系统疾病之诊疗过程。

二、跟随名师强临床

除系统学习中医历代典籍外，李培还长期跟随冉品珍、王再谟等中医名家，并将他们的经验融入医疗实践中，同时结合临床诊治病种、就医人群体质及当地气候环境的特点，逐渐形成重视脾胃的理论认识。

冉品珍（1913—1987）师从遂宁名医徐立三先生，8年学成出师。1956年至成都中医学院（现成都中医药大学）任教，1982年晋升为教授。冉老十分重视对中医典籍的学习，但是反对死记硬背，强调学习中医典籍需要正确的方法："阅读经典，应细嚼慢咽，随手所录，遇难之处，应反复体会，旁参博览，深思是辨，切忌墨守旧说，囿于一见。"（《内科临证辨治录（中医）》，1988）他临床实践推古而不拘于古，善于将《黄帝内经》《伤寒论》《金匮要略》及温病学的理论与证治融为一体，常将古训与实践相结合，晚年潜心钻研脾胃疾病，造诣颇深。

冉老立足于脾胃，从平调气机的角度治疗疑难杂症。如施逆流挽舟之法，投以人参败毒散治疗久痢滑泻；施升肝举脾之法，投以逍遥散加黄芪、荆芥、菊花、香附、麦芽、茵陈治疗淋浊痿遗。此外，冉老重视舌苔在辨治脾胃顽疾中的重要作用，认为"苔随病长，病去苔退"，治疗当以"祛邪退苔为先"，擅长用苦辛淡泄法除湿退苔，代表方一加减正气散和半苓汤。

李培继承并发展了冉老"立足脾胃，平调气机"的思想，形成了"协调土木，运转枢机"的治疗理念，并以冉老重视舌苔的思想为基础，形成"重视舌诊，辨苔施治"的特色。李培指出，舌苔厚腻者必有浊邪内聚，气机不畅，如此不可一味峻补，否则碍脾生湿，浊聚气滞更甚，当以助运化浊、恢复升降为要，常用平胃散、温胆汤、柴平汤、四妙散、藿香正气散等方剂加减治疗；若苔薄少津，甚则光滑无苔，伴见舌中裂纹者，多属气阴两虚之证，治当补中气升津液，常用太子参、西洋参、石斛、玉竹、葛根、天花粉等药物配伍治疗。

王再谟（1937—2006）于1964年毕业于成都中医学院医学系，留校任教。并师从彭履祥、冉品珍。1991年晋升教授。"中医为主，纳入西医"是王老的基本学术思想。王老不抱门户之见，强调"拿来主义"，宗于中医思维而广纳西学，旁采博览，兼收并蓄，不断"熟读精思，虚心涵咏，切己体察，著紧用力，居敬持志"，反对"死守经典""死背教条""故步自封"的做法。在学术理论上，他敢于突破传统束缚，宗于经典而与时俱。

王老阐发朱丹溪之说，认为脾胃病"有寒有热"，并依据《素问·太阴阳明论》中"阳道实，阴道虚"的论述，指出阳经、阳腑之病多热多实，阴经、阴脏之病多寒多虚。就脾胃而言，胃为阳明燥土，以热证、实证居多；脾为太阴湿土，以寒证、虚证居多。因此，诊治时须辨明胃实与脾虚、胃热与脾寒，"泻胃补脾"为遣方用药之通法，切忌不经细察便一律寒凉或一派温热。另外，王老在认真研习古今医学著作关于脾胃病的分析、论述后，强调治疗脾胃病需"辨病为纲，辨证为目"。"辨病为纲"意在为诊治脾胃病提供整体观，从全局的角度把握疾病的发展过程；"辨证为目"即在"辨病"的基础上，进一步探究脾胃病发展过程中各阶段的特点，有助于确定个体化、具有针对性的治疗方案。辨病辨证相结合，纲举目张，为解决疑难疾病、寻找特效药物提供新的思路。

李培继承和发扬了王老"脾胃病有寒有热"的思想，形成"温中补虚，寒凉以平"的学术特色，并以王老"中医为主，纳入西医"的思想为主导，逐渐形成"病证结合，西为中用"的诊疗认识。以慢性胃炎诊治为例，李培认为，慢性胃炎证候多样，由于迁延日久，反复发作，临证时寒热错杂、虚实夹杂者多见，内镜结合病理学检查可发现不同程度的胃黏膜充血、水肿、糜烂、萎缩、肠化等病变。因此，治疗时，他依据症状、体征、舌象、脉象、病史等信息，并结合内镜、病理学检查结果，遣方用药寒热兼顾、补泻兼施，自拟调气理中方治之。

三、结合实践出观点

李培不饮酒、不抽烟、不打牌，其业余时间几乎全用在了学术研究和临床实践方面，在脾胃疾病的治疗上，提出了自己的学术观点。

1. 五脏一体调全身

《黄帝内经》提出了"整体观"这一重要思想，该思想是中医"辨证论治"特色的基础，包括人与自然界的整体观、人体内部的整体观、机体与情志的整体观、人与社会环境的整体观四个方面。其中，五脏一体观是人体内部整体观的核心内容，即以五脏为中心，通过经络走行和配属，将六腑、五体、五官、九窍、四肢百骸等全身组织器官联系成相互关联的整体，并与外在之五味、五色、五音、五声、五志相对应，构成表里相合、内外相关的五脏系统网络。同时，五脏系统遵循五行生克规律，相互平衡与节制，共同维持机体相对稳定的状态。如《素问·玉机真脏论》言："春脉者肝也，东方木也……夏脉者心也，南方火也……秋脉者肺也，西方金也……冬脉者肾也，北方水也……脾脉者土也。"《素问·气交变大论》云："夫五运之政，犹权衡也，高者抑之，下者举之，化者应之，变者复之，此生长化成收藏之理，气之常也。"从气机运行的角度阐释"五脏为五行所主"的内涵和联系。《素问·六微旨大论》言："亢则害，承乃制，制则生化，外列盛衰，害则败乱，生化大病。"强调五脏平衡须以"承制"为要，不可太过或不及。《素问·五脏生成》云："心之合脉也，其荣色也，其主肾也。肺之合皮也，其荣毛也，其主心也。肝之合筋也，其荣爪也，其主肺也。脾之合肉也，其荣唇也，其主肝也。肾之合骨也，其荣发也，其主脾也。"说明五脏通过经脉络属相互维系。

　　李培将"五脏一体"思想贯彻临证始终，强调"唯有五脏平衡，方能全身调和"。他以病变脏腑为着眼点，同时协调其他脏腑与病变脏腑的功能，恢复气、血、精、津、液等基本物质的正常运行、输布和代谢，最终实现脏腑协调、阴阳平衡。"以平为期"始为临证取效之关键。如李培自拟理气滋阴、温阳助运、润肠通便之"便秘方"治疗功能性便秘，调和肝肺脾肾四脏；以苏子降气汤合七味都气丸加党参、炒白术治疗内伤咳喘，肺脾肾三脏兼顾。

2. 扶正祛邪衡阴阳

　　对于"正气"的理解，《灵枢·小针解》有言："神者，正气也。"《灵枢·本神》云："……生之来谓之精，两精相搏谓之神。"《灵枢·平人绝谷》曰："……神者，水谷之精气也。"《素问·八正神明论》曰："气血者，人之神。"《灵枢·天年》曰："血气已和，荣卫已通，五脏已成，神气舍心，魂魄毕具，乃成为人。"可见，《黄帝内经》之"正气"即为神与神的物质基础精、气、血、津、液。脏腑调和，精、气、血、津、液运行输布顺畅，神明得以充养，"正气"自当固存于内。另外，"正气"尚包括人体对外界环境自然之气（即六气）的适应能力，人体适应之六气称为"正风"，如《灵枢·刺节真邪》曰："正风者，其中人也浅，合而自去，其气来柔弱，不能胜真气，故自去。"所谓"邪气"，《灵枢·小针解》云："客者，邪气也。"《素问·至真要大论》云："夫百病之生也，皆生于风寒暑湿燥火，以之化之变也。"自然六气侵袭人体则成六淫邪气，而且六淫致病具有季节性规律，如《素问·阴阳应象大论》曰："冬伤于寒，春必温病；春伤于风，夏生飧泄；夏伤于暑，秋必痎疟；秋伤于湿，冬生咳嗽。"《素问·阴阳应象大论》中"人有五脏，化五气，以生喜怒悲忧恐"和《灵枢·本神》中"肝气虚则恐，实则怒……心气虚则悲，实则笑不休"，突出了情志与脏腑的联系。《素问·生气通天论》所言"味过于酸，肝气以津，脾气乃绝。味过于咸，大骨气劳，短肌，心气抑。味过于甘，心气喘满，色黑，肾气不衡。味过于苦，脾气不濡，胃气乃厚。味过于辛，筋脉沮弛，精神乃央"，强调饮食偏嗜内伤脏腑的特点。总之，《黄帝内经》之"邪气"涉及六淫、情志、饮食诸多方面，包括源自外感、内伤的一切致病因素。

　　"正气"与"邪气"是疾病发生发展过程中的一对基本矛盾。一般情况下，邪气由外侵袭人体而发病，与正气虚弱，无力御邪相关，如《素问·刺法论》云："正气存内，邪不可干。"《素问·评热病论》曰："邪之所凑，其气必虚。"《灵枢·口问》亦述："邪之所在，皆为不足。"若人体脏腑功能失调，正气相对不足，卫外失司，六淫邪气则趁虚而入，正如《灵枢·百病始生》所言："风雨寒热不得虚，邪不能独伤人。"另外，七情饮食内伤脏腑，以致气、血、精、津、液运行输布失常，邪从内生，神明失养，"正气"亦不得彰。因此，正气虚弱是疾病发生之内因，为本，居于主导地位；邪气则为疾病发生之外因，为标，居于辅助地位。

　　由此，鉴于"正气""邪气"在疾病发生中的作用，李培强调"扶正祛邪"思想对于临证治疗具有重要意义，尤其对于慢性疾病虚实夹杂而言，唯有固护正气与祛除邪气并施，标本兼顾，方能全面恢复脏腑功能与物质输布，以期阴阳平衡，病情向愈。如李培应用柴胡桂枝汤合玉屏风散治疗体虚外感日久，汗出恶风者，解表、益气并举；自拟理气活血、健脾除浊、清解邪毒之"茵郁丹"治疗慢性乙型肝炎，补中、祛毒相须。

3. 温助阳气理脾肾

　　温阳法在仲景学说中占有极其重要的地位。纵览《伤寒论》《金匮要略》，温阳（辛温）方剂运用颇多，强调助阳之本，突出辛温之重。论及渊源，仲景于《伤寒杂病论》自序"撰用《素问》《九卷》《八十一难》……"表明《伤寒论》《金匮要略》继承《黄帝内经》要义，可见仲景温阳思想与《黄帝内经》密不可分。《素问·生气通天论》中已强调人体阳气之重要，如"阳气者若天与日，失其所则折寿而不彰，故天运当以日光明""阴阳之要，阳密乃固"等论述。"寒者热之""虚者补之""阴病治阳""形不足者温之以气"等治疗原则，对于后世形成温阳思想亦有启发。《伤寒论》《金匮要略》则进一步发展、完善温阳法，涉及温助脏腑之阳、温阳兼以利水、温阳兼以通脉、温里解表兼顾、温阳固脱并举、扶阳益阴反佐、清上温下互用等方面。

　　《伤寒论》以感受寒邪立论，以阴阳为纲，以六经传变为特色。邪气（寒邪）侵袭人体，人体正气遂与之抗衡，虽然正气的物质基础包括气、血、精、津、液等多方面，但是作为人体之动力，阳气（即气属阳者）事关温煦充养、气化推动、卫外固密之功能，是生命活力的体现，而且寒邪从阴，易伤阳气，唯阳盛者方能御之，因此，阳气是抵御外邪的主要力量，是正气的代表。若阳气不足，邪盛正衰，正（阳）不胜邪（阴），则邪气内传，自表（阳）入里（阴）；若阳气不虚或正气恢复，可奋力抗邪，则正盛邪衰，正（阳）能胜邪（阴），从而御邪于外或祛邪外出，邪不内传或由里（阴）达表（阳）。据此划分阴阳之病：凡阳气较为充盛，能祛邪于外，功能亢奋者属三阳病；阳气不足，御邪力弱，功能虚衰者属三阴病。病在三阳者，阳气尚能御邪，故通过振奋、顾护、宣通等法助阳祛邪；病在三阴者，阳衰御邪无力，故通过温补、平衡、交通等法扶阳固本。可见，机体阳气之盛衰决定正邪相争之势态，阳气变动成为伤寒六经病变与传变的关键因素。

《金匮要略》着眼于杂病，以脏腑经络辨证为主体，参以六经辨证、八纲辨证、气血津液辨证、部位（三焦）辨证、病证结合等思想。其温阳思想体现在对阴邪、阴位、阴证、阴脉的辨识与治疗，如寒邪束表之咳嗽上气（阴邪）治以辛温宣散，湿滞肌表之痹证（阴邪）治以温宣利水，肺胃气滞之胸中气塞（阴证）治以温行开郁，中焦虚寒之虚劳里急（阴位、阴证）治以甘温补中，脾肾阳虚之呕吐脉弱（阴脉）或下利寒厥（阴位、阴证）治以温里救逆。同时，温阳亦有刚柔强弱之分，如阴盛格阳或寒湿为甚者，急需辛温峻品扶阳退阴，而"病痰饮者，当以温药和之"是求温补而不过燥。可见《金匮要略》温助阳气之法不离"以阳制阴"之总纲，"阴阳平衡"始为温阳之目的。

李培在治疗内伤杂病时擅用温阳治法，尤其注意脾肾阳气的护助。脾阳为后天阳气之本，肾阳为先天阳气之根，脾肾得温，则气血化生有权，气化转输有力，益于全身脏腑功能的恢复和物质运行的顺畅。临证时，李培依据证候特点，适当选用肉桂、吴茱萸、桂枝、黄芪、生姜、干姜、炮姜、附子、细辛等温热之品配伍，常用温阳方剂有小建中汤、吴茱萸汤、理中汤、黄芪建中汤、四逆汤、黄芪桂枝五物汤、当归四逆汤、温经汤等。上述皆为温助阳气之重要体现。

4. 保存阴液别"阴""津"

《素问·阴阳应象大论》云"阳胜则阴病"，指出"阳盛制阴"的基本规律。温邪从阳，为病者极易化热、化火、化燥，伤阴已是必然。由于温病的发生发展过程均有温热邪气为患，耗伤阴液贯穿始终，而阴伤程度直接影响温病的转归和预后，保存阴液则成为治疗温病之关键。吴鞠通所著《温病条辨》承吴又可、叶天士之思想，指出"病温者，精气先虚"，"盖热病未有不耗阴者，其耗之未尽则生，尽则阳无留恋，必脱而死也"，"立法以救阴为主"，突出顾护阴液的重要意义。依据温邪的致病特点和温病的发展规律，吴鞠通提出治温两法，即清热泻火、养阴生津。清热泻火在于消除温病之源；养阴生津用于平复温病之损。清热泻火可用苦寒、甘寒、辛寒、辛凉之物；养阴生津重在甘凉润燥或咸寒增液之品。同时，当伴见表证未解、肠胃积滞、口渴溲短、虚火上炎等证候时，慎用汗、吐、下、利等攻邪之法及苦寒化燥之物，强调祛邪不伤阴。

李培将《温病条辨》保存阴液的思想广泛应用于热伤阴液诸证，并进一步指出"津亏"与"阴虚"的区别：以程度而言，津亏为轻，阴虚为重；以部位而言，津亏为浅（中上二焦）、阴虚为深（中下二焦）；以病程而言，津亏为初，阴虚为终；以转归而言，津亏化燥，阴虚生热；以范围而言，津亏为小，阴虚为大。鉴于"津亏""阴虚"的不同特点，李培强调分论而治：病势尚浅，唯示津亏，未达真阴，则以甘凉味薄之品濡润，如沙参麦冬汤，常用药物有太子参、麦冬、石斛、玉竹、南沙参等；病势已深，阴损为甚，虚热初现，则需咸寒味厚之物滋养，如青蒿鳖甲汤、二至丸、知柏地黄丸，常用药物有女贞子、墨旱莲、熟地黄、知母、鳖甲、龟板等。另外，李培用甘温之剂治疗内伤杂病时不忘"用热远热"之忌，如气温炎热时减少温热药物的分量，以及服用温补之剂时减少辛辣食物的摄入，均出于顾护阴液的考虑。

5. 脾胃中心贯始终

《脾胃论》是李东垣体现李东垣脾胃思想的重要著作，堪称脾胃思想集大成者。其援引《黄帝内经》《难经》之说，宗仲景之旨，基于张元素之学，同时结合临床实践经验，论述脾胃清阳之气在人体生理功能和病理变化中的重要作用，阐发"以脾胃为中心"的思想。该思想涉及元气盛衰、气机升降两方面。其一，提出"人以胃气为本"的观点，此处"胃气"泛指中焦之气。《脾胃论·脾胃虚则九窍不通论》曰："真气又名元气，乃先身生之精气也，非胃气不能滋之。"意将脾胃化生气血的功能与元气的盛衰建立联系，强调中焦脾胃滋助元气、充养全身的重要意义。《脾胃论·脾胃虚实传变论》言，"元气之充足，皆由脾胃之气无所伤，而后能滋养元气"，为后世形成"脾胃为后天之本""后天助先天"的认识奠定基础。又言："脾胃之气既伤，而元气亦不能充，而诸病之所由生也。"可见脾胃强弱决定元气盛衰。元气又是生命活力之本，内伤脾胃，中气不足，则元气滋养无源，元气衰则疾病所由生，正如《脾胃论·脾胃盛衰论》所言："百病皆由脾胃衰而生也。""重脾胃以补真元"即《脾胃论》的基本观点。其二，脾胃为气机升降之枢。《内经》指出气机升降出入是生命活动的基本形式，并论述脾胃运化受纳、升清降浊的过程。李东垣广《内经》之论，详《内经》之理，曰："盖胃为水谷之海，饮食入胃，而精气先输脾归肺……以滋养周身……升已而下输膀胱……为传化糟粕，转味而出。"饮食物经胃受纳、脾运化而成精微与糟粕。脾升清，则精微上输心肺，旁达肝肾；胃降浊，则糟粕下归大肠，自魄门出。脾胃升降有权，清浊自归正位，足见脾胃于升清降浊中之关键地位，正如《素问·玉机真脏论》所述："脾脉者土也，孤脏以灌四傍者也。"而且，《素问·太阴阳明论》亦谈及"脾者土也，治中央，常以四时长四脏……土者生万物而法天地"。脾土旺于四季，主水谷，营四脏，表明脾胃是充养其他脏腑、维系脏腑平和的中心环节，此非气机升降之枢所不能为也。总之，"以脾胃为中心"是贯穿《脾胃论》全书的主线，是诊治脾胃内伤杂病的理论基石。

李培诊治脾胃内伤杂病的思路，正是受到《脾胃论》的影响而逐渐形成的，并结合临床实践逐步完善。例如，对于虚寒清阳下陷诸证，李培常以甘温为补虚举陷之法，如补中益气汤、升阳益胃汤等，黄芪、党参/人参、炒白术、炙甘草为常用药物；对于实热上逆诸候，李培则以苦寒为泻实降逆之用，如补脾胃泻阴火升阳汤、清胃散、龙胆泻肝汤等，黄芩、黄连、黄柏、栀子为常用药物。治疗脾胃相关病证，当以促进脾胃运化受纳、顺应脾胃气机升降为要。

四、中西参同治脾胃

李培积极学习西医学知识，紧跟西医学技术前沿，密切关注国际、国内的新指南、新共识，提高自身对疾病的认识。将超声内镜、电子放大染色内镜及其他客观检查的结果融入脾胃病辨证体系中，建立中西医优势互补、病证结合的诊疗模式。同时，李培以科研项目为载体，应用循证医学、动物实验、离体实验等手段，科学验证中医中药的临床疗效，探讨中医、中西医结合方法治疗疑难疾病的机理，目前已有数个经验方转化为医院制剂。

通过对李培学术渊源的梳理可知，"五脏为一体、脾胃为中心"是李培学术思想的主要内容。李培研习中医经典，采撷各家学说，谙熟《黄帝内经》《伤寒论》《金匮要略》《温病条辨》《脾胃论》之道，深得中医名家之精髓，长期投身临床实践，基于广泛应用不断积累、发挥和创新，逐步形成扶正祛邪、平衡阴阳、病证结合、中西汇通的宝贵经验与学术特色。李培重视科研对临床的指导作用，运用科研思路探寻中医药治疗疑难疾病的规律性，并将科研成果转化为行之有效的医院制剂。可见，李培学术思想具有深厚的理论内涵和切实可行的临床价值。

1. 认识脾胃需中西合璧

中医经典著作和各家学说已然构成中医脾胃理论的主要内容，至今仍具有极其重要的临床指导价值。但是，由于受到当时社会人文和科学技术发展的限制，基于古代朴素哲学思想的中医理论对于疾病的阐释难免存在不足之处。时至今日，社会的巨大发展及科技的不断进步，在改变人们生活方式的同时，也改变了人们的体质，改变了疾病谱的组成。具有本时代特色的新型疾病成为当代医家必须应对的挑战。因此，李培认为，全面继承传统思想固然重要，但是作为一名当代中医医师，努力学习并掌握西医学知识，中西合璧，取长补短，融会贯通，更符合当代医疗技术的发展趋势，面临当今诸多疑难杂症之时方能了然于胸。

关于脾胃形态和功能的论述，在《黄帝内经》中已有体现，而且对功能的认识详于形态。《黄帝内经》具体论述了饮食物在体内的转化输布过程，"食气入胃，散精于肝，淫气于筋。食气入胃，浊气归心，淫精于脉。脉气流经，经气归于肺，肺朝百脉，输精于皮毛。毛脉合精，行气于腑。腑精神明，留于四脏，气归于权衡。权衡以平，气口成寸，以决死生。饮入于胃，游溢精气，上输于脾。脾气散精，上归于肺，通调水道，下输膀胱。水精四布，五经并行，合于四时五脏阴阳，揆度以为常也"（《素问·经脉别论》）。可见，饮食物中的精微物质通过脾胃转输运化作用到达肝、心、肺、膀胱、脉等脏腑、器官，进而产生濡养、滋润、温煦、推动等生理效应。这一认识从西医学的角度来说，与以下五个过程基本吻合：①胃肠道对营养成分、水分、药物等物质的吸收。②经肝门静脉系统进入肝脏代谢、解毒。③通过下腔静脉，经回心血流到达心脏以供养心肌。④心脏泵血，血液四布以供养全身脏器组织。⑤血流经过肾脏形成尿液，存于膀胱。其中尚有神经、体液等全身性调节过程的参与。换言之，欲最终实现饮食物对人体的营养促进作用，即须确保与营养物质发挥作用有关的所有组织器官功能正常。由此李培认为，所谓中医脾胃，是将饮食物转化为营养物质，有效供养全身脏器组织，并发挥正向促进作用的综合系统。该定义也间接印证了脾胃中土与其他脏腑之间的密切联系，进而为李培"诊治脾胃"和"治以脾胃"临床思路的形成奠定了中西医理论汇通基础。

2. "诊治脾胃""治以脾胃"需建立在系统工程基础上

人体系统工程学是有别于生物医学模式还原理论的新型西医学体系，其侧重于对人体生理功能和病变过程的整体性认识，强调人体生理和病理在整体、系统、器官、组织、细胞、分子等不同层面均具有一定程度的关联性。在长期临床实践的基础上，李培深刻理解整体性的重要意义，并将人体系统工程学理念贯彻于涉及多系统的复杂疑难疾病的诊治过程中。

（1）"诊治脾胃"

"诊治脾胃"即诊断和治疗脾胃相关疾病。从系统层面而言，李培在治疗脾胃及其相关病证时，强调结合但不限于 X 线、CT、MRI、超声、内镜等客观检查结果。李培指出，临证时首先放眼于患者的整体情况。患者就诊时的神情、气色、体态预示疾病的顺与逆，而病程之转归最终决定治疗方案的轻重缓急。神情自如、气色焕发、体态灵活者，正气未衰，病情相对稳定，仍耐攻伐，故治可祛邪，或邪正兼顾，以祛邪为主；反之，神情萎靡、面色晦暗、活动不利者，正气已衰，病情向逆，不耐攻伐，故急当固本，或扶正祛邪，以扶正为主。

至于特定的消化道疾病，李培则立"分论同治"法为其辨治之总纲。"分论"即将上、下消化道病的不同表现归为中医脾病/脏病或胃病/腑病的范畴；"同治"即遣方用药时需兼顾脾主升清、喜燥恶湿，胃主降浊、喜润恶燥的生理特性。对于西医学口腔、咽、食管、胃、十二指肠的相关疾病，临床多见反酸、烧心、上腹疼痛、胸骨后疼痛不适、恶心、呕吐、纳呆、嗳气、呃逆、口苦、咽干、口舌溃疡疼痛等症状，客观检查常提示黏膜充血水肿、糜烂、溃疡、息肉、胆汁反流、碳呼气试验阳性等。李培将此类病证定义为"上"证，属中医胃病范畴，胃浊上逆为其关键病机。若见舌苔厚腻，则兼有湿邪困脾；若脉沉细无力，则伴有脾气亏虚；若畏寒肢冷，则兼有中阳不足抑或脾虚及肾；若见心烦易怒或郁郁寡欢，则兼有肝气不舒；若黏膜红肿，甚则糜烂、溃疡，则伴有胃火炽盛，日久尚留血瘀之弊。相应治法即在和胃降逆的基础上，配以健脾除湿、疏肝理气、温阳益气或清热理血。对于西医学空肠、回肠、阑尾、结肠、直肠、肛管、肛门的相关疾病，李培则依据临床特征分为"下"证、"滞"证两类："下"证以久泄便溏或下利清谷、里急后重为主要表现，归属中医脾病/脏病，脾虚湿盛为其关键病机；"滞"证以大便秘结或滞下不爽、脘腹满痛、腹胀矢气为主要表现，归属中医腑病，津亏气滞为其关键病机。若见腹痛作泻，泻后痛减，则属土虚木乘；若腹部胀痛，矢气可缓，伴情志不遂，则属木郁乘土；若大便不爽，肛门灼热显著，则兼有湿热下注；若下痢黏液脓血，肠黏膜溃疡显著，则兼有湿热蕴结肠腑成毒；若下痢赤白，白多赤少，且缠绵日久，伴少气懒言，则属脾虚邪恋；若长期便秘，排便无力，且倦怠脉细，则属脾虚肠燥。对应治法即在顾护脾土的基础上，配以疏肝理气、清热解毒、除湿理血或润肠助推。鉴于以上认识，李培指出，虽然消化道疾病有上下之分，其证候有"上""下""滞"三类，但是消化道本身并无间断，消化过程亦上下延续。因此，当出现全消化道疾病，即上、下消化道疾病相合时，针对其运化失常、斡旋失司的主要病机，提出上下兼顾、脏腑并调的治疗原则，以促进脾胃运化、恢复气机升降为要。

基于上述病机治法的分析，李培提出用药原则：治"上"证，在运用陈皮、法半夏、黄连、代赭石、吴茱萸、砂仁、枇杷叶等药物降逆和胃的同时，辅以枳实、厚朴、大腹皮、莱菔子、香附行气通腑；治"下"证，以党参、炒白术、白扁豆、山药、莲子、薏苡仁、白头翁、仙鹤草、炒神曲等药物健脾止泻为主，佐以陈皮、砂仁、紫苏梗和胃理气；治"滞"证，酌情选择决明子、酒大黄、隔山消、枳实等通腑消积之品，同时重用生白术运脾助推；"上""下"同治，则将以上药物酌情配伍使用。

（2）"治以脾胃"

"治以脾胃"即从脾胃的角度治疗其他脏腑的疾病。李培以"五脏一体观"为根本理念，在治疗内伤发热、自汗盗汗、内伤咳喘、女子带下、虚劳失眠等疑难杂病时亦从脾胃入手。其"治以脾胃"的临床思路同样源自人体系统工程方法论——求其重点，统摄全局。脾胃居中，沟通上下，运化精微，充养四旁，斡旋气机，清升浊降，可见脾胃为脏腑形骸充养之源，五脏功能协调之核心。正因脾胃与其他脏腑关系密切，故他脏之损可达脾胃，他腑之害可伤脾胃，而脾胃内伤亦可累及他脏他腑，于是调理脾胃成为治疗其他脏腑疾病的重要方面。

李培执脾胃之简，驭诸病之繁。①治疗内伤发热重在固本调气：一方面因"阳气者，烦劳则张"，"劳则耗气"，故以甘温补中；另一方面因"气有余便是火"，"火郁"需"达之"，故气机畅达则郁热得解。②治疗自汗盗汗急需益气坚阴：自汗者，气虚失固而津液外泄，治以益气和营，培土生金，从而金硕表固；盗汗者，阴虚内热迫津液外泄，治以坚阴清热，土润气敛，从而营充津固。③治疗痰饮咳喘须上中下并调：《素问·咳论》有云"皮毛者，肺之合也，皮毛先受邪气，邪气以从其合也。其寒饮食入胃，从肺脉上至于肺，则肺寒，肺寒则外内合邪，因而客之，则为肺咳。五脏各以其时受病……乘至阴则脾先受之"。咳嗽本为肺病，肺气上逆所致，然肺脉"起于中焦……还循胃口，上膈属肺"（《灵枢·经脉》），故中焦寒湿邪气可由肺脉上至于肺，肺失肃降，引发痰饮肺咳，亦如刘完素所言"寒暑燥湿风火六气皆令人咳，唯湿病痰饮入胃留之而不行，止入于肺则为咳嗽"。另外，《类证治裁·喘症》曰："肺为气之主，肾为气之根，肺主出气，肾主纳气，阴阳相交，呼吸乃和，若出纳升降失常，斯喘作焉。"久病咳喘，肺脾损及肾，肾气虚衰，气不归元。可见，内伤咳喘多与肺脾肾三脏不足兼夹痰饮有关。据此，李培治疗痰饮咳喘时，以气逆为急，用解表肃肺之品，畅三焦，止咳喘；以中土为本，合运脾除湿化痰之物，健脾胃、消痰饮、利枢机，除母（土）患而救子（金）病也；以肾火为根，配温肾补气收涩之药，益肾阳、暖中土、纳肺气，助子（水）盛以复母（金）健也。④治疗女子带下强调健脾除湿：女子带下为阴湿之物，本为津液所化，病变时则与湿浊邪气相通。质清量多、质稠色深、气味臭秽、外阴瘙痒等为常见带下表现，无论何因均与脾、肝、肾三脏功能失常有关。因脾主运化水湿，升提清阳，脾病则水湿不化，湿浊下注，加重气滞湿聚之弊，进而影响肝、肾两脏，故三脏之中尤以脾为治疗之关键，即健脾除湿为主，兼以泻肝益肾。⑤治疗虚劳失眠适以扶脾和胃：失眠一病，多数认为其主要病位在心，与心神失养或心神不安，神不守舍有关。然脾胃为五脏之枢，化生气血，为心主神提供物质基础，且脾胃具斡旋之功，通上彻下，保全心肾相交，阴阳既济。若脾胃虚，则心神无以充养；脾胃实，则心神受扰不安，心肾不交，阴阳失济。因此，脾胃功能失常是导致失眠的重要因素之一，如《素问·逆调论》提到"胃不和则卧不安"。《脾胃论·安养心神调治脾胃论》亦云："若心生凝滞，七神离形，而脉中唯有火矣。善治斯疾者，惟在调和脾胃，使心无凝滞……则慧然如无病矣，盖胃中元气得舒伸故也。"虚劳失眠者，以气血阴阳亏虚，脏腑功能减退，神明失养，阴阳不交为主要特征，属于内伤杂病中较为复杂的类型，其具体虚损情况又因病性、脏腑不同，是否兼夹内邪而存在差异。但无论病及何脏何腑、气血阴阳何种亏虚、兼夹何种内邪，均与后天化源不足、运化无权、气机升降失常息息相关，故有"治疗诸虚百损，首重脾胃"之说。因此，治疗虚劳失眠除立足于心之外，尚需考虑脾胃之变。李培治虚劳失眠首察中焦，辨中焦之不足，识中焦之有余，复斡旋之枢机，促阴阳之交济，总结为"补脾胃之虚以滋心神，消脾胃之滞以利心安"。

事实上，除临床诊治疾病时强调中焦脾胃的重要性之外，李培在遣方用药、饮食起居、情志调摄方面，也注意脾胃功能的调护，如慎用大寒滋腻之物以防碍脾生湿，三餐规律，清淡为主，通过腹部、穴位按摩促进胃肠蠕动，适当户外运动，保持心情舒畅等。可见"重视脾胃"的观点在李培学术思想中占有举足轻重的地位。

由上可知，李培"中西合璧"的脾胃学说特色既指中西医理论层面的结合，又包含现代方法学与中医辨治思维的统一。如此融会贯通，方能确保李培临证取效，百验不差。

五、多诊合参，见微知著

（一）把握四诊要领，形成独到见解

据《史记·扁鹊仓公列传》记载，神医扁鹊为使用望、闻、问、切四种诊断方法的第一人。相传，在其所著《难经》中对四诊的价值和地位作出精辟阐述：《难经·第六十一难》"望而知之谓之神，闻而知之谓之圣，问而知之谓之工，切脉而知之谓之巧"，意在突出望、闻、问、切对于认识疾病的不同作用。纵观中医沿革，望、闻、问、切四诊已然成为传统中医医家收集病情资料、获取病变特征、归纳病证类型的常用方法，也是衡量中医医师辨证功底的技术指标。

李培博览先贤论著，鉴前人所思所想于临床，在"用↔得"的反馈过程中不

断完善自己的认识，最终形成具有一定特色的辨病－辨证结合思路。

1. 望诊特色

医家运用视觉，对人体全身和局部的一切可见征象及排出物进行有目的的观察，以了解健康状况或疾病状态的诊断方法即为望诊。由定义可知，望诊内容极为丰富，涉及人的神、色、形、态、舌象、脉络、皮肤、毛发、五官九窍、排泄物、分泌物等。中医学认为，人体脏腑功能和气血津液的内在变化均可通过表象显示于外，即"有诸内，必行诸外"，因此通过察验外在征象即可得知内在情况，即所谓"司外揣内"。《内经》将望诊列为四诊之首，足见传统中医学对望诊的重视程度。望诊同时也是李培临证诊病的必用方法。李培宗《内经》之理，广泛吸收众医家之望诊经验，按照从整体到局部、从颜面官窍到肢体的顺序进行细致入微的观察，追求尽可能详细可靠的信息。

（1）望神色形态

①望神：观察精神状态。《素问·八正神明论》云："血气者人之神，不可不谨养也。"李培通过对精神面貌和意识状态的观察，从总体上了解五脏精气血之盛衰、病情轻重和预后。由于五脏之精气血皆上注于目，"目为心神之户"，由此李培认为，望神的关键在于望目之神。目现光彩，为神气旺盛之征，一般见于常人；双目无神，则为血气虚衰之象；目暗睛迷，蝉神呆滞，即为失神，表明病情笃危，预后不良。《金匮要略》载："其目正圆者痉不治。"《石室秘录》云："色暗而神存，虽重病亦生，色明而神夺，虽无病亦死。"可见望神（望目神）对疾病的诊疗和预后均有实用价值。

②望色：观察色泽。《灵枢·五色》云："五色各见其部，察其浮沉，以知浅深，察其泽夭，以观成败，察其散抟，以知近远，视色上下，以知病处。"可见，观察色泽对于分析疾病的性质与特征有重要的临床意义。李培指出，临床诊视重病时，若色泽光润，则表明气血尚盛，预后良好，若色夭枯槁，则表明气血衰败，预后多凶。《素问·举痛论》云："五脏六腑，固尽有部，视其五色，黄赤为热，白为寒，青黑为痛。"《灵枢·五色》云："青黑为痛，黄赤为热，白为寒，是谓五官。"色泽的变化主要有青、赤、黄、白、黑五种类型，统为五色。五色显现于眼、舌、口、鼻、耳五官，五官分属于肝、心、脾、肺、肾五脏，《中西汇通医经精义》言："五色命于五脏，每脏各见本色便知其病，各脏又各有所合，便

知其病之所在。"据此李培识五官之五色，以探察五脏之症结。在鼻：色明润，是胃气未伤或病后胃气来复的表现；鼻头色赤，为肺热之征；色白为气虚血少；色黄为里有湿热；色青多为腹中痛；色微黑为水气内停。正如《医门法律》所云："仲景更出精微一法，其要则在中央鼻准，鼻头色青腹中痛，鼻头色微黑者有水气，色黄者胸上有寒，色白者亡血。"在目：目眦赤为心火，淡白为血亏；白睛赤为肺火，变黄为黄疸，现红络为阴虚火旺；目胞红肿湿烂为脾火；全目赤肿多眵，迎风流泪，为肝经风热；目眶周围见黑色，为肾虚水泛之水饮病，或寒湿下注之带下病。在耳：全耳色白多属寒证，色青而黑多主痛证；耳轮焦黑干枯，是肾精亏极，精不上荣所致；耳背有红络，耳根发凉，多是麻疹先兆。在口唇：唇色深红，属实、属热；唇色淡红多虚、多寒；唇色深红而干焦者，为热极伤津；唇色嫩红为阴虚火旺；唇色淡白，多属气血两虚；唇色青紫者常为阳气虚衰、血行瘀滞之现。在齿龈：龈色淡白为血虚不荣；龈色淡白而不肿痛，齿缝出血者，为脾虚不能摄血；龈红肿或兼出血多属胃火上炎；龈微红，微肿而不痛，或兼齿缝出血者，多属肾阴不足，虚火上炎；牙龈腐烂，流腐臭血水者，为牙疳病。在咽喉：红肿而痛，多属肺胃积热；红肿而溃烂，有黄白腐点为热毒深极；若鲜红娇嫩，肿痛不甚者，为阴虚火旺。（关于李培望舌色的经验在"望舌"部分有详细论述。）

③望形：观察形体和营养发育状态。《素问·上古天真论》曰："食饮有节，起居有常，不妄作劳，故能形与神俱。"饮食节制、起居规律、作息有度三方面是保证人精气神充沛的重要基础。精气充盛即为"形俱"。《灵枢·根结》中有"逆顺五体者，言人骨节之小大，肉之坚脆，皮之厚薄，血之清浊，气之滑涩，脉之长短，血之多少"，指出人之形体状况可经四肢、皮肤、官窍等部反映于外。当"外"之"形"出现"过盛"或"不足"时，常意味着"内"之脏腑气血津液亦有不和。"形"之偏向可反映：①可反映体质的偏性，如《丹溪心法》中"肥人湿多，瘦人火多"，《脾胃论》中"形盛者为有余，消瘦者为不足"。②反映疾病类型：如肢体畸形、鸡胸、桶胸龟背，可见于软骨病、佝偻病、脊椎结核或慢性阻塞性肺疾病；矮小侏儒者，多为肾虚、先天不足；虚胖者，《四诊抉微》谓之"形厚气虚，……多郁滞生痰"，见于肥胖病；消瘦者，《四诊抉微》谓"气实血虚"，多见于消耗性疾病。

④望态：观察动静姿态、体位变化和异常动作。《望诊遵经·形容望法大纲》

述："体态异焉，总而言之，其要有八：曰动，曰静，曰强，曰弱，曰俯，曰仰，曰屈，曰伸。八法交参，则虽行住坐卧之际，作止语默之间，不外乎此。"李培结合自身临床体会，将病理之"态"分为"实态"和"虚态"：动者、强者、仰者、伸者，为实态，多属阳证、热证、实证；静者、弱者、俯者、屈者，为虚态，多属阴证、寒证、虚证。具体而论，从坐、卧、立、行四种姿态可知病证之端倪。坐形：坐而仰首，多见于哮病、肺胀、气胸，痰饮停肺、肺气壅滞等病证；坐而喜俯，少气懒言，多属体弱气虚；但卧不能坐，坐则晕眩，不耐久坐，多为肝阳化风，或气血俱虚、脱血夺气；坐时常以手抱头，头倾不能昂，凝神熟视，为精神衰败。卧式：卧时面常向里，喜静懒动，身重不能转侧，多属阴证、寒证、虚证；卧时面常向外，躁动不安，身轻自能转侧，多属阳证、热证、实证；仰卧伸足，掀去衣被，多属实热证；蜷卧缩足，喜加衣被者，多属虚寒证；咳逆倚息不得卧，卧则气逆，多为肺气壅滞，或心阳不足，水气凌心，或肺有伏饮；坐卧不安是烦躁之征，或腹满胀痛之故。立姿：如站立不稳，其态似醉，常并见眩晕者，多属肝风内动或脑有病变；不耐久站，站立时常欲依靠他物支撑，多属气血虚衰；站立（或坐）时常以两手扪心，闭目不语，多见于心虚怔忡；站立（或坐）时若以两手护腹，俯身前倾者，多为腹痛之征。行态：如以手护腰，弯腰屈背，行动艰难，多为腰腿病；行走之际，突然止步不前，以手护心，多为脘腹痛或心痛；行走时身体震动不定，是肝风内动，或是筋骨受损，或为脑有病变。《素问·脉要精微论》云："夫五脏者，身之强也。头者，精明之府，头倾视深，精神将夺矣；背者，胸中之府，背曲肩随，府将坏矣；腰者，肾之府，转摇不能，肾将惫矣；膝者，筋之府，屈伸不能，行则偻附，筋将惫矣；骨者，髓之府，不能久立，行则振掉，骨将惫矣。"头是精气神明所居之处，如头部低垂，无力抬起，两目深陷，呆滞无光，是精气神明将衰惫之象；背前连胸，是心肺所居之处，如后背弯曲，两肩下垂，是心肺宗气将衰惫之象；腰与肾功能关系密切，如腰酸软疼痛不能转动，是肾将衰惫之象；膝为筋腱聚会之处，如两膝屈伸不利，行则俯身扶物，是筋将衰惫之象；骨为藏髓之处，如不能久立，行则振摇不稳，是髓不养骨，骨将衰惫之象。以上衰惫姿态皆是脏腑精气虚衰的表现，多属病情较重。另外李培认为，注意观察患者异常动作亦有助于疾病的辨识。如患者唇、睑、指、趾颤动，见于外感热病者，多为动风先兆；见于内伤虚证者，多为气血不足，筋脉失养，虚风内动。颈项强直，两目上视，四肢抽搐，角弓反张者，常见于小儿惊风、破伤风、痫病、子痫、马钱子中毒等。猝然跌倒，不省人事，口眼㖞斜，半身不遂者，属中风病。猝倒神昏，口吐涎沫，四肢抽搐，醒后如常者，属痫病。恶寒战栗，谓之寒战，见于疟疾发作，或为外寒袭表，或为伤寒温病邪正剧争欲作战汗之时。肢体软弱，行动不便，多属痿病。关节拘挛，屈伸不利，多属痹病。儿童手足伸屈扭转，挤眉眨眼，努嘴伸舌，状似舞蹈，不能自制，多由气血不足，风湿内侵所致。

（2）望舌

望舌即通过观察舌体的色质和舌苔的厚薄、颜色、润燥等方面的变化，从而判断病位深浅和寒热虚实的诊断方法。望舌是中医望诊中的重要环节，也是体现中医特色的诊法之一。李培在临证察病时特别注重对舌的望诊，指出"善望舌者，见微知著，析脏腑之疾，察三焦之弊，觉胃肠之候，如此执一处而谋全局也"。

①舌诊原理：舌诊即通过诊察舌体色质、舌苔色质、舌下脉络等方面的变化，从而判断病位深浅和虚实寒热的诊断方法。以舌诊病，源于舌与五脏六腑、气血津液的密切联系。舌与诸多脏腑之间通过经络和经筋直接或间接相连，尤以心、脾、胃、肾与舌之联系更为密切。舌为心之苗窍，血脉丰富，故多血；舌为脾之外候，映五谷之味，故多气。胃之津、脾之液、肾之唾皆濡润舌体，且胃中津气上潮舌面而成舌苔，故舌多津液。舌之灵动、成言，与心、肝有关。可见，舌之外观能体现脏腑、脉络、气血、津液的变化情况。

②望舌分部：李培认为，望舌有整体和局部之分。观舌之整体，可知全身虚实寒热与气血阴阳之变；观舌之局部，可知病于某脏某腑、三焦某部及胃肠某处。正如《笔花医镜》所述："舌者心之窍，凡病俱现于舌，能辨其色，症自显然。舌尖主心，舌中主脾胃，舌边主肝胆，舌根主肾。"对于内伤杂病，李培多以脏腑分属望舌部位：心肺居上，故以舌尖部主心肺；脾胃居中，故以舌中部主脾胃；肾位于下，故以舌根部主肾；肝胆居躯体之侧，故以舌边部主肝胆，且左边属肝，右边属胆。对于外感病证，李培多以三焦分属诊舌部位：舌尖部主上焦；舌中部主中焦，舌根部主下焦。对于胃肠疾患，李培常以胃脘分属诊舌部位：舌尖部主上脘，舌中部主中脘，舌根部主下脘。

③望舌整体：观察舌的总体情况及特征，其内容包括舌色、舌形、舌态，舌苔的厚薄、润燥、腐腻、剥落、颜色，以及舌下脉络的长度、形态、色泽、粗细、舌下小血络等变化。

望舌色：主要分淡红、淡白、红绛、青紫四种。常人舌质颜色淡红润泽白中透红，为心血充足，阳气旺盛之表现。舌淡白者，舌色较淡红舌质浅，红色较少而白色偏多，一般为气血亏损。舌红绛者，舌色较淡红舌质红，鲜红色者称为红舌，深红色者称为绛舌，多为热证。分部而论，舌尖红者为心火太盛，舌边红者为肝胆火盛，舌中红者为胃火太盛。舌青紫：全舌呈均匀青色或紫色，或舌的局部见青紫色斑块、瘀点，一方面反映热毒炽盛，另一方面又体现阴寒内盛，气血不畅，多辨为热证、寒证、瘀血证。舌绛紫而深，干枯少津液，多为热毒炽盛。舌淡紫而润，多为阴寒内盛。舌色暗紫，舌青紫为血瘀较重；局部舌紫斑、瘀点，为血瘀较轻。

望舌形：舌形多指舌的形状，包括舌的老嫩、胖瘦、裂纹、芒刺等内容。苍老舌：舌质纹理粗糙，坚敛苍老，舌色较暗者，主热盛、实证。娇嫩舌：舌质纹理细致，浮胖娇嫩，舌色较淡者，多为气血运行不畅，内有水湿，可见于（气）虚证。胖大舌：舌体较正常舌大而厚，舌肌松弛，伸舌满口者，主水肿、痰饮、脾肾阳虚。肿胀舌：舌体肿大，甚者不能回缩闭口者，多由心脾热盛，或酒毒上攻中毒所致，见于实证。其中鲜红肿胀者，为心脾热盛；舌青紫而肿胀者，可见于酒毒攻心。瘦薄舌：舌体较正常舌小而瘦薄者，多见于阴血耗伤，脾虚精亏，舌肌萎缩，主阴虚、血亏、虚证。其中舌体瘦薄而色淡者，多见于气血两虚；舌体瘦薄而色红绛，舌干，少或无苔者，多为阴虚火旺。裂纹舌：舌面有明显的裂痕，可呈现"人""一""川"字等不同形状，主热证、血虚证（先天裂纹舌者除外）。其中舌红绛而有裂纹者，为热盛伤津或阴虚火旺，损耗阴液所致；舌淡白而有裂纹，则为血虚不荣。芒刺舌：舌体上有红色刺状颗粒突起，摸之棘手者，主邪热内盛。分部而论，舌尖芒刺主心火亢盛，舌边芒刺主肝胆热盛，舌中芒刺主胃肠热盛。齿痕舌：舌体边缘有压迫痕迹者，常与胖嫩舌同见，主脾气虚弱或脾阳虚衰，水湿内停。

望舌态：正常舌，舌体活动灵敏，伸缩自如。病理舌态有强硬、痿软、震颤、短缩、歪斜等变化。强硬舌：舌质红而强硬，伸缩不利者，多见于中风先兆，多因外感邪热侵犯心包，内伤痰湿闭阻心窍，肝风夹痰上扰神志所致，亦可见于热盛津伤。痿软舌：舌体软弱伸卷无力者，主脾虚。其中痿而舌淡，多为气血两虚；新病舌干红而痿，多为热盛伤阴；久病舌绛而痿，多为阴亏已极。震颤舌：伸舌时舌体颤动不定，不能自控，多为动风或酒毒所致。其中舌质淡而蠕蠕颤动者，多为心脾气血两虚；舌红绛而颤动者，主肝风内动，热极生风；舌紫红或紫暗伸出颤动者，多为酒精中毒。歪斜舌：舌体不正，伸舌时偏斜于一侧，多为中风或中风先兆。短缩舌：舌体紧缩不能伸长，甚则不能抵齿（天生舌短者除外）。其中舌红绛而短缩者，主热病伤阴；舌胖黏腻而短缩者，多属痰湿内阻；舌淡青润而短缩者，多属寒凝筋脉；舌短强硬，神昏不语者，属邪入心包之危重证候，见于昏迷患者。吐弄舌：舌体反复伸出口外，其中伸出迟缓，伸出口外而不收者为吐舌，舌体稍出口外即迅速收回，或伴上下左右舐弄者为弄舌，主心脾热盛重症，多见于小儿智力发育不良。

望舌苔：主要观察舌苔的薄厚、润燥、腐腻、剥落、颜色等变化。薄厚苔：透过舌苔能见舌体为薄苔，提示邪气在表或疾病初期；透过舌苔不见舌体为厚苔，提示邪盛入里或病情转重。润燥苔：正常情况下舌苔湿润适度。舌苔干而粗糙为燥苔；舌面水液过多，甚至伸舌涎流欲滴，扪之湿而滑利者为水滑苔。舌苔的润燥程度反映体内水液盈亏、输布情况。若舌红绛而苔润为热盛；舌红而苔燥，主阴虚津亏，抑或阳气衰微，水失蒸化，抑或湿阻阳遏，津不上承；舌苔水滑欲滴者，属外感寒湿或脾虚湿盛。腐腻苔：苔质疏松，颗粒较大，舌边、舌中厚，刮之如豆腐渣样为腐苔；苔质细密颗粒细腻致密，均匀成片，紧贴舌面，中厚边薄，揩之不去，刮之不易脱落为腻苔。观察苔的腐腻可知阳气与内湿的程度，腐苔多为食积胃肠或痰浊，腻苔可由阳气被遏所致，多见于湿浊或痰饮证。剥落苔：舌面本有苔但部分剥落，主胃气或胃阴受损。若舌苔骤然退去，光洁如镜者为光剥苔，是胃阴胃气俱损之危象。白苔：多主表证、寒证。苔薄白而干，舌尖红者为上焦燥热炽盛；厚白苔主痰湿。黄苔：多为热证，从黄的程度辨别热势之轻重。苔黄厚腻者，多见于湿热内盛，浊气上犯；苔黄薄，舌红不甚者，可见于气郁化热。灰黑苔：苔色黑浅者为灰苔，深者为黑苔。灰黑苔的出现涉及"白（厚/腻）→黄→焦→灰→黑"的苔色变化过程。灰黑苔多主里证，通常色愈深而病愈重，但有寒热之别：苔灰而干，多属热炽伤津，可见外感热邪传里，或为阴虚火旺；灰苔滑腻，为邪热传里夹宿食未化之象；黄腻灰黑苔，见于湿热内蕴，日久不化；焦黑干燥苔，见于热极津伤之证。苔黑者，或为热极，或为寒盛：苔黑而燥裂，甚则生芒刺，多为热极津枯；苔黑而滑润，多属寒盛阳衰。少数人出现黑苔而无任何自觉症状的，为肾之真脏色现。

特别指出，以上关于望舌苔之经验是李培习得中医各家辨舌之精髓，附以自身临床体会总结而成。每每辨舌，李培总会告诫学生，要勤习古人望舌之功，尤其需仔细揣摩叶天士的舌诊要领。李培总结叶天士辨舌苔经验如表1所示。

表1 叶天士辨舌苔之经验总结

舌苔特征	相关病证或病机	治则
舌苔薄白	外感风寒	宜辛散法
舌苔薄白而干	邪虽在卫，而肺津已伤	宜在辛凉方中加入麦冬、银花露、芦根汁等轻清之品
舌苔白厚而干燥	胃燥气伤	当在滋润药中加甘草，令甘守津还
舌苔黏腻，吐出浊厚涎沫，口味甜	脾瘅病，湿热气聚	当用佩兰等芳香辛散之品
白苔绛底	湿遏热伏	当先泻湿透热
舌白如粉而滑，舌质紫绛	湿邪入膜原	病情凶险，急急透邪为要
黄苔不甚厚而滑	热未伤津	可清热透表
苔薄黄而干	邪去而津液被劫	宜甘寒轻剂
苔黄而浊，伴脘腹痞痛	湿浊中阻，腑气不畅	小陷胸汤或泻心汤苦泻之
苔黄而光滑	无形湿热中有虚象	但以清利，不可投苦泻
腹胀满疼痛，苔黄如沉香色、灰黄色、老黄色，或有断纹	腑实积热	皆当下之
苔黑而滑	水克火也，为阴证	当温之
苔黑而干	津枯火炽	急当泻南补北
苔黑燥而中心厚	土燥水竭	急以咸苦下之

　　望舌下脉络：舌下脉络是分析气血运行情况的重要依据。舌下脉络短而细，周围小脉络不明显，舌色偏淡者，主气血不足，脉络不充。舌下脉络粗胀，或呈青紫、绛、绛紫、紫黑色，舌下细小脉络呈暗红色或紫色网络，舌下脉络曲张如紫色串珠状、大小不等的结节等改变，提示瘀血为患。

　　④望舌诊脾胃

　　辨脾胃证：《素问·金匮真言论》认为"中央黄色，入通于脾，开窍于口，藏精于脾，故病在舌本"。舌由肌肉组成，肌肉乃脾之所主；舌苔乃胃气上腾、熏蒸舌面所致。因此，舌质、舌苔可候脾胃证于外。李培认为，脾胃证候新发者以观舌苔为主，证候日久、反复者以察舌质为主。如脾胃新证，即便舌质淡胖，若见苔白厚腻者，仍以除湿为要，佐以健脾；如脾胃久候，纵使苔白厚腻，若见舌质嫩胖者，仍需补脾益气，兼以祛湿。尤其注意，当舌脉虚实不同时，则需权衡孰主孰次，如见舌淡苔黄厚水滑，而脉沉迟者，治当温阳化湿、健运脾胃为主，切莫受"黄厚水滑苔主湿热"的影响。久候、脉沉迟均提示阳虚所在。脾阳虚损，运化水湿无力，湿邪困于中土，气郁而化热，水湿上泛苔面，故呈水滑状。此时若投以寒凉清热之品，唯恐水湿冰敷不化，郁热难消。李培将辨识脾胃证候的望舌经验总结成表2。

表 2　辨识脾胃证候的望舌经验总结

舌象	病机
舌体形质	
舌胖大	脾虚湿积，脾为湿困
舌胖大而红	脾积湿热
舌大色暗	脾郁湿久
舌胖大而淡	脾虚湿聚
舌松皴（即舌胖大不实而空松，舌面有皴褶样直条隆起）	久候脾气阴两亏
舌松皴伴吐泻急作	脱水
舌瘦小	脾气阴大虚

续表

舌象	病机
舌瘦小而红	心脾津血并虚
舌瘦小而淡	脾肾心气阴亏虚
舌苔色质	
苔黄厚腻	脾胃湿积中阻或痰浊壅遏
苔薄而水滑	脾虚湿泛
苔薄白而水滑	寒湿（脾肾阳虚，水湿痰饮内停）
苔白厚而燥	脾胃津液损伤或阳气受阻， 津不上承（热甚伤阴之重症）
苔白而腐	食积、痰浊（胃中浊气上蒸）
舌苔分布	
苔满布	邪气入里未深而胃气先伤
苔布于中	表邪虽减，胃滞仍重
中根部苔少	胃气不能上蒸，肾阴不能上濡
中根部苔腻	脾胃痰浊、积滞
舌苔剥落	胃气、胃阴不足，或气血两虚
舌红苔剥	胃肾阴虚
苔花剥而兼厚腻	痰浊未化而正气伤
舌淡苔花剥	气血两虚
舌面光洁如镜（镜面舌）	胃阴枯竭，胃气大伤（危候）

辨脾胃病：李培基于长期的临床实践，发现舌象与慢性胃炎、反流性消化疾病之间存在特定的联系，即舌的色质和舌苔情况可间接反映慢性胃炎、反流性消化疾病的病势缓急与病情轻重（表3），从而为李培病证结合的治疗思路奠定舌诊基础。

表3　舌象与脾胃疾病的相关性

舌象	脾胃病变类型
舌淡红或淡白，苔薄白或薄黄腻	胃炎较轻
舌红，苔黄厚腻	胃炎较重
舌紫或紫暗，舌面有瘀点或舌下脉络迂曲	慢性胃炎重型（溃疡、萎缩）
舌苔由薄白润转为薄黄干，或由白厚转为厚腻或腐或燥	胃黏膜炎症加重（充血水肿、糜烂出血）
舌苔由黄厚腻转为薄黄或薄白润	胃黏膜炎症减轻（充血水肿或糜烂出血好转）
舌质红淡交错出现，苔时薄时厚，时黄时白	急性胃炎转为慢性
舌淡有裂纹，苔薄白转为白干，或少苔，或中剥，或光剥，或无苔	慢性萎缩性胃炎（胃黏膜分泌物减少，片状苍白）；胃黏膜肠上皮化生和／或不典型增生；Hp阴性
舌淡白胖嫩，边有齿痕，苔白腻	慢性浅表性胃炎或慢性萎缩性胃炎（胃黏膜红白相间，以白为主）；Hp阳性；胃黏膜肠上皮化生和／或不典型增生；溃疡愈合期
舌青紫或紫干起皮，苔黑而燥	胃黏膜肠上皮化生，不典型增生，胃癌（胃黏膜粗糙不平，结节隆起，颗粒状或鹅卵石样隆起）
舌红，根苔厚或厚腻	胃食管反流病；胆汁反流性胃炎

2.闻诊特色

闻诊为中医四诊之一，包括听声音和嗅气味两个方面。人体内发出的各种声音和气味均在脏腑生理和病理活动中产生，如五声（呼、笑、歌、哭、呻）、五音（角、徵、宫、商、羽）和五臭（臊臭、焦臭、香臭、腥臭、腐臭），且与五脏相应，能反映五脏功能的变化情况。因此，运用听觉和嗅觉，诊察患者发出的声音，以及身体、排泄物散发的各种气味以探寻病因，可以揭示内在病变过程，据以推断正邪盛衰和病证类型。

（1）听声音

①声音与五脏：《素问·阴阳应象大论》云"善诊者，察色按脉，先别阴阳，审清浊而知部分；视喘息，听音声而知所苦；观权衡规矩，而知病所主，按尺寸，观浮沉滑涩而知病所生"。早在《内经》时期，已将"视喘息，听音声"确定为重要诊法之一。《素问·五脏生成》言："……五脏之象，可以类推；五脏相音，可以意识。"由于人体发出的各种声音均是在脏腑生理、病理活动中产生的，五脏在内虽不可见，但可通过"相"和"音"表现于外，因此声音的变化能反映脏腑的生理和病理变化。《素问·阴阳应象大论》首次提出五音、五声与五脏的对应关系：肝"在音为角，在声为呼"，心"在音为徵，在声为笑"，脾"在音为宫，在声为歌"，肺"在音为商，在声为哭"，肾"在音为羽，在声为呻"。《灵枢·小针解》云："五脏使五色循明，循明则声章。"五脏精气不仅能上荣五色精明，而且能使人声音洪亮彰著，由此李培强调，五脏精气是五音五声的内在基础，当五脏精气出现亏虚、郁滞、邪扰等病理变化时，五音五声亦出现相应的变化，《古今图书集成·医部全录》云："五脏有声，有声有音，肝声呼，音应角，调而直，音声相应则无病，角乱则病在肝；心声笑，音应徵，和而长，音声相应则无病，徵乱则病在心；脾声歌，音应宫，大而和，音声相应则无病，宫乱则病在脾；肺声哭，音应商，轻而动，音声相应则无病，商乱则病在肺；肾声呻，音应羽，沉而深，音声相应则无病，羽乱则病在肾。"因此通过了解五音五声的高低清浊，在临床上可推断正气盛衰、判断疾病类别。

②听声音辨病证："听声音"的具体内容包括人的声音、语言、呼吸、咳嗽、呕吐、呃逆、嗳气、太息、喷嚏、肠鸣、矢气等各种声响，主要是依据声音的大小、高低、清浊区别寒热虚实；不仅可以诊察与发音有关器官的病变，尚可依据声音的特点，诊察各脏腑病变情况。一般新病、小病其声多不变，而久病、苛疾其声多有变化。声高气粗重浊多属实证，反之则属虚证。语言错乱多属心之病变，呼吸异常、咳嗽、喷嚏多与肺病有关，呕吐、呃逆、嗳气多是胃失和降、胃气上逆的表现。太息多与肝郁有关。

言语异常：患者话语声音的强弱，可反映正气盛衰和邪气性质。语声高亢洪亮而多言，多属实证、热证；语声轻微低哑而少言，多属虚证、寒证。语声重浊，常见于外感或湿邪侵袭，为肺气不宣，气道不畅所致。声音嘶哑，甚至不能发音者称为失音：实证者，多为外邪袭肺，肺气不宣，气道不畅所致，见于新病；虚证者，多为肺肾阴虚，津液不能上承，清窍失于濡润所致，见于久病。妊娠七月而失音，称为子喑，是生理现象，分娩后不治自愈。语言错乱，多属心神病变，分为以下四种情况：伴躁扰不宁，亢奋奔走者称为狂证，见于痰火内扰，属阳证；表现喃喃自语、表情淡漠者为癫证，源于痰气郁闭，属阴证；表现神识不清，语无伦次，声高有力者称为谵语，源于外感热病，邪热内入心包或阳明实热，痰热扰乱心神等，属实证；表现神志恍惚，语言重复，时断时续，声低无力者称为郑声，源于久病脏气衰竭，心神散乱，属虚证。

气息异常：呼吸有力，息声粗浊，呼多吸多者，多为热邪内盛，属实热证；呼吸无力，息声低微，呼多吸少者，多为肺肾气虚，属虚寒证。呼吸急促困难，甚至张口抬肩，鼻翼扇动，不能平卧者为喘证，发作急骤，声高气粗，以呼出为快者，多因肺有实邪，气机不利所致，属实证；发作缓慢，声低息微，呼多吸少，气不接续，属虚证；伴见咯吐痰涎者，多属虚实夹杂证。呼吸困难，喉间痰鸣如拉锯声，胸膈满闷如塞或胸高胁胀者，为哮证，源于宿痰伏肺，痰阻气道。哮必兼喘，而喘不兼哮。

咳嗽：《素问病机气宜保命集》指出"咳嗽"的特征为"咳谓无痰而有声，肺气伤而不清也；嗽是无声而有痰，脾湿动而为痰也。咳嗽谓有痰而有声，盖因伤于肺气动于脾湿，咳而为嗽也"。咳声重浊有力，多属实证；咳声低微无力，多属虚证。咳嗽痰声辘辘，痰稀易吐，为湿痰蕴肺；咳嗽干裂声短，痰少干结，为燥邪伤肺。咳嗽连声不断，咳停吸气带吼声，为顿咳（百日咳）、由外感时行邪毒侵入肺系，夹痰交结气道，肺失肃降所致。咳声嘶哑伴喉鸣、呼吸困难者为喉风，多由肺胃积热、复感风邪、风热向搏所致。

《素问·宣明五气》指出"肺为咳"，明确提出咳嗽是肺病变的主要表现，病在肺乃咳嗽之常因。而李培在临床实践中发现某些脾胃疾病，特别是反流性消化疾病，亦引起咳嗽症状，此为咳嗽之变因也。《素问·咳论》云："……此皆聚于胃，关于肺。"邪客中焦，脾胃受伤，一者脾胃虚弱，无力养肺，肺虚而咳；二者脾失健运，津聚为痰，上犯于肺，肺实而咳。另外，因肺经起于中焦（《灵枢·经脉》），还循胃口，上膈属肺，故邪犯脾胃时，可循经入肺，致肺受邪而咳；同时胃失通降，胃气上逆，又可引动肺气而咳。西医学认为，反流性消化疾病与咳嗽之间存在一定的病理生理关联性（图2）：胃内容物（胃酸）可刺激咽喉部，引起反射性咳嗽，同时出现膈肌和腹肌的强烈收缩，导致腹腔内压增大，挤压胃体，进一步增大胃内压，加重胃内容物（胃酸）的反流，由此形成"反流⇄咳嗽"的恶性循环。《素问·咳论》中有"五脏六腑皆令人咳，非独肺也"之论，其现实意义即在于此。

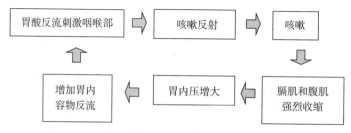

图 2　反流性消化疾病与咳嗽之间的病理生理关联

呕吐：可分呕吐、干呕。有声有物称为呕；有物无声称为吐，如吐酸水、吐苦水等；干呕是指欲吐而无物有声，或仅呕出少量涎沫。临床统称为呕吐。由于导致胃气上逆的原因不同，故呕吐的声响形态亦有区别，须辨其寒、热、虚、实之状。《素问·至真要大论》述："诸逆冲上，皆属于火。"吐势较急，声音响亮者，多为实证（火/热），可见于急性胃炎，因邪气（食滞、六淫、痰饮、气郁）犯胃，浊气上逆，抑或火性炎上，气随火逆所致。如见喷射样呕吐者，多因邪热亢盛，上扰神明所致，可见于颅内感染、颅内出血、颅内肿瘤等颅内压增高疾病。如吐势徐缓，声音微弱者，多属虚证（虚寒/虚热），多因脾胃阳虚和胃阴不足所致。缓呕伴痰涎倾胃而出者，多因脾胃虚弱，寒湿中阻而发，抑或内外寒湿合邪而作。如只闻其声，不见其物之干呕者，多为肝胆之气郁热犯胃所致。

吐酸、吞酸为呕吐的特殊情况，二者均有胃中酸水上涌之状。若不下咽而吐出，或呕吐物带有酸臭腐气者，称为"吐酸"；若随即咽下或酸水在胃、食管间吐之不出、咯之不上者，称为"吞酸"。《素问·至真要大论》认为，"诸呕吐酸，暴注下迫，皆属于热"；又云"少阳之胜，热客于胃，烦心心痛，目赤欲呕，呕酸善饥……"（此处"呕酸"与"吐酸"同义）。《诸病源候论》始设"吞酸"之名，并称其为"噫醋"。《诸病源候论·呕哕病诸候·噫醋候》述："噫醋者，由上焦有停痰，脾胃有宿冷，故不能消谷，谷不消，胀满而气逆，所以好噫而吞酸，气息醋臭。"《医林绳墨·吞酸》指出："吞酸者，胃口酸水攻击于上，以致咽嗌之间，不及吐出而咽下，酸味刺心，有若吞酸之状也。"可见吐酸与吞酸均属酸水上逆之候。关于酸水的形成，金·刘完素在《素问玄机原病式·六气为病·吐酸》中指出："酸者，肝木之味也，由火盛制金，不能平木，则肝木自盛，故为酸也。或言吐酸为寒者，误也。又如酒之味苦而性热……烦渴呕吐，皆热证也，其必吐酸，为热明矣。"此论断与《黄帝内经》相类，均提示呕吐酸水与热邪关系密切。而金·李杲（李东垣）认为："酸者，收气也，西方〈金〉旺也，寒〈水〉乃金之子，子能令母实。故用〈大咸〉热剂泻其子，〈以辛热为之佐，〉以泻肺实。若以病机治法作热攻之，误矣。"（注："〈〉"内为补充内容）提示酸水应为寒邪所化。两相对比，一热一寒，貌似截然相反，其实各有侧重。古人借酿酒过程阐述作酸之理：酒具湿热之性，"凉作则甘，热作则酸"，日久郁热不开时亦可成酸。然食在釜中，使能化而不能酸者，此以火力强，而速化无留也。由此推知，人之饮食入胃，惟速化为贵。若中土火力不到，则其化必迟，停积不行，为酸为腐，此酸即败之渐也。因此，东垣论寒，在于中阳不足或中阳受遏，言其初；河间论热，在于气郁化热或实邪生热，言其终。

　　李培引《医述·吞酸》之说，认为河间主热，是突出酸水形成之果，东垣主寒，是强调酸水形成之因。李培进一步指出，详辨酸水成因，可有寒凝、湿热、木郁、食积、阴亏之异。寒性凝收，阻遏阳气，郁而为热，热则为酸；湿热中阻，通降不及，停积聚酸；木气郁甚，熏蒸湿土，炼湿作酸；食积不化，胃脘填塞，脾气不运，怫郁之极，湿热化酸；伤寒久疟，胃阴未复，虚热气郁，食入即酸。因此，临证时须细分吐酸、吞酸之病因病机，断不可唯寒唯热。

　　呃逆：俗称"打嗝"，是胃中气体从咽部冲出，发出的一种不由自主的冲击声，格格作响，连续不断，为胃气上逆，横膈拘挛所致。正常人咽食急促可见呃逆，声音不高不低，无其他不适，常为暂时性，不属病态且大多能自愈。病态呃逆可从声响之特点详细辨别病机之虚、实、寒、热。一般呃声高亢，音响有力的多属实、属热；呃声低沉，气弱无力的多属虚、属寒。实证者往往发病急骤，多因寒邪直中脾胃或肝火犯胃所致；虚证者多因脾肾阳衰或胃阴不足所致；久病出现呃逆不止，是胃气衰败的危重之象。

嗳气：又称噫气，是气从胃中上逆出咽喉时发出的声音。饱食之后，偶有嗳气不属病态。《伤寒指掌》引邵仙根谓："嗳气者，因气抑遏不宣，上逆作声而嗳气，每有饱食之后而作者，可知其因于胃气郁滞也。"嗳气成因总归胃气上逆，辨证时亦须分清虚实：虚者，其声多低沉无力而长，常伴脘腹痞满不适，多因脾胃虚弱，胃气不和所致；实者，其声多高亢有力，常兼有脘腹饱胀感，嗳后胀满得减，多为食滞胃脘、肝气犯胃、寒邪客胃而致。嗳气兼见便溏苔厚或腻者，或夹气、火、痰、食，致使清气下陷，浊气上泛；亦可由肺气上逆，引动胃气所致。

肠鸣：《素问·至真要大论》云"诸病有声，鼓之如鼓，皆属于热"。其"有声"，便是指肠鸣有声，加之叩诊腹部发出空空的鼓声，因肠胃积热郁滞而致。而《灵枢·杂病》云："厥而腹响响然，多寒气，腹中谷谷。"其"响响然""谷谷"皆指腹中肠鸣作响，而病性则属寒。李培指出，胃肠部鸣响如囊裹浆，振动有声，立行或推抚脘部，其声辘辘下行者，多为水饮留聚于胃；鸣响在脘腹，如饥肠辘辘，得温得食则减，饥寒则重者，为中气不足，胃肠虚寒。腹中肠鸣如雷，脘腹痞满，大便泄泻者，多为感受风、寒、湿邪，胃肠气机紊乱所致。腹内微有肠鸣之声，腹胀，食少纳呆者，多属胃肠气虚、传导功能减弱所致。

（2）嗅气味

①气味与五脏：《吕氏春秋通诠》载"五行配五臭"，谓膻属木、焦属火、香属土、腥属金、朽属水。《素问·金匮真言论》又云："东方青色……藏精于肝……其臭臊；南方赤色……藏精于心……其臭焦；中央黄色……藏精于脾……其臭香；西方白色……藏精于肺……其臭腥；北方黑色……藏精于肾……其臭腐。"李培认为，由于存在五行-五臭-五脏的配属关系，故可通过辨识五臭之类型以定位病变之脏腑，从而奠定了"嗅气味辨病证"的理论基础。

②嗅气味辨病证：嗅气味可分病体和病室两方面。病体的气味主要是由于邪毒使人体脏腑、气血、津液产生败气，以致从体窍和排出物发出，据此可辨脏腑气血的寒热虚实及邪气所在。通常，凡酸腐臭秽者，多属实热证；无臭或略有腥气者，多属虚寒证。

口鼻气味：口气可来自口腔、胃或肺，因此口中异味常反映口腔、胃或肺之病患。口臭多属胃热，可伴见咽、颊、齿龈、唇内等部黏膜溃疡或舌体溃疡，亦可见于龋齿、牙疳（即牙周炎）、口腔不洁等。口气酸臭，多因宿食不化，胃失和降，见于原发性或继发性胃潴留；口气腥臭伴咳吐脓血者属肺痈。鼻之气味源于三方面因素：①流涕，如鼻流黄浊黏稠腥臭涕，且缠绵难愈、反复发作者，为鼻渊。②鼻部溃烂，如梅毒、疬风或癌肿可致鼻部溃烂，产生臭秽之气。③内脏病变，如鼻呼出之气带有"烂苹果味"，为消渴病之重症（糖尿病酮症酸中毒）。若呼气带有"尿臊气"，则多见于阴水患者，病情垂危的险症。

排出物气味：一般而言，痰、涕、大小便、月经、白带等排出物气味酸腐秽臭，多属实热或湿热；微有腥臭，则多属虚寒或寒湿。痰涕秽臭而黄稠者，多为肺中热盛；大便酸臭，见于胃肠积热，脾失健运；小便臊臭混浊、白带色黄而臭者，多为湿热下注。大便腥气而溏稀者，见于中焦虚寒夹湿或脾肾阳虚；白带味腥而清稀者，多为寒湿下注或脾虚湿盛。需要特别注意的是，汗有腥膻之气者多属实证，可由风湿热邪蕴于皮肤，津液蒸变所致，亦可由风寒湿邪久羁肌表化热所致。此外，气分实热壅盛，或久病阴虚火旺之人，汗出量多，可有酸腐之气。阴水患者若出汗伴有"尿臊气"，则是病情转危之险候。

病室气味：病室气味由病体及其排出物所散发，如瘟疫患者的病室充满霉腐臭气；疮疡溃烂，则室内有腐烂恶臭味。若室内有血腥气味，则多为失血证；尿臊味，多见于水肿晚期（尿毒症）患者；烂苹果气味，多见于消渴病（糖尿病酮症酸中毒）患者；尸臭气味，则为脏腑败坏之象，病情笃危。

3. 问诊特色

中医问诊是医师通过对话的方式，获得患者就诊时的主要症状、体征及其发生发展情况、治疗经过、患者既往健康状况等信息的诊断方法。其内容最早见于《黄帝内经》，如《素问·三部九候论》中"必审问其所始病，与今之所方病，而后各切循其脉"和《素问·疏五过论》中"凡欲诊病者，必问饮食居处"。明代医家张景岳重视问诊的临床意义，言问诊"乃诊治之要领，临证之首务"，清代医家林之翰在《四诊抉微》中始列"问诊"专篇详述之，足见问诊在中医四诊中的重要地位和价值。

（1）一般问诊

张景岳在前人问诊经验的基础上，较全面地归纳、总结问诊的内容、顺序及其辨证意义。为便于诵读记忆，张氏在《景岳全书·传忠录·十问篇》中以诗歌的形式论述了问诊的基本内容，即张氏"十问歌"："一问寒热二问汗，三问头身四问便，五问饮食六问胸，七聋八渴俱当辨，九因脉色察阴阳，十从气味章神见，见定虽然事不难，也须明哲毋招怨。"而后，清代医家陈修园又在《医学实在易·问证诗》中进一步完善"十问"内容，补充对病因、病史、妇科、儿科的询问，形成陈氏"十问歌"："一问寒热二问汗，三问头身四问便，五问饮食六问胸，七聋八渴俱当辨，九问旧病十问因，再兼服药参机变，妇人尤必问经期，迟速闭崩皆可见，再添片语告儿科，天花麻疹全占验。"李培指出，现代中医医师所面对的疾病已不同于古时，而且大部分患者在寻求中医诊治之前，已接受西医学方法的治疗，因此，对患者病情和体质的认识已不能单从"外感六淫""内生五邪""内伤七情"的角度思考，而是需要综合包括西医学诊疗在内的所有临床信息。由此，李培贯彻1983年卫生部中医司颁布的《中医病历书写格式及要求》的核心精神，提倡现代"十问歌"："问诊首当问一般，一般问清问有关，一问寒热二问汗，三问头身四问便，五问饮食六问胸，七聋八渴俱当辨，九问旧病十问因，再将诊疗经过参，个人家族当问遍，妇女经带病胎产，小儿传染接种史，痧痘惊疳嗜食偏。"

（2）脾胃问诊

作为以脾胃为特色的中医医师，李培特别注意脾胃疾病的问诊，强调由脾胃到全身、由内伤到外感、由饮食到二便、由口味到起居、由内科到他科的思维模式。李培推荐陕西中医学院（现陕西中医药大学）附属医院汶明琦提出的脾胃病"十问歌"："一问脘腹痞胀痛，二问食管与胁胸，三问吐泻量色质，四问情志与饮食，五问酸烧嘈呃嗳，六问寒热汗渴肿，七问口苦甘淡黏，八问秘尿困眠晕，九问腰背经带产，十问旧病与病因。结合望闻切合参，辨准法宜方药灵。"

（3）问诊意义

现将反映李培临证思路的常见证候问诊意义归纳如下。

1）问寒热

问寒热即询问患者有无怕冷、发热的感觉。寒热感可为确定疾病的表里寒热虚实性质提供依据，同时也是辨识外感、内伤疾病的重要指征之一。

若患者只恶寒而不觉热，称为但寒不热，多属寒证；发热而不觉冷，称为但热不寒，多属于热证。既发热又恶寒，或先恶寒后发热，称为寒热并见，多见于表证；恶寒重发热较轻，多见于风寒表证；恶寒轻发热较重，多见于风热表证。恶寒发热交替出现，称为寒热往来，多属于半表半里证；若寒热交替有定时，则见于疟疾。每日申时（即下午3～5时）发热，称为阳明潮热，又称日晡潮热，多由胃肠热盛、大便燥结所致。下午或夜间有低热，形体消瘦，称为骨蒸潮热，多为阴虚所致。长期低热，又伴有饮食减少、精神疲乏、不想言谈、懒于动作等症状，为气虚发热。

2）问汗

《素问·阴阳别论》云："阳加于阴谓之汗。"汗为津液所化，汗出过程则是津液在阳气蒸腾和宣发作用下，通过腠理开放泄于体表。由于外感六淫、脏腑不和、内生五邪等因素均可导致人体阴阳失衡、腠理失司，引起汗出异常，而汗多、无汗、油汗、黄汗等汗出症状亦反映出感受外邪的类型和脏腑、阴阳、气血、津液异常的情况，因此李培强调，询问汗出情况对于治疗汗证及辨析与汗出异常相关的疾病都有重要的临床意义。

李培指出，询问时应着重询问以下几方面：①问有汗无汗。若患者自觉寒冷，伴发热，头痛和周身关节酸痛而无汗，即为风寒之邪闭阻肌表；有汗出则是风寒之邪外透肌表。久病伤于阳者，无力蒸化津液而无汗；抑或津液大亏，汗源缺乏而无汗。②问出汗性质。若经常汗出不止，稍微活动便汗出如豆者，为自汗，多属气虚证、阳虚证；入睡则汗出，醒后汗自止，则为盗汗，多属阴虚内热证、气阴两虚证。先全身战栗而后出汗，为战汗，多是病情处在转折关头的表现。若汗出以后热势减退，全身清凉，则病势向愈；汗出后热势不减且烦躁不安，则病势向危，预后不良。病势严重时患者大汗不止，为绝汗，又称脱汗。若汗出黏滞如油，兼发热、烦渴、气粗、脉细数疾，为亡阴之候；若汗出色黄如柏汁而粘衣，则为湿热交蒸之兆。③问汗出部位。胸窝部出汗，多为心气虚弱或心血不足；头部出汗者，多为上焦邪热或中焦湿热蕴蒸；手足心出汗，多是脾胃虚弱或脾胃湿热内阻；汗出在上半身，多属阳气虚；汗出在下半身，多属阴虚内热或是阴阳两虚；汗出在左半身或右半身，可见于中风半身不遂（无汗一侧为瘫痪肢体）。

3）问疼痛

头痛：李培强调，虽疼痛在头，然不离脏腑、经络、气血、阴阳之弊，故细辨头痛发生的部位、时间、性质以及伴发症状，有助于整体把握病情，以达到执点驭面的效果。①问头痛部位。若头后痛连及项背，为太阳经所主；痛在前额连及眉棱，为阳明经所主；痛在太阳穴或头部两侧，为少阳经所主；全头疼痛且自觉头部沉重，为太阴经所主；头痛连及齿痛，为少阴经所主；头顶痛，为厥阴经所主。②问头痛性质。若头痛遇风加重，为外感风寒所致；头痛伴有咽痛而又恶热，为外感风热所致；头痛时如有棉帛包裹于头部，为感受湿邪所致；头痛绵绵不止，过劳加重，为气虚所致；头部抽掣作痛，且痛如针刺，为血瘀所致。新发头痛无休止，多属邪实；头痛已久，反复发作，多属正虚。如眩晕伴有头部胀痛、口苦，恼怒尤甚，多为肝阳上亢；伴有恶心，不思食，头部沉重，周身无力，多是痰浊中阻；伴有精神疲乏，面色苍白，多属气血虚弱；伴有耳鸣、腰痛、遗精者，多为肾精不足。③问周身疼痛部位与性质。如四肢、躯干疼痛而无固定部位，多为外感风寒；周身关节酸痛，屈伸不利，多为风湿痹阻；痛处固定不移而痛如锥击针刺，多为血瘀经络；周身沉重作痛，困倦乏力，多为脾虚不运。

胃脘痛：胃脘即胃之所在。胃主受纳腐熟水谷，寒热、食积、气滞、血瘀均可损伤胃腑，进而出现各类脘部不适，其中又以疼痛居多。问诊时应着重了解胃脘疼痛的性质、缓解的方式、伴随的症状。如胃脘疼痛绵绵不休，按压及饮热汤可缓解，伴呕吐清水、四肢不温，为寒痛；胃脘疼痛时作时止，冷饮可以缓解，伴有口干，小便黄，大便秘结，为热痛；胃脘疼痛在空腹时发作或加重，按压、热敷、进食可以缓解，伴有倦怠无力，为虚痛；胃脘胀痛牵引胁肋，且不思饮食，伴嗳气、呕吐酸水，为气滞；胃脘刺痛，痛处不移，进食后加剧，按压后更甚，伴呕血或大便色黑，为瘀血；胃脘灼热，伴嘈杂反酸、饥不欲食、口苦口臭、舌苔厚腻者，为湿热；胃脘疼痛按压时加剧，伴有恶心呕吐，嗳气腐臭，或不思饮食，或大便秽臭，为食积所致。

胸胁痛：胸部是心、肺所居的部位，问胸部的异常感觉可了解心肺的病变。李培指出，问胸部应着重问胸痛的性质和牵引的部位。若胸痛时兼有憋闷，并牵引到肩臂，多是胸痹证；胸痛彻背，兼见面色青灰，手足发青，多属真心痛；胸痛伴有发热咳嗽，吐脓血痰，多为肺痈。胁部是肝胆所居部位，胁部的异常变化，主要是肝胆及其经脉的病变。问胁部应着重问胁痛性质和牵引的部位。若胁痛时兼感胸胁胀满，恶寒发热交替出现，多属少阳证；胁部胀满而窜痛，多属肝郁证。

腰腹痛：腰部是肾脏所居的部位，腹部是肠、膀胱、女子胞宫所居的部位。李培认为，问腰腹应着重了解疼痛的性质、缓解的方式、伴随的症状。如腰痛绵绵，卧则缓解，伴有腿膝酸软不能久立步行者，为肾虚腰痛；腰部冷痛或兼有沉重感，遇阴雨天加剧，热敷、按摩可缓解，为寒湿腰痛；腰痛如刺，痛处不移，不能转侧，伴大便色黑或秘结者，为瘀血腰痛。脐腹隐隐作痛，按压或热敷可缓解，伴有大便溏薄，为脾胃虚寒；小腹胀痛，按压时加剧，伴有小便频数而尿时涩痛，为膀胱有热；小腹刺痛而小便如常，是瘀血作痛；妇女小腹刺痛，月经色黑有块，也是瘀血作痛；少腹一侧或双侧胀痛，矢气则可缓解，或胁肋作痛，是肝郁气滞；左侧少腹痛，伴有大便秘，多为热结大肠；右侧少腹痛，按压则痛不可忍，伴有呕吐便结，多为肠痈；脐周绞痛，时作时止，多属虫积。

4）问饮食

询问口渴的特点、程度、饮水量、喜热／冷饮，可了解津液的盛衰和输布情况，以及病性的寒热虚实。如患者口不渴不欲饮，常见于寒证和湿证；口渴而又喜冷饮，属热盛伤津；口渴喜热饮，属内有痰饮或脾肾阳虚；口渴多饮且伴食多、小便多，为消渴病；口渴饮后即吐，为水逆证；仅欲以水漱口而不咽下，是血瘀证。问患者进食情况，可以了解脾胃功能的强弱，判断疾病的轻重。问时应着重食欲、口味、食量，然后结合兼症加以分析。若久病不食，为脾胃虚弱；病人恶闻油腻食物，属肝胆湿热；饥饿而不欲食，多是胃阴不足；食欲过于旺盛、进食后又感饥饿，是胃火炽盛；口中有甜味，多属脾胃湿热；口苦伴有胸胁烦闷多属胆经有热；口苦伴有心烦少眠多属心火偏旺；口中有酸味，是胃中积热或肝经热盛；口中有辣味，是肺部有热；口中有咸味，是肾虚；口淡乏味，是脾胃虚弱。

5）问睡眠

睡眠情况与人体卫气的循行和阴阳的盛衰有密切关系。在机体阴阳失调时，阳不入阴则失眠，阳不出表则嗜睡，阴阳失调必然影响心神，神志不安则导致失眠。问睡眠情况，应着重了解有无失眠、嗜睡、多梦现象及有无伴随症状。如失眠或不易入睡，伴有心悸、健忘、食少、疲乏，是心脾两虚；入睡难，伴有头晕、耳鸣、心烦、腰酸、梦遗，是心肾不交；不易入睡甚至彻夜难眠，伴有心烦易怒、胸胁胀满，是肝火上扰。嗜睡或时时思睡，又自感身体沉重，多是湿邪太重；时时思睡，进食后更甚，多是中气不足；时时蜷卧，伴有食少、畏冷、疲乏、懒言少语，多是阳气虚弱。多梦，梦中多见烈火熊熊，是肝火上扰；闭目入睡即有梦，梦中多遇惊险之事，是心胆气虚；昏卧不醒，醒时亦昏昏沉沉，是热犯心包。

6）问情志

依据神情反常表现及其伴随症状进行询问。若患者并非年老体衰却健忘，伴有精神疲乏，多属精血虚衰；患者自诉心烦，自觉怒火欲发，伴有小便短赤，多属热扰心神；患者（尤以围绝经期女性突出）时时悲伤欲哭，多为脏躁证。

7）问二便

大便的排出与脾胃主腐熟运化、肝主疏泄、肾司开合等关系密切，小便的排泄则与肾的气化、脾肺的转输肃降、三焦的通调关系密切，因此问二便的情况，可了解消化功能、水液代谢是否正常，亦可为判断疾病寒热虚实提供依据。问二便应着重询问大小便是否通畅，了解排泄次数和时间、排泄物性状及伴随症状。

8）问大便

若大便艰难，排出如羊屎状，称为便难。若病程短，多为实证，伴有发热、口渴、腹胀满而痛者，属大肠热结；伴有少腹疼痛、口苦尿黄、夹有水样粪便，属湿热互结。若病程长，多为虚证，伴有面色㿠白，神疲力乏，便时用力则出汗、咳喘、气短者，多为肺气虚；伴有面色萎黄、浑身无力、便时脱肛者，多为脾气虚；伴有精神疲惫、四肢不温、小便清长者，多为肾气虚；伴有口干咽燥、心悸头晕、唇甲色淡者，多为阴血亏损。若多日不大便称为便秘。伴有面红发热、口臭、口唇生疮、小便短赤者，为实热便秘；伴有腹中胀痛、饮食减少、嗳气、胸胁胀闷者，为气滞便秘；伴有面色㿠白、精神疲惫、气短懒言者，为气虚便秘；伴有头晕心悸、唇甲淡白者，为血虚便秘；伴有腹痛、按压或热敷则缓解、小便清长者，为虚寒便秘。如排便次数增多，粪便稀薄甚至如水，称为泄泻。水泻如注或溏泄发生在冬春季节，伴有恶寒、腹痛、肠鸣者，多属寒伤脾胃；发生在夏季湿气旺盛时，伴有腹痛、肠鸣、身重甚至头胀痛者，多属湿伤脾胃；发生在夏季炎热时，伴有腹痛、肠鸣、胃脘胀闷、小便赤者，多属暑伤脾胃；大便溏泄，腐臭异常，发生在暴饮暴食之后，伴有胃脘胀痛、不思食、吐酸水者，多属食伤脾胃。大便溏薄，有时水泻，甚至完谷不化，食后胃脘饱胀，面黄，无力，多属脾胃虚弱；大便溏泄时作时止，伴有腹痛，肠鸣，胸胁胀痛，饮食减少，多属肝旺脾弱；黎明前大便泄泻，腹痛，肠鸣，伴有怕冷，四肢不温，神疲乏力，多属肾阳虚弱。

9）问小便

小便短黄，伴有小腹疼痛、排尿刺痛者，多为膀胱湿热；伴有口舌生疮、心烦、排尿刺痛者，属心火下注。小便短黄、量少，伴口渴欲饮、牙龈肿痛、口臭、大便秘结者，多为胃热炽甚；伴有口苦、胁痛、恶心、呕吐、皮肤巩膜发黄、恶寒发热交替出现者，多为肝胆湿热。小便短少，伴有腰酸膝软、头晕耳鸣、多梦遗精者，多为肾阴不足。小便清长，伴有畏寒肢冷、腰酸膝软无力者，多属肾阳不足。小便频数，排尿时有灼热感，伴有小腹疼痛者，多为下焦有热；尿量不多，尿频发作随情志变化而定，伴有少腹胀痛、两胁胀闷者，多属肝气郁结；尿量或多或少，劳倦时尿频加重，伴有面色㿠白、小腹坠胀、神疲乏力者，多为中气虚弱。排尿时尿道灼热刺痛，且尿液点点滴滴难出，称为淋证。伴腰酸、小腹痛者，为热淋；尿中夹有砂石或排尿突然中断，伴有腰腹疼痛或腰腹绞痛者，为石淋；尿液暗红，或尿中夹有血丝血块，伴有腰酸、小腹痛、心烦不安者，为血淋；尿道痛而感到排尿无力，常随情志变化加剧或减轻，伴有少腹胀痛或胁肋隐痛者，为气淋；尿色混浊如米泔水，或夹有滑腻之物，伴有小腹胀、腰酸痛者，为膏淋。小便不能自主控制，自行排出尚不自知，为小便失禁，多由肾精亏损或年老肾阳衰弱所致；睡后梦中自行排尿，称为遗尿，多由肾气不充或劳倦过度所致。

10）问妇女

月经、带下、妊娠、产后的异常变化为临床常见的女性疾患。

问月经：问诊月经包括初潮年龄、月经周期、行经期、月经的色／质／量、末次月经的时间、行经时有无伴随症状、绝经年龄等内容。如周期提前7日以上，称为月经先期。若经色紫黑，其味腥臭，伴有面赤、口渴、心中烦热、小腹阵痛者，多由血热所致；经色暗红而量少，伴有头晕、胁痛者，多由肝气郁结所致；经色鲜红，量多，伴有精神疲乏、面色苍白或显虚胖者，多由气血虚所致。

周期延后7日以上，称为经行后期。如经色淡，量少，质稀薄，伴有腰酸、腹痛、头晕、目眩、心悸、食欲不振者，多由血虚所致；经色暗红或紫黑，经量少，质稠或夹块，伴有畏寒、腹痛者，多由外感寒邪所致；经色紫黑，经量或多或少，经质黏稠，伴有口渴、心中烦热、大便不畅、小便灼热或小腹灼痛者，多由血热所致。行经则腹痛，称为痛经，经前腹痛、经色紫黑、经质稠而夹块者，多由气血凝滞而致；经后腹痛、经色淡、经量少、经质稀薄者，多为气血虚弱所致。阴道大量流血，称为血崩；月经淋漓不断，称为经漏。崩漏伴少气懒言、面色苍白、四肢不温者，多属气虚不摄；崩漏伴面赤唇焦、小便灼热、大便秘结、心中烦热者，多属阴虚血热。发育成熟的女子月经应来不来，或曾来而又中断，连续3个月以上未来，且非处在妊娠期或哺乳期，称为经闭，又称不月、月闭等。经闭，伴有形体消瘦、头晕腰酸、乳房萎缩、尿频量多者，多由肾虚所致；伴有面色苍白或萎黄、心悸怔忡、气短懒言、食少便溏、唇舌色淡者，多为血虚所致；伴有胸闷烦热、口干尿黄、头晕腰酸者，多由血热而来；伴有小腹胀痛、烦躁易怒、胸胁胀满者，多因瘀滞而致；伴有形寒肢冷、骨节酸痛、小腹冷痛者，多从寒凝而来；伴有形体肥胖、胸脘胀闷、口腻恶心者，多为痰湿所致。

问带下：应着重询问带下的色、质、量和气味。带下量多色白，清稀如涕，多属脾虚湿盛；带下色黄，黏稠秽臭，外阴瘙痒疼痛，多属湿热下注；带下色赤，淋漓不断，稍有臭味，多属肝经郁热；带下色灰暗，量多质稀，腰腹酸冷，多属肾阳虚衰或脾虚及肾。

问妊娠：妊娠妇女常出现恶心、呕吐，甚则反复呕吐不能进食，称为妊娠恶阻。若症见神疲倦怠，口淡腹胀，属土虚失和；若症见抑郁易怒，口苦吐酸，为肝火犯胃所致；若症见脘闷纳呆，呕吐痰涎，为痰浊上逆，胃失和降所致。若症见小腹部下坠疼痛，或兼见漏红，称为胎动不安，是小产先兆。若兼见面白无华，神疲倦怠，为气血亏虚不能养胎所致。

问产后：产后血性恶露不断，持续20日以上者，称产后恶露不绝。若恶露量多色淡质稀，兼见面色萎黄，神疲乏力者，为气虚下陷不能升摄所致；恶露量多色深红，质稠，兼见面赤口渴、便秘尿赤者，为血热妄行所致；恶露暗紫色有块兼见小腹刺痛拒按，舌隐青或有瘀斑者，为瘀血内停所致。产后发热持续不退，甚则壮热，称产后热。若高热烦躁，口渴饮冷，便秘尿赤者，为火邪内盛所致；若产后低热，腹痛头晕，面白，大便干结者，为血虚化燥所致。

4. 切诊特色

切诊包括脉诊和按诊，即医者运用手或指端，对患者体表某些部位进行触、摸、按、压等操作以诊察疾病的方法。

（1）脉诊

①脉诊原理：脉诊即医者运用指端，感受患者不同部位的脉搏，以体察脉象变化的诊断方法。气血是脉象的物质基础，而气血盛衰行滞与五脏功能密切相关。如肝主疏泄藏血，通畅经脉，调节血量；心主血脉，鼓动气血运行；脾主化源统摄，充养气血，血循常道；肺主气朝百脉，会聚脏腑气血，以应脏腑虚实；肾主藏精，精血互化，精气互生。因此，诊察脉象可获得脏腑气血的变化信息。古有"三部九候"之脉法，即分上、中、下三部，每部皆有天、地、人三候（《素问·三部九候论》）。由于寸口乃"手太阴之动脉"，"脉之大会也"（《难经·一难》），能汇聚十二经脉之气，故脏腑失调，气血失和，均可通过手太阴之脉反映于寸口。因此，"气口成寸"，"独为五脏主"（《素问·五脏别论》）。

②脉诊方法：李培特别重视对脉的察验，认为脉象是体现脏腑气血盛衰的重要客观指征，能反映疾病的本质，由此，李培将脉诊作为辨证施药的重要依据之一。临证时，李培将脉诊分为两个层面：察总体、辨三部。察总体是指通过把握脉象的总体趋势，以了解人体气血的盈亏与正邪的强弱；辨三部则是细分左、右手寸、关、尺三部脉的特征，以确定何脏何腑之弊。

察整体时，李培常超过三部的范围，意在更好地把握脉搏来去盛衰、长短滑涩的基本态势，从而可大致确定病变的因素。如整体脉沉或细主虚证；整体脉弦主气滞；整体脉涩主湿、瘀、虚；整体脉数主热或虚。

在整体脉象的基础上，李培进一步细察左、右手三部的差异，从而定位于某脏某腑。如整体脉沉细，右关尺尤甚，提示脾肾气虚；整体脉弦细而左关明显，提示肝气不舒；整体脉滑数而右关明显，提示脾胃湿热；整体脉浮而右寸显著，提示邪犯肺卫。此外李培强调，三部脉搏的有力无力尚可反映三焦的正邪强弱和脏腑的气血虚实。如两寸脉浮，左强右弱，表明邪郁上焦，心火亢盛而肺卫失固。两尺脉沉，有力则下焦有热、小腹胀满，无力则下焦虚寒、少腹冷痛。如《脉诀乳海》云："尺脉实，主心经实热，传于小肠，致小腹胀满疼痛而小便淋沥也……尺脉虚小者，足胫寒痿痹脚疼。"左关有力，则肝郁胆热；左关无力，则阴血失藏。右关有力，则阳明不通；右关无力，则太阴失运。正如《医宗金鉴》所言："饮食伤形为有余，故右关脉有力；劳倦伤气不足，故右关脉无力也。"若左关弦涩有力而右关沉细无力，则提示肝郁脾虚夹湿或夹瘀。

李培经常教导学生，脉诊是中医学特色之一，也是中医医师的必备技能，掌握脉诊要领是熟练并准确应用脉学于临床的重要前提。鉴于此，李培指出，《濒湖脉学》为脉学之代表作，以诗歌形式较全面地概括了常见脉象的特征和意义，条理清晰，朗朗上口，便于诵读记忆，是中医人时习之书。

（2）按诊

通过按诊，可以了解患者局部疼痛、肿胀或柔软、肿块、皮肤损害及润燥、皮温及感觉异常等情况。

①按肌肤：感触皮温以判断病证的表里虚实。身热邪气盛，身寒阳气虚。初按热甚、久按热反轻者，为表证；久按其热反甚者，属里证。肌肤柔软而喜按者，为虚证；患处硬痛拒按者，为实证。肌肤干燥干瘪者，为津液不足；肌肤甲错者，为阴液亏损或瘀血积聚。按触疮疡局部，肿硬不热者，属寒证；肿硬压痛灼热者，属热证。根盘平塌漫肿者，属虚证；根盘收束高起者，属实证。

②按手足：感触手足寒热变化，可探明病证寒热虚实。手足俱冷为寒证，属阳虚阴盛；手足俱热为热证，属阳盛或阴虚。手足背部较热为外感发热；手足心较热为内伤发热。李培强调，按手足的寒热变化，对于决定某些阳气衰竭的病证尤其重要，如对于急危重症患者而言，四肢犹温者阳气尚存，治疗可观；若四肢厥冷，其预后多不良。

③按胸胁腹：依据痞满气滞、痰饮积液、癥瘕积聚等病变情况，有目的地触摸、按压、叩击胸前区、胁肋和腹部，以便了解病痛的部位、范围、冷热、硬度、喜按拒按等信息，亦能认识宗气的强弱变化。

按胸胁：前胸高起，按之气喘者为肺胀。胸胁按之胀痛者，可见于痰热气结或水饮内停。肝脏位于右胁内，上界在锁骨中线处平第5肋，下界与右肋弓下缘一致，故在肋下一般不能扪及。若扪及肿大之肝脏，或软或硬，多属气滞血瘀；若表面凹凸不平，则需警惕肝癌。右肋胀痛，摸之热感，手不可按者，为肝痈。疟疾日久，胁下出现肿块，称为疟母。

此外，按虚里也是胸胁按诊的重要内容。"虚里"为"胃之大络"，"贯膈络肺，出于左乳下，其动应衣，脉宗气也"（《素问·平人气象论》）。因此通过按左乳下心尖搏动处，可了解宗气之强弱。在危急之变或暴虚暴实之恶候下，诸脉皆伏而不见，唯有虚里仍可察之，故在危急之下，按虚里对于预后的判断有重要的临床价值。李培指出，虚里按之应手，动而不紧，缓而不急，为健康之征。若其动微弱无力，则为不及，属宗气内虚。若动而应衣明显，则为太过，属宗气外泄之象。若按之弹手，洪大而博，然寸口势微，则属危重之候。

按腹：按腹又称腹诊，为中医特色诊法之一，亦属中医脾胃病科常用检查方法，主要了解腹部皮肤、肌肉，以及腹内脏腑的凉温、软硬度、胀满、肿块、压痛等情况。①诊腹部皮肤凉温：按之不温或冷，为寒证；喜暖手按抚，为虚寒证。按之热甚而灼手，为热证；喜冷物按放，为实热证。按之灼热，为里热内伏；按之不热而脉数，为表证。热退后，腹部按之仍热，为热邪未尽。少腹冰冷，见于阳气欲绝之危重；治疗后脐下转温，是阳气来复之佳兆。②诊腹壁肌肉软硬度：轻按腹壁柔软，而重按脐腹有力，为正常状态。腹壁瘦薄，脐腹按之柔软无力，多为虚证；腹壁按之坚硬，为实证。外感病，按腹未硬者为表证；按腹硬而疼痛者则入里。③诊腹部胀满：按之有充实感，有压痛，叩击声音重浊，为胀满实证；按之不充实，无压痛，叩击闻空声者，为胀满虚证。腹部高度膨胀，状如鼓，称鼓胀。鼓胀分为水鼓和气鼓。以手分置腹部两侧，一手轻拍，另一手可触及波动感，按之如囊裹水，腹壁有凹痕，为水鼓；无波动感，按之无凹痕者，为气鼓。④诊腹部压痛：按腹疼痛，甚而拒按，为实证。若局部肿胀拒按，为内痈。按之疼痛，痛处固定不移，刺痛不止，为瘀血；按之疼痛，痛无定处，胀痛时发时止，为气滞。腹痛喜按，无明显压痛，为虚证。⑤诊腹部肿块：腹诊发现肿块，须注意其大小、形状、硬度、有无压痛、表面是否光滑等。腹部肿块疼痛为积聚。肿块固定不移，按之有形，疼痛有定处，为积病，病属血分；肿块聚散不定，按之无形，疼痛无定处，为聚证，病属气分。妇女小腹有肿块为血瘕，男子小腹有肿块多为疝病。左少腹作痛，按之累累有硬块，为宿粪；右少腹作痛，按之疼痛而有肿块，为肠痈。若形如筋结，久按转移，觉指下如蚯蚓蠕动状，腹壁凹凸不平，按之起伏聚散不定，为虫积所致。

④按经络腧穴：通过手在经络循行路线和腧穴部位上进行按压、触摸或戳捏，以探寻异常征象。经络内属脏腑，外连肢体，是沟通人体内外的网络系统。腧穴是经络气血聚集于体表的特定部位。经络和腧穴有反映脏腑气血功能状态的作用，因此通过经络腧穴按诊，可了解脏腑气血盛衰和疾病性质，从而察明内在病变。

李培基于长期临床实践，总结出经络腧穴的常见病变征象，即压痛（包括酸、胀）、麻木、结节、条索状物、隆起、凹陷等。压痛、酸、胀、麻木，是患者在受按压、触摸后的自我感觉，多在腧穴局部发生，亦可循经络走向放散。其中，以压痛为常见，压痛有轻重程度的不同，主要出现在实热证，其显著程度能反映病情的轻重；酸、胀、麻木主要出现在虚证，如脾虚可在脾俞穴出现酸、胀、麻木。结节和条索状物则须经医生手感识别，又称为阳性反应物。依据病变情况，结节和条索状物有大小多少的不同，且质地亦有软硬之别，然无论何种情形，均与脏腑失调、气滞血瘀有关。用手循经触摸，高于正常皮肤的为隆起，多属实证、热证；低于正常皮肤的为凹陷，有时局部皮肤肌肉虽无凹陷，但呈松弛状态，其意义与凹陷相同，多属虚证、寒证。

5. 四诊合参

据以上分析可知，由于望、闻、问、切四诊内容不同，各有特点，各有侧重，唯有相互参照，相互印证，方能获得详细的病情资料，通过综合分析，去粗取精，去伪存真，最终得出正确的辨证结果。李培指出，四诊不是相互替代的，而是相互补充的，通过问诊可得知患者就诊时的主要症状和次要症状、就诊前的诊疗经过、既往体检与患病状况等主观信息与病史，继以望、闻、切三诊获得的形态表征、排出物、声音气味、舌象脉象等客观信息进行完善，从而为辨证提供尽可能全面、准确的依据。

（二）探索中西医结合辨证模式

在临床实践中，李培不仅对中医典籍孜孜不倦，而且时刻关注西医学的研究进展。李培指出，伴随社会的发展和人们生活水平的提高，人群疾病的构成也在相应变化，现代很多疾病是过去所未见的，其复杂程度也超过了前人的认识范畴，因此，现代中医医师所面临的问题已经不是单从症状、舌象、脉象所能解释的。而且，随着科学技术日新月异，西医学飞速发展，已然成为当今医学的主流，目前所有已知疾病均有西医学理论体系的支撑。因此，现代中医医师需要完成的任务，就是运用中医药方法，发挥中医药优势，来处理西医学不能解决的问题。这就要求现代中医医师与时俱进，不仅要全面继承前人、名家的学术成就，更需要有所创新和突破。

基于以上认识，李培提出中西医辨证模式，即将西医学的实验室检查、影像学检查等客观指标纳入中医辨证体系中，从而使中医理论对西医疾病的阐释更加具体。其中，消化道内镜检查是辨治脾胃疾病的重要方法。

李培指出，消化道内镜检查可发现消化道内壁、内腔的病变情况，配合组织病理学检查可确定病变性质。其中，消化道黏膜病变属于中医学"内部疮疡"的范畴。内部疮疡按阴阳属性的不同可分为内部疮疡之阴证、阳证。阳证通常表现为实证、热证；阴证通常表现为虚证、寒证。如消化道黏膜急性炎症，表现为充血、水肿明显，或有糜烂、非癌性溃疡、出血、胃腔内胆汁等，一般属于内部疮疡之阳证，与痰气互结化火、湿热内蕴、热郁血壅、炼血成瘀等因素有关；若胃黏膜以水肿为主，充血较轻，且胃蠕动减慢，则属于虚寒型阴证。对于消化道黏膜粗糙不平或呈铺路石样改变、萎缩伴血管透露明显、癌性溃疡、息肉样变、不典型增生、肿瘤等内镜下表现，为有形之物，虚实夹杂，依据《素问·阴阳应象大论》中"阳化气，阴成形"的论述，多属于内部疮疡之阴证，与正虚邪恋、血络瘀阻、癥瘕积聚等因素有关。若内镜下提示溃疡表面无明显出血灶，附着薄苔且颜色较浅，周围充血不明显者，多属内部疮疡阳证转阴之兆。

表4～表6为李培经长期临床观察所归纳的"内镜下表现–中医证型"对应关系。

表4　慢性胃炎胃镜检查－中医证型对应关系

证型	脾胃虚弱证（虚寒型）	肝胃不和证（气滞型）	脾胃湿热证（湿热型）	瘀血阻滞证（血瘀轻型）	瘀阻不荣证（血瘀重型）
胃镜下胃黏膜表现	以胃黏膜水肿为主，呈水浸样，充血较轻；胃蠕动减慢	胃黏膜红斑，渗出，充血水肿，胃黏膜红白相间，黏液增多，或见胃腔内胆汁反流，胃蠕动减慢，甚至消失	胃黏膜糜烂，散在出血点，充血明显，或见斑点，斑片状潮红，胃壁分布大量黏液，难以冲洗	胃黏膜呈散在片状糜烂，基底少许血痂及白苔，周围黏膜水肿	胃黏膜红白相间，以白为主，粗糙不平或呈扁平隆起呈铺路石样改变，胃黏膜血管透露明显，变薄，血管透露明显或伴肠上皮化生或伴不典型增生
临床表现	胃脘隐痛，喜暖喜按，食后腹胀，呕吐清涎，四肢不温，面色不华，神疲乏力，大便稀溏，舌质淡红，苔薄白，脉沉缓	胃胀而痛，胀甚于痛，脘满不适，饭后尤甚，嘈杂反酸，肋痛易怒，嗳气气不畅，得嗳气亦缓，矢气亦缓，时欲太息，纳食不香，舌质淡红，苔薄黄，脉弦细或数	脘腹痞痛，泛恶欲吐，嗳气吞酸，口黏而苦，渴不思饮，身重肢倦，大便不爽，舌质红，苔黄腻，脉濡数	胃痛显著，痛有定处，拒按，或多处，大便色黑，紫暗，苔薄白，舌质黑，有瘀点，脉弦涩	脘痛如针刺或刀割，夜间尤甚，舌质暗有裂纹，舌下络脉迂曲青紫，苔薄白，脉弦细涩或伴无力

表 5 胃食管反流病胃镜检查 – 中医证型对应关系

证型	土虚木乘型	肝胃郁热型	湿热内蕴型	血瘀脉络型	瘢痕积聚型
胃镜下食管黏膜表现	镜下食管黏膜正常（可有组织学改变）	食管黏膜充血水肿，损伤直径＜5mm	食管黏膜多处充血糜烂，并相互融合	食管黏膜多处片状糜烂溃疡，覆污苔，伴出血	橘红色胃黏膜与粉红色食管黏膜的交界线上移至GEJ（胃食管结合处）上方；或橘红色胃黏膜呈不规则舌状自GEJ向食管口侧延伸；或食管下端一处或多处斑片状红色黏膜（Barrett食管）
临床表现	嗳气反流，纳差便溏，情绪不畅则加重，可伴神疲乏力，舌淡红，苔薄，脉弦细或沉	反酸嗳气，嘈杂易饥，胸骨后灼痛，两胁胀满，心烦易怒，舌红，苔黄，脉弦滑或弦数	嗳腐吞酸，口苦口干，痰涎上泛，半夜呛咳，舌红，苔厚腻或黄腻，脉弦滑或滑数	胸骨后刺痛，夜间尤甚，可伴呕血或黑便，胃脘隐痛，舌紫暗，脉涩	胸骨后固定性刺痛，咽部异物感，胸脘痞闷，食后尤甚，舌有瘀斑和裂纹，舌下脉络曲张，苔少不润，脉沉细涩

表 6　溃疡性结肠炎肠镜检查－中医证型对应关系

证型	脾虚湿热型	大肠湿热型	脾肾亏虚型
结肠镜下结肠黏膜表现	结肠黏膜水肿，呈黄色，覆苔黄色，接触性出血	结肠黏膜溃疡大小不等，自发性出血	结肠黏膜充血，覆苔白色，血管模糊
临床表现	大便急迫或泻而不爽，或夹黏液脓血便，肛门灼热，腹痛，食少，脘腹胀满，肢体倦怠，舌淡，苔薄黄，脉细滑	腹泻大量脓血便或纯血，色鲜红，里急后重，身热，腹坠痛或灼痛，苔黄腻，脉滑数或濡数	久泻不愈，大便清稀或伴有完谷不化，或夹黏液脓血或血色淡红，腰膝酸软，畏寒肢冷，纳差不饥，舌淡胖，苔白润或干，脉沉细或弱

可见，中西医辨证模式的本质是从中医的视角阐释西医疾病的发展过程，用中医证型概括西医疾病发展的阶段性特点，从而实现中医"证"与西医"病"的融合、个体化治疗与标准化治疗的统一。

（三）症状结合舌脉，去伪存真有据

《素问·征四失论》言："诊病不问其始，忧患饮食之失节，起居之过度，或伤于毒，不先言此，卒持寸口，何病能中？妄言作名，为所穷，此治之四失也。"《丹溪心法》又云："诚能察其精微之色，诊其微妙之脉，内外相参而治之，则万举万全之功，可坐而致矣。"李培强调，虽望、闻、问、切四诊各具特色，但临证时须综合考虑"问"所得症状及"望""闻""切"所得体征、舌象、脉象，方能去伪存真，全面、准确地把握病情。

1. 症、脉、舌相应

症（包括症状和体征，下同）、脉、舌相应是临床最为常见的情况，表示症、脉、舌反映共同的病因病机，互为补充。归纳三者的临床特点，分析临床意义，即可准确还原疾病的本质。

2. 症、脉、舌不应

症、脉、舌不应，意味着三者反映的病变特征不一致，甚至相反。如症、脉主虚，舌主实；或舌、脉主热，症主寒；或症、舌主表，脉主里。究其缘由，必有真假混杂，此时当详察症、脉、舌，取其真，舍其假，辨证准确方能药到病除。李培依据自身临床经验与学习中医古籍所感，总结出症、脉、舌取舍的一般规律。

（1）舍脉从症定表里

一般情况下，浮脉主表，沉脉主里，然临床所见，外感症状不一定脉"浮"，内伤症状不一定脉"沉"，因此以脉之浮沉断候之表里，恐未足凭。《景岳全书·脉神章》述："浮虽属表，而凡阴虚血少、中气亏损者，必浮而无力，是浮不可以概言表；沉虽属里，而凡表邪初感之深者，寒束皮毛，脉不能达，其脉必沉紧，是沉不可以概言里。"而况，临床尚见诸多元气素虚或元阳下陷而无外感者，以及某些年迈、羸弱之人，其受体质、转归影响，无在表之候却见脉"浮"。如此看来，导致脉"浮"的原因不限于表邪，而有表邪者亦不必脉"浮"；引起脉"沉"的原因不限于里病，而损于里者亦不必脉"沉"。"浮""沉"脉象实为正气强弱、邪气进退之综合体现。李培从景岳之说，指出判断证候之表里，当以症为主，因为表与里所呈现的症状各自不同。如邪在表，所袭部位为皮毛肌腠，即出现与皮毛肌腠相应的症状，如恶寒发热、头痛项强、鼻塞、四肢酸痛等；如邪在里，所袭部位为某一脏腑，即出现与该脏腑相应的症状，如热在胃腑，即表现阳明里实之候，高热、谵语、腹痛拒按、大便秘结等。由此，依据症状特点来判别证候属表属里，既易于掌握，也较符合临床实际。

（2）舍脉从症判寒热

关于以舍脉从证判别证候的寒热属性，《伤寒论》中早有诸多示例。如"病人身大热，反欲得近衣者，热在皮肤，寒在骨髓也；身大寒，反不欲近衣者，寒在皮肤，热在骨髓也"，指出判别真假寒热，以病人感知为准，未言脉。又如桂枝汤证，脉有浮缓、浮数，亦有脉迟；麻黄汤证，脉有浮紧、浮数；阳明病如里热盛，脉应滑数，然亦有脉迟者；小柴胡汤证条文计17条，言脉者甚少。足见"症"对于辨析寒热之重要。另外，《景岳全书·脉神章》又言："里数为热，而真热者未必数，凡虚损之证，阴阳俱困，气血张皇，虚甚者数必甚，是数不可以概言热；迟为寒，凡伤寒初退，余热未清，脉多迟滑，是迟不可以概言寒。"说明"热"不是导致脉"数"的唯一因素，同时"寒"亦非脉"迟"之绝对诱因。李培体会，在脉、症不应时，辨寒热需以"症"为主。患者的主观感觉不仅能直接反映"寒""热"状态，尚能明确"寒""热"程度与真假本质，如欲得近衣或不近衣、口渴或不渴、饮水多少、喜热饮或喜冷饮、大便干或稀、通畅与否、肛门是否灼热、小便清长或短赤等症状常作为"寒""热"的判断依据。

（3）症脉皆以虚为准

《景岳全书·脉神章》言："证实脉虚者，必其证为假实也；脉实证虚者，必其脉为假实也……盖实有假实，虚无假虚。假实者，病多变幻，此其所以有假也。假虚者，亏损既露，此其所以无假也。"辨虚实真假，前人多从"虚"着眼。实为有余，虚为不足，有余者可假，不足者为真；"症"虚则从"症"，"脉"虚则从"脉"。李培遵循东垣"内伤脾胃，百病由生"之说，突出"脾胃虚弱"在人体病变中的重要地位，尤其注意对"虚象"的辨析。他认为脾胃主后天，为气血生化之源，凡症、脉有一虚者，脾胃必伤；凡病于脾胃者，气血必亏。因此，"症"虚、"脉"虚成为李培诊治脾胃或以脾胃论治的重要依据。

（4）症脉顺反决吉凶

病情危重时，症脉是否一致常预示转归之良莠。如《伤寒论》第369条："伤寒下利，日十余行，脉反实者，死。"第315条：（少阴病）"利不止，厥逆无脉……服汤，脉暴出者死，微续者生。"少阴病下利不止，阴阳俱损，脉见微细，属症脉一致，预后为顺；若脉反实、紧，甚至暴出，属症脉相反，预后为逆。另外，某些危重患者于弥留之际出现"回光返照"之象，即原本面色苍白，精神萎靡，食欲丧失，突然面色潮红，精神振奋，食量大增，而脉象细微欲绝，或乱或散，为阴阳离决之大虚。《素问·方盛衰论》云："形气有余，脉气不足，死；脉气有余，形气不足，生。"李培指出，病情危重可见症脉相反，但并非"遂卒"之候。若脉气尚存，急用回阳救逆之品，或有一线生机；若脉气败绝，已然灯枯油尽，则回天乏术。

（5）舌象真假参症脉

望舌诊病乃中医诊断之特色，为望诊之重要内容。"舌红苔黄"是临床常见的舌象，通常反映实热证候。李培依据古籍所载，同时结合自身临床经验，认为

"舌红苔黄"并非一定主热。《辨舌指南·卷二》言："淡白舌亦有热病，黄厚满舌亦有寒证，舌绛无津亦有痰证。"表明舌象有"真假"之别，故临证时当细辨舌与苔之形、色、质，其寒热之属且需症脉合参。黄苔主热，乃脏腑邪热上灼于舌所致，多见深黄、老黄、黄如沉香色、黄而干燥，黄而干焦起刺以及湿热之黄腻苔，其舌质多红；症以口渴引饮或口苦喜凉、小便短赤、大便干结或便热不爽为特点；脉多滑数或沉而有力。黄苔主寒，病机有二：一者寒盛于内，格阳于外，虚阳上浮，泛于舌苔而色黄；二者阳虚津液不行，寒湿痰饮内聚，阻遏阳气，郁而泛热则苔黄。黄苔多为淡黄而湿润、黄腻水滑或罩灰黑、白腻而罩淡黄、黄白相兼而滑等，其舌质多淡红，舌体胖嫩；症以喜热饮食、畏寒近衣、小便清长、大便稀溏为特点；脉多沉细无力。李培强调，外感热病，"舌红苔黄"主热，可靠无疑。若内伤杂病，尤其脾胃功能失调而现黄苔，则不一定主热，亦可为寒，应详加辨别。

综上所述，无论症、脉、舌孰真孰假，是从是舍，均以四诊合参为基础。若要从脉，就必须肯定所见之"症"为假；而要确定"症"为假，就必须四诊合参，详辨细末。凡诸多症状中有一点存疑，判断即难成立，如此"症"不宜"舍"，且"脉"亦不宜从。《景岳全书·脉神章》云："凡值疑似难明之处，必须用四诊之法，详问其病由，兼辨其声色，但于本末先后中，正之以理，斯得其真。"意义自明。

六、李培治疗脾胃病的核心——五脏相关，土木并调

1. 五脏为整体，脾胃为核心

（1）五脏的生理关联与病理转化

1）五脏之气与经络

"五脏相关"的思想最早可追溯至《黄帝内经》。《素问·玉机真脏论》中有"五脏相通，移皆有次"，提示"相通"是体现五脏关联的重要形式。明代吴昆注："五脏之气相通，其脏气输移，皆有次序。"意在强调"五脏之气"是"五脏相关"的重要物质基础。《灵枢·经脉》详述十二正经之循行，五脏六腑皆有经络联系，从而形成"五脏相关"的重要结构基础。此外，《素问·刺禁论》言：

"肝生于左，肺藏于右，心部于表，肾治于里，脾为之使，胃为之市。"左右者，气机之道也，上者右行，下者左行，肝气主升，肺气主降，二者一升一降，协调人体气机平衡。心部于表，阳气主外而象火；肾治于里，阴气主内而象水。心肾相交，水火既济，保持人体上下动态平衡。脾者为土，以资四脏，故为之使也；胃纳水谷，无物不受，故为市也。心肺之阳降，肝肾之阴升，脾胃斡旋于中，此升降之势恰与对应经脉循行方向一致，即肺经、心经从胸走手，方向向下（降），脾经、肾经、肝经从足走腹胸，方向向上（升），胃经从头走足，方向向下（降）。可见，气机升降出入成为五脏之气相通的重要方面。

鉴于气和经络配属在"五脏相关"中的重要意义，李培从五脏之气入手，以五脏经络联系为基础，平衡调节五脏功能。如对于心火亢盛不降，肾水亏耗不升，心肾不交之失眠，李培将交泰丸、酸枣仁汤、六味地黄丸三方相合加减治之，意在清降心火，滋养肾水，交通心肾，水火相济。对于肝升不足，气郁化火，上灼肺金，肺降不及之干咳咯血，李培常以丹栀逍遥散加黄芩、前胡、白茅根、地榆炭等药治疗，意在疏肝气、清肝火、降肺气。对于肝郁不升，横犯脾胃，斡旋失常之呕逆便溏，李培立疏肝健脾、理气降逆之法，拟柴胡疏肝散合四君子汤加味治之，意在助肝脾之升，利胃气之降，复斡旋之用。

2）五脏对应五行

《黄帝内经》以五行配五脏，阐发五脏属性，如《灵枢·热病》言："火者心也……水者肾也……木者肝也……金者肺也……土者脾也。"由此运用五行生克关系反映五脏关联顺序，如《素问·阴阳应象大论》说："东方生风，风生木，木生酸，酸生肝，肝生筋，筋生心……心生血，血生脾……脾生肉，肉生肺……肺生皮毛，皮毛生肾……肾生骨髓，髓生肝。"木生火，故肝生心；火生土，故心生脾；土生金，故脾生肺；金生水，故肺生肾；水生木，故肾生肝。此即五脏相生。《素问·五脏生成》说："心之合脉也……其主肾也。肺之合皮也……其主心也。肝之合筋也……其主肺也。脾之合肉也……其主肝也。肾之合骨也……其主脾也。""主"者，畏也，明代马莳注："犹君主乃下人所畏，故即以主名之。"张景岳则引申为"受制于"，从而有五脏相克关系：心火受制于肾水，肺金受制于心火，肝木受制于肺金，脾土受制于肝木，肾水受制于脾土。

由上可知，五脏以气为物质基础，通过经络联系，实现生理功能的相互作用，其作用顺序定于五行相生相克。因此，五脏之中，一脏病变，必然累及他脏，其传变顺序定于五行母子乘侮，如《素问·玉机真脏论》有言："肝受气于心，传之于脾，气舍于肾，至肺而死。脾受气于肺，传之于肾，气舍于心，至肝而死。肺受气于肾，传之于肝，气舍于脾，至心而死。肾受气于肝，传之于心，气舍于肺，至脾而死。"明代马莳注："受气者，受病气也。""舍"，停留之意。此言五脏病气，有所受，有所传，有所舍，有所死。一脏有五脏之传，五五二十五变。始于我生，止于克我。我传我生，为母病及子；我生传我，为子病犯母。传之所胜者，相乘也；传之所不胜者，相侮也。五行母子乘侮关系，构成五脏病理的基本传变规律。

临证时，李培常依据五脏生克关系治疗内伤杂病。对于反复外感咳痰伴便溏肢冷疲乏者，李培施培土生金之法，合用小青龙汤、六君子汤二方加减，宣肃肺气、健脾化痰，体现脾肺同治之意。对于肝郁脾虚所致腹胀泄泻、口苦纳差者，李培以四逆散合四君子汤为基本方治疗，健脾以扶土，疏肝以制木，体现肝脾同调之意。

3）五脏穿凿论

明代李梴所著《医学入门》载有"五脏穿凿论"一说："五脏穿凿论曰：心与胆相通，肝与大肠相通，脾与小肠相通，肺与膀胱相通，肾与三焦相通，肾与命门相通，此合一之妙也。"此论断与一般脏腑表里关系（如心－小肠、肝－胆、脾－胃、肺－大肠、肾－膀胱、心包－三焦）不同。"穿"者，贯通之谓也；"凿"者，隧道之义也。"五脏穿凿"即除传统脏腑表里关系外，五脏另有相通之处。对于"五脏穿凿论"的解释，目前主要从经脉相连、五行相生、功能相关、病变相及等方面入手。

李培认为，五脏理论的核心是藏象学说，而后者又是探讨五脏生理功能、分析五脏病变规律的基础，因此，从功能关系和病变传递的角度认识"五脏穿凿论"，更符合"五脏相关"的本质。

①心与胆相通：《灵枢·邪客》云"心者，五脏六腑之大主也，精神之所舍也"。《素问·灵兰秘典论》曰"心者，君主之官，神明出焉"，"主明则下安……主不明则十二官危"。说明在人体脏腑体系中，心为统帅，一身之主，人的精神意识及思维活动皆由心所主宰。而胆主决断，如《素问·灵兰秘典论》中提道：

"胆者，中正之官，决断出焉。"胆主决断功能的正常发挥是在心主神明的统率下完成的；欲"主明"，亦需确保"中正"之官守位履责。胆腑清净，胆汁精纯，胆气畅达，气机疏调，则心气平和，血脉运行正常，神志安然有序，方有主明下安之理。心司君火，胆寄相火，君相相辅，疏泄平调，方能心气充足，畅通无碍。且心居上焦，在上宜降，以使下焦阴水不寒；胆腑附于肝位居下焦，"以通为用，以降为顺"，疏泄畅达而助腐熟运化、主决断，其内盛精汁而近似水性，自然有赖于心火温煦方能保持精汁畅流，否则胆腑不温，精汁阴冷，进而气郁而逆，疏泄失调，病症丛生，由此心火下司温煦有助胆气疏泄通降。《医医病书·小便论》有云："胆无出路，借小肠以为出路。"《医学衷中参西录·医话》曰："徐灵胎注《神农本草经》则以'木能疏土'解之，是谓肝胆属木，脾胃属土。徐氏既云'木能疏土'，是明肝胆助肠胃化食，而胆汁能助小肠化食之理即在其中矣。"胆汁入小肠助化食，输注精微入心，充养心脉，从而保证"心为五脏六腑之大主"功能的正常发挥，正如《医轨》所言："……胆汁为人身五脏精血津液所结晶，六腑无此胆汁，则六腑失其传化之能；五脏无此胆汁，则五脏失去接济之力。"

《灵枢·经脉》曰："胆足少阳之脉……是动则病口苦，善太息，心胁痛，不能转侧。"《素问·阴阳别论》云："一阳发病，少气、善咳、善泄；其传为心掣，其传为膈。"说明胆病及心的发病情况。《灵枢·经脉》言："是主心所生病者，目黄，胁痛……"说明心经病可引起目睛黄染及胁肋疼痛。张景岳指出："胁痛之病，本属肝胆二经……凡以焦劳忧虑而致胁痛者，此心肺之所传也。"说明心病及胆的临床事实。"心为君火，胆为相火"，当君相之火不协调时，则引起胆心俱病。若胆火亢盛，肝胆疏泄失职，内扰心神可致心悸、失眠、烦躁易怒等症；若胆火夹痰内扰，可致癫、狂、痫；胆气亏虚，则虚怯惊悸。另外，气血运行与胆气条达息息相关，若胆汁疏泄不畅，胆气郁结，气机不疏，则致经脉不利，气血运行滞涩，进而痹阻心脉可发为心病。反之，由于"心志"病机的存在，致使情志的生理调整功能发生障碍，由此，持续的不良情志活动成为导致肝胆失调症状的重要因素。总之，心气虚弱，可累及胆；胆气虚弱，可波及心。情志过激，心火郁热，胆火亦旺；情志不遂，胆郁化火，上扰心神。

依据心胆相通的机理，李培治疗情志相关疾病时，详辨心胆虚实寒热。对于惊悸失眠、健忘多梦、神疲乏力之心胆气虚者，李培投以安神定志丸合四逆散加减，安补心神，调畅胆气。对于心烦懊侬、急躁易怒、耳鸣舌赤之心胆郁热者，李培常用四逆散、黄连温胆汤、栀子豉汤三方加减治之，意在疏利肝胆，清心除烦。

②肝与大肠相通：《素问·六节藏象论》有"脾、胃、大肠、小肠、三焦、膀胱者……此至阴之类"，说明大肠在五行归属上具有双重性：金和土。《伤寒论》阳明病提纲"阳明之为病，胃家实是也"及以通腑泻下的承气汤类方治疗阳明腑实证，亦成为大肠兼具土性之佐证。依五行生克规律，木克土，金克木，木升而金降，大肠具金体而兼土性，在克制木气的同时又受木气的克制。具体而言，肝木疏泄，大肠土性应肝木之疏泄而运行（同《素问·宝命全形论》中"土得木而达"之义），更兼以大肠金性之降，魄门开启，肝之浊气和肠中糟粕随之排出体外；但又以大肠金性之敛平制肝木，魄门收闭，以防肝木疏泄太过，使之不至于过度而伤肝气。可见，肝寄腑于大肠，借道大肠而降泄浊气，通过大肠的降浊而使肝之生理功能正常；肝之疏泄功能正常又保证大肠的顺利降浊。二者一升一降，相反相成。

病理方面，肝病可及大肠，如《素问·至真要大论》曰："厥阴司天，风淫所胜，则……腹胀水闭，冷痕溏泄；岁厥阴在泉，风淫所胜，则……腹胀善噫，得后与气则快然如衰。"明确提出在肝厥阴主气时，寒多则大便溏泄，热多则大便秘结。《素问·生气通天论》云："因于露风，乃生寒热，是以春伤于风，邪气留连，乃为洞泻。"《血证论》曰："设肝之清阳不升，则不能疏泄水谷，渗泻中满之证，在所不免。"《伤寒论·辨厥阴病脉证并治》中亦有类似论述，如第331条"伤寒先厥，后发热而利者，必自止，见厥复利"，第345条"下利至甚，厥不止者，死"，指出阳气来复则利止，换言寒胜则利。张仲景将"下利"附于厥阴篇正是出于肝失疏泄导致大肠传导失职的考虑，如第371条"热利下重者，白头翁汤主之"，第374条"下利，谵语者，有燥矢也，宜小承气汤"，指出肝热驻于大肠而致热盛肉腐化脓出以及津伤便秘，从而表明肝之寒热异常可致大肠开合失常。

同样，大肠之病亦可及肝。《素问·至真要大论》载："阳明司天，燥淫所胜，则……左肋胁痛……病本于肝；阳明在泉，燥淫所胜……民病喜呕，呕有苦，善太息，心胁痛；阳明之胜……左肋胁痛……外发㿗疝；阳明之复……病生胁胁……善太息，腹胀而泄，甚则入肝，惊骇筋挛，太冲绝。"可知，阳明大肠病变可影响肝的诸多生理功能。因大肠主降泄浊气，若降泄不及，则浊气可因肝与大肠相通而上逆入肝。因肝经"上出额，与督脉会于颠"（《灵枢·经脉》），故大肠上逆之浊气循肝经上行入脑，引起神志异常。如《素问·厥论》言："阳明之厥，则腹满不得卧，面赤而热，癫疾欲走呼，妄见而妄言。"《伤寒论·辨阳明病脉证并治》第252条："伤寒六七日，目中不了了，睛不和……宜大承气汤。"因肝经"上入颃颡，连目系"（《灵枢·经脉》），阳明大肠燥热太过，伤津耗血，目睛失于濡养，可见大肠病变确及于肝。

依据大肠与肝相通的机理，李培常用通肠腑、降肝浊之法治疗中风后遗症。对于中风后肢体不遂、言语不利、腹胀便秘者，李培以补阳还五汤合四逆散加酒大黄治疗，意在通腑降浊、益气活血。浊气降则清空无扰，官窍通利。

③脾与小肠相通：《素问·灵兰秘典论》曰"小肠者，受盛之官，化物出焉"。张景岳注："小肠居胃之下，受盛胃中水谷而分清浊，水液由此而渗入前，糟粕由此而归于后，脾气化而上升，小肠化而下降。""化物"即对小肠生理功能的高度概括，指出小肠将水谷化为精微和糟粕的功能；同时说明小肠与脾胃的功能关系，即小肠分清，以利脾气升清，小肠别浊，以助胃气降浊。可见小肠实为精微输布、气血化生之上源。《脾胃论》又云"小肠主液"，表明小肠参与水液代谢过程：小肠分清别浊所得水液，经脾运化升清，肺宣发肃降，最后通过肾和膀胱的气化作用以尿液的形式排出。可见，小肠提供脾运化水液的物质基础。《素问·经脉别论》云："饮入于胃，游溢精气，上输于脾，脾气散精，上归于肺，通调水道，下输膀胱，水精四布，五经并行。"精微物质经脾运化与升清、肺宣发与肃降，布散周身，营养五脏六腑和四肢百骸，从而确保小肠分清别浊有权。若脾阳不足或脾气虚弱，运化失职，则小肠无精微滋养，分清别浊不行，出现脐周隐隐作痛、下利黏稠臭秽等症状。如小肠寒中，损及脾阳，则脾失健运，气血不生；或小肠清浊不分，脾升清化液无源，水湿不运，浊液不降，以致小便不利。

依据脾与小肠相通的机理，李培通过调理脾土的方法治疗便溏臭秽、脐周隐痛等小肠证候，常用四君子汤、四逆散合葛根芩连汤加减治疗，体现健脾助运、升清降浊之功。

④肺与膀胱相通：《脏腑通》中有"太阳与肺合表，分明水气连天，相传下达州都官，俨若江河淮汉"，明确指出肺与膀胱相通的关系。太阳主一身之表，为

诸经之藩篱，且膀胱为足太阳之腑，络肾属水，加之肺为气脏，主气属卫，外合皮毛，可见水腑、气脏皆系于表，故云"水气连天"。同时，基于肺之宣发肃降，水液下输膀胱，以达"水精四布，五经并行"之功，故云"相传下达州都官，俨若江河淮汉"。由此可知，肺与膀胱的功能联系主要基于两个方面：水液代谢与主表御邪。

肺主通调水道，水液由肺下输膀胱，膀胱经气化作用，将浊液以尿的形式排出体外。膀胱气化功能正常，有赖于肺主治节功能的正常。肺主气，为诸气之主，总司人体气化功能。肺之宣发肃降正常，水液方能下输膀胱，膀胱气化功能得以正常发挥。同样，膀胱气化功能正常，经肺宣降之水方能正常下达，水液运行通畅。若膀胱气化失职，水液停聚下焦，水气上逆阻碍肺气肃降，出现咳痰喘哮等症。反之，若肺气失于宣发肃降，肺气郁闭，则膀胱气化无权；若邪热犯肺，伤津耗液，肺金燥热，金不生水，不能下疏水液于膀胱，则膀胱气化无源；抑或肺气虚弱，诸气失司，以致膀胱气化无力。总之，肺病可及膀胱，膀胱开合失常，发为癃闭、遗溺诸症。

《素问·痿论》云："肺主身之皮毛。"《素问·咳论》亦云："皮毛者，肺之合也。"肺通过宣发作用，将气血津液输布全身，温养肌腠皮毛，调节汗液排泄，润泽皮肤，调节呼吸并抵御外邪。当肺气虚弱，不能输精于皮毛，则皮毛因水谷精微提供不足而憔悴枯槁，卫外之气不足，肌表不固，则易受外邪侵袭，发为表证。足太阳为巨阳，足太阳膀胱经亦主人身之表，为一身之藩篱。由于肺与膀胱（经）皆具卫外之能，因此当六淫邪气侵犯肌表时，肺与膀胱（经）同时受邪，如太阳麻黄汤证无汗而喘、小青龙汤证咳而微喘、桂枝加厚朴杏子汤证微喘等，皆为二者同病。

依据肺与膀胱（经）相通的机理，李培效仿朱丹溪"提壶揭盖"之法，拟三拗汤、三子养亲汤、五苓散三方相合加减治疗肺失宣肃，膀胱气化失司所致胸满咳喘、小便不利、浮肿诸症。如朱丹溪所言："肺为上焦，而膀胱为下焦，上焦闭则下焦塞，譬如滴水之器，必上窍通而下窍之水出焉。"

⑤肾与三焦相通：《灵枢·本脏》云"肾合三焦膀胱"。《本草问答》曰："三焦之根在肾。"《血证论》言："肾系下生连网油膜，是为下焦，中生板油是为中焦，上生膈膜是为上焦，其根源出于肾。"以上均强调肾与三焦的关联性。《灵

枢·经脉》言:"三焦手少阳之脉,起于小指次指之端……下膈,遍属三焦。"三焦作为六腑之一,居于腹部。肾亦居于腹。《中西医汇通医经精义》认为三焦之源起于肾,"三焦之根,出于肾中……人饮之水,由三焦而下膀胱,则决渎通快。如三焦不利,则水道闭,外为肿胀矣"。三焦为"孤腑",主要生理功能:一为主持诸气,总司全身气机和气化;二为水液运行之道路。而肾主水,为一身原气之源。二者在功能上密切相关。脾胃运化之水液通过三焦渗入膀胱中,然后由肾气蒸腾作用纳清排浊。三焦决渎,赖肾阳之蒸腾;肾阳蒸腾,须取道于三焦。《难经·六十六难》曰:"三焦者,元气之别使也,主通行三气,经历于五脏六腑。"《难经·三十一难》曰:"三焦……气之所始终也。"《血证论》曰:"肾者水脏,水中含阳,化生元气。"元气根于肾,由先天之精所化,然元气须经三焦而分布脏腑,外达肌腠,周身脏腑组织因得元气激发,以确保各司其职。

《素问·灵兰秘典论》有言:"三焦者,决渎之官,水道出焉。"在水液的代谢过程中,三焦是始终的通路,水液气化为津液,从腠理皮毛排出为汗,从膀胱排出为尿。但三焦气化必须依赖肾阳气化方能实现,若肾阳不足,气化无力,三焦水道为之闭塞,则为小便不利;三焦气化失司,气血津液精之升降出入不畅,肾精无以滋养、濡润而逐渐衰退,并内生风、火、湿、热诸邪,以及痰、瘀、浊毒等病理产物。

依据肾与三焦相通的机理,李培以补肾助气化、通利三焦水道为基本原则,合用金匮肾气丸、五苓散,随症加减治疗慢性肾病之水肿、小便不利,兼见畏寒肢冷、倦怠乏力、脉沉细弱诸候,体现肾与三焦同治的思想。

⑥肾与命门相通:《难经·三十六难》有"肾两者,非皆肾也。其左者为肾,右者为命门",即左肾右命门说。明·虞传《医学正传》有"愚意当以两肾总号为命门",即两肾总号命门说。明·赵献可《医贯》有"左边一肾,属阴水。右边一肾,属阳水。各开一寸五分,中间是命门所居之宫",即两肾之间为命门说。明·孙一奎《医旨绪余》有"命门乃两肾中间之动气",即肾间动气说。可见,以部位而论,肾与命门关系密切,甚则浑然一体,无显著区别,从而奠定肾与命门的功能联系。

《难经·三十六难》曰:"命门者……男子以藏精,女子以系胞。"《难经·八难》指出命门为"五脏六腑之本,十二经脉之根"。而《中藏经》曰:"肾者,精神之舍，性命之根。"《理虚元鉴》曰："盖肾之为脏，合水火二气，以为五脏六腑之根。"可见命门的功能与肾息息相关。若肾气充足，真阳旺盛，命门火壮，则"正气存内，邪不可干"；若肾阳不足，命火衰减，温煦失职，则百病由生；若肾阴不足，命火过旺，阴不制阳，阳灼津液，则阴虚内热。

依据肾与命门相通的机理，对于精神委顿、腰酸肢冷、阳痿滑精或宫寒不孕、小便清长或不利、黎明泄泻或水肿等命门火衰诸症，李培常用温肾助阳法治疗，拟右归丸加减，益火之源，力挽命门衰微之势。

（2）脾胃在脏腑中的核心地位

对于脾胃重要作用的认识，最早可追溯至《黄帝内经》，如《素问·玉机真脏论》言："五脏者，皆禀气于胃。胃者，五脏之本也"，强调脾胃为生命运动之根。另有《素问·太阴阳明论》中"脾者土也，治中央，常以四时长四脏，各十八日寄治，不得独主于时也"，指出四时中脾土均在，一年四季中时刻充养其余四脏，突显脾胃之重要。若不注意固护脾土，脾虚可损及余脏。李培引上海中医学院黄文东医论"《难经》选注"之言："五者之中，惟脾胃主消化营养，为中州之重镇。若肌肉消瘦，饮食不为肌肤所用，则上无以济心肺之阳，下无以生肝肾之阴，病进而生理日退，故以过中者皆为难治。"可见，脾胃盛衰能影响疾病转归，甚至决定吉凶。

李培崇东垣之说，强调"内伤脾胃，百病由生"，诸虚百损皆不离脾胃，诸实邪犯亦伤及脾胃，因此，立足脾胃可察全身之疾，可治上下诸候。

1）脾胃为后天之本、气血生化之源

《素问·灵兰秘典论》有言："脾胃者，仓廪之官。"李中梓在《医宗必读·肾为先天本脾为后天本论》谈道："盖婴儿既生，一日不再食则饥，七日不食则肠胃涸绝而死。……一有此身，必资谷气。谷入于胃，洒陈于六腑而气至，和调于五脏而血生，而人资之以为生者也。"《周慎斋医学全书》又云："脾胃者，气血之原也。"足见脾胃在气血生化中的重要地位。

《难经·八难》曰："气者，人之根本。"气是一种不断运动、极富活力的精微物质。人体之气包括先天之精气、后天吸入的自然界清气及脾胃之气，而脾胃之气的盛衰，直接决定人体元气之盛衰。元气藏于肾，由肾之精气化生，继之得脾胃所化水谷精气不断充养，经三焦运行周身，故《灵枢·刺节真邪》言："真气者，所受于天，与谷气并而充身者也。"李东垣所著《脾胃论》云："……元气之充足，皆由脾胃之气无所伤，而后能滋养元气。若胃气之本弱，饮食自倍，则脾胃之气即伤，而元气亦不能充。"又云："真气又名元气，乃先身生之精气也，非胃气不能滋之。胃气者，谷气也，荣气也，运气也，生气也，清气也，卫气也，阳气也。又天气、人气、地气，乃三焦之气。分而言之则异，其实一也，不当作异名异论而观之。""盖人受水谷之气以生，所谓清气、营气、运气、卫气、春生之气，皆胃气之别称也。"可见，气的生成与脾胃密切相关。

《素问·八正神明论》曰："血气者，人之神。"血液是行于脉中，遍及全身，具有丰富营养和滋养作用的红色液态物质。血液由营气、津液组成，而两者均来自脾胃所化生的水谷精微，故《灵枢·决气》言："中焦受气取汁，变化而赤，是谓血。"《灵枢·营卫生会》曰："人受气于谷，谷入于胃，以传于肺，五脏六腑，皆以受气，其清者为营，浊者为卫，营在脉中，卫在脉外。"《灵枢·营气》亦言："营气之道，内谷为宝，谷入于胃，乃传于肺，流溢于中，布散于外，精专者行于经隧，常营无已，终而复始，是谓天地之纪。"《灵枢·邪客》又指出："营气者，泌其津液，注之于脉，化以为血，以荣四末，内注五脏六腑……"书中详尽阐释了营卫气血的物质基础是脾胃化生之水谷精微。《慎斋遗书》中"人以血为主，胃乃生血之源"，意义即在于此。

《素问·平人气象论》云："人以水谷为本，故人绝水谷则死。"《灵枢·五味》云："故谷不入，半日则气衰，一日则气少矣。"可见，水谷是生命活动的主要来源，运化、受纳水谷则是脾胃的生理功能。正如《素问·六节藏象论》所说"脾胃……仓廪之本，营之居也"；《灵枢·营卫生会》言"营出于中焦，卫出于下焦"；《灵枢·本神》说"脾藏营"；《素问·玉机真脏论》有言"脾为孤脏，中央土以灌四旁，其不及，则令九窍不通"。水谷入中焦，化为精微，生成气血，充养脏腑形骸，进一步说明脾胃为气血生化之源。

李培指出，气血不足者可表现为神疲乏力、少气懒言、恶风汗出、食少便溏、面色萎黄、唇甲淡白、心悸失眠、头晕脱发，以及女性月经量少、白带清稀量多等症状，涉及多脏腑功能失调，然而治疗气血亏耗诸证，把握"健运脾胃"一点即为关键。黄芪、党参/人参、炒白术、炙甘草、当归为李培常用健脾胃、补气血之药物，见于八珍汤、十全大补汤、归脾汤、参苓白术四物汤、加味当归补血汤、补中益气汤、东垣清暑益气汤、升阳益胃汤、加减完带汤等方剂。

2）脾胃为气机升降之枢

早在《黄帝内经》中已有脾胃为气机升降之枢的相关描述。《素问·经脉别论》曰："饮入于胃，游溢精气，上输于脾，脾气散精，上归于肺，通调水道，下输膀胱，水精四布，五经并行。"脾气升清，将水谷精微源源不断地输至心肺，心得之则血运正常，肺得之则行主气司呼吸之职；胃气降浊，则小肠可泌别清浊，大肠可传导糟粕。《灵枢·营卫生会》亦云："中焦亦并胃口，出上焦之后，此所受气者，泌糟粕，蒸津液，化其精微，上注于肺脉，乃化而为血。"这其中亦暗含脾胃之气升清降浊的功能。

李东垣对脾胃气机升降理论进一步论述，在《脾胃论·天地阴阳生杀之理在升降浮沉之间论》中曰："盖胃为水谷之海，饮食入胃，而精气先输脾归肺，上行春夏之令，以滋养周身，乃清气为天者也；升已而下输膀胱，行秋冬之令，为传化糟粕，转味而出，乃浊阴为地者也。"这说明脾胃在输布水谷精微的同时也排泄糟粕，充分体现其枢纽作用。脾与胃，同居中焦，属性为土。脾为脏，属阴，喜燥恶湿，得阳始运；胃为腑，属阳，喜润恶燥，得阴始安。两者以膜相连，互为表里，叶天士《临证指南医案》中有"纳食主胃，运化主脾，脾宜升则健，胃宜降则和"之说，升者，升水谷之精微，降者，降饮食之糟粕。二者共同完成水谷之腐熟、运化与转输。《医碥》明确指出："脾胃居中，为上下升降之枢纽。"

心属火居上，肾属水居下，心肾相交，必须依赖脾升胃降的转输作用，脾气上升，引肾水上济心火，胃气下降，使心火下温肾水，达水火既济之功。肝五行属木，主生发，气从左升；肺五行属金，肃降为主，气从右降。此一升一降，脾胃居中，升清降浊，使之平衡。正如《医碥》所云："肝主升，肺主降……心主动，肾主静……静藏不致于枯寂，动泄不致于耗散，升而不致于浮越，降而不致于沉陷，则属脾中和之德所主也。故曰脾胃居中，为上下升降之枢纽。"喻昌在《医门法律》中亦有类似描述："上焦不行者，清阳不升也。下脘不通者，浊阴不降也。夫胃受水谷，故清阳升而浊阴降，以传化出入，滋荣一身也。"此皆明示脾胃为升降之枢纽。

临证时，针对呕恶泄泻、嗳腐胀满、头重眩晕等清阳不升、浊阴不降之证候，李培以香砂六君子汤助脾运、化胃浊为基础，酌情配伍防风、升麻、柴胡、葛根、羌活等"风药"升发清阳之气,适当选用紫苏梗、三棱、莪术、厚朴、枳实、隔山消等"通药"推降浊阴之物。对于心肾不交、木亢金逆、肝郁胆逆等其他脏腑气机失常的情况,除调节相应脏腑功能外,尚需顾及脾胃斡旋之力,如清心滋肾(黄连、肉桂、熟地黄)佐以健脾和胃(炒白术、茯苓、炒建曲)、调木肃金(柴胡、黄芩、前胡、知母)辅以补脾益胃(党参、山药、麦冬、莱菔子)、疏肝利胆(柴胡、白芍、茵陈、枳壳)配伍扶脾降胃(党参、炒白术、紫苏梗、竹茹)。

3)脾胃中心,充养他脏

据前所述,脾胃化生气血,协调气机升降,为脾胃主五脏奠定物质和功能基础,从而确立脾胃在脏腑中的核心地位。

①脾与心:心属火,主血脉,藏神;脾属土,主运化,藏志。心与脾的关系主要体现在血液的生成及运行方面。气血充足,血脉通利,方可内濡脏腑,外充肌腠,发挥濡养滋润的作用。要使心的功能正常发挥,必须有充足的气血作为物质基础。脾为气血化生之源,兼可统血,脾气健旺,化源充足,统摄血液行于脉中;若脾气虚弱,不能统血,血溢脉外,心血不足,则出现"心脾两虚"之证。

②脾与肝:脾主运化,司统血;肝主疏泄,司藏血。肝主疏泄,可条达全身之气机,肝属木,木本克土,木气和,则脾胃之气和;脾主升清,胃主降浊,脾胃升降和顺,调畅一身之气,亦调畅肝气,正如《素问·宝命全形论》所云:"土得木而达。"再者,肝脏体阴而用阳,疏泄与藏血的功能均以脾胃化生气血为基础,脾胃健运,则肝血充足,疏泄正常,气机调畅,血藏充足则目得之濡能视、爪得之养能握,正如《素问·经脉别论》所言:"食气入胃,散精于肝,淫气于筋。"

③脾与肺:肺属金,脾属土,两者为母子关系。肺主气司呼吸,肺主之气为宗气,由自然界之清气及脾胃化生的水谷之气合成,再由肺朝百脉之功转输至全身以濡养脏腑组织、四肢百骸,其间,宗气赖于脾气的运化功能将水谷输送。其运化水液亦是如此。若是脾气虚弱,水谷精气化源不足,宗气不足则肺气虚;若肺气虚损,宣降失常,水湿内停,形成痰饮,可见"脾为生痰之源,肺为贮痰之器"。治之可选用"培土生金"法。

④脾与肾:肾为先天之本,脾为后天之本,二者在生理上的关系主要表现为后天资先天,先天促后天。脾气健运,精微化生,有赖于肾阳的温煦,因此有"脾阳根于肾阳"之说;而肾中藏先天之精,全赖脾胃所化水谷精微的不断滋养

充盈，水谷精微充足，则肾中精气充足，人体的生长、发育和生殖等功能正常。另外，脾主运化水液，肾主水液，若二者功能失常，则出现小便频数、失禁，或尿少、水肿、腹水等。

此外，脾胃之气可随精微散布到达四肢形骸和其他脏腑，发挥温煦作用。《素问·玉机真脏论》有言："五脏者，皆禀气于胃，胃者，五脏之本也。"又云："脾脉者土也，孤脏以灌四傍者也。"《金匮要略》首篇指出"四季脾旺不受邪"，其含义即中焦脾土旺则人体健。《周慎斋医学全书》亦言："土为中州，贯乎四脏，而为阴阳气血之所赖者也。"又说："脾胃一伤，四脏皆无生气。"《杂病源流犀烛》载："脾气充，四脏皆赖煦育，脾气绝，四脏安能不病。……凡治四脏者，安可不养脾哉。"《医方考·脾胃证治》云："盖中气者，脾胃之气也。五脏六腑，百骸九窍，皆受气于脾胃而后治。"由此可见，脾运化功能的正常与否，直接影响人体气血盛衰及各脏腑功能，调理脾胃可达到调治其余四脏病变之目的。

李培总结："察中焦以观上下，执脾胃以统脏腑。""脾胃中心"是李培"诊治脾胃"和"治以脾胃"的重要依据。

2. 肝木脾土，病机相关

（1）"见肝之病，知肝传脾"

《金匮要略·脏腑经络先后病脉证》言："夫治未病者，见肝之病，知肝传脾，当先实脾，四季脾旺不受邪，即勿补之；中工不晓相传，见肝之病，不解实脾，惟治肝也。"上文从肝脾传变的密切关系阐释既病防变的重要性，传变形式为肝实传脾和肝虚累脾。

①肝实传脾：肝病传脾，其本义即肝实传脾。何以言之？《黄帝内经》早已明言："传，乘之名也。""传"即相乘，相克太过之义。"传"在脏腑五行有两种含义：其一是按照相克的次序，即《素问·玉机真脏论》所言"五脏相通，移皆有次；五脏有病，则各传其所胜"；其二必为气实有余，即《素问·五运行大论》所言"气有余，则制己所胜而侮所不胜"。反之则非"传"也，亦不能"传"，故尤在泾、王旭高认为"惟实则能传，而虚则不传"。可见，肝病传脾，为肝实传脾明矣。关于此论述，在古今医籍中，无论是从五行运气角度谈传变，还是从五脏病理角度论传变，皆显而易见。其中，"木郁乘土"即肝病及脾的常见形式。肝属木，木性升发，肝性喜条达而恶郁遏，心情舒畅，则肝之疏泄功能正

常，木能疏土，使脾胃健运。当今社会，人们面临巨大的变化，人生观、价值观受到前所未有的冲击，快而强的生活、工作节奏和压力，导致许多人长期处于焦虑、紧张或抑郁状态，如此肝气失于正常疏泄，横逆而克伐脾土，久之脾胃虚弱，而成肝郁脾虚之证，于是出现以肝郁为主，兼有脾虚的临床表现，即脘胁胀痛、嗳气频频、喜太息、大便或干或稀、舌淡或边有齿痕、苔白脉弦或弱等。另如《素问·至真要大论》中"风气大来，木之胜也，土湿受邪，脾病生焉"和《素问·玉机真脏论》中"故风者，百病之长也……弗治，肝传之于脾"及《难经·七十七难》与仲景所言"见肝之病，知肝传脾"等，皆为一辙。

李培认为，肝之实证主要有"肝郁""肝气""肝火""肝阳""肝风""肝寒""肝经湿热"等，就其发生演变与所感，大致分为三类，即本气自郁、演变化邪、直中或内生夹邪。

首先本气自郁为病，即指"肝郁"和"肝气"。因肝主疏泄，以气为用，病则每从本脏本经之气病开始，多由情志抑郁或忿怒引起。"肝郁"与"肝气"亦有不同，"肝郁"为郁在本经，"肝气"为郁兼有横逆之象，但二者在病理上均有气机郁滞，因肝郁非肝气虚，郁则气实，气郁至一定程度必然横逆。就"肝气"而言，若无闭郁，亦不横逆，故秦伯未称"气郁为肝气之先导"，肝郁则不能疏泄脾土。肝气横逆，不仅不能疏泄，反而克伐，可致脾胃气机逆乱，乱其气则伤正气，故脾胃必有不和或虚损，此临床上最为常见。故林珮琴在《类证治裁》论肝病，"肝木性升散，不受遏郁，郁则经气逆，为嗳，为胀，为呕吐，为暴怒胁痛，皆肝气横决也"，由郁致气横犯胃乘脾可知。

其次演变化邪，主要指"肝火""肝阳""肝风"。因肝郁气实，气有余便是火，肝又内藏相火，故极易火化；肝火灼伤肝血（阴）、肝火上浮，致肝阳升亢（肝肾阴虚阳亢者也多见）；肝阳浮动，则可引发肝风，即"风依于木，木郁则化风者"。可见三者各虽不同，由肝郁气滞演变则一，故王旭高在《西溪书屋夜话录》中谈及"肝病有肝气肝风肝火之别，然皆同出而异名"，意即于此。"肝火""肝阳""肝风"又皆损伤脾胃，如肝火多灼伤胃阴，肝风、肝阳上冲多使中焦壅塞，气机不畅，致脾病痰浊随气上犯等，所以王氏进一步指出："肝气肝风肝火，三者同出异名，其中侮脾乘胃……种种不同。"

再次直中或内生夹邪，多见于"肝寒""肝经湿热""肝气"夹饮、夹痰、夹瘀者。外邪直中肝脏，如《金匮要略》之肝中风、肝中寒。秦伯未指出："引起肝寒有两个原因，一为直中寒邪。"肝寒犯胃，每夹痰浊上逆，如以干呕、吐涎沫、颠顶痛为主之吴茱萸汤证即是；邪自内生，如肝经湿热，引发黄疸，肝多有损伤脾胃的症状出现；夹邪损伤，是肝病证杂的原因之一，无一定规律可循。仅就柳宝诒所著《评选环溪草堂医案》，便窥一斑：肝气与饮邪乘胃，如"肝气与饮邪相合为病，脘腹作痛，呕吐酸水"案；肝气夹痰乘胃，如"脘痛肢冷脉伏，头汗淋漓，防厥"案；肝气夹瘀乘脾，如"久疟之后，脾虚木郁，痰阻气滞，胸闷恶心，头眩心嘈，经事不调"之尤案等。

李培总结，肝实传脾为肝病及脾的主要形式，亦为肝病影响他脏的常见形式。

②肝虚累脾："累"，《辞源》作"牵连、妨碍、连累"解。《简明中医字典》注"累"引《素问·移精变气论》"内无眷慕之累"时言："累，带累、使受累。"肝虚累脾，即肝木不足，无力行使对脾的促进作用，使脾受损而失常，可知"累脾"与上述"传脾"有原则上的不同，彼为恃强凌弱的过盛，此为疏泄等功能的不足。有关这一点，人常忽之，如张锡纯所言："人多谓肝木过盛，可以克伤脾土，即不能消食；不知肝木过弱，不能疏通脾土，亦不能消食。"由尤在泾"脏邪惟实则传，虚则不传"推之可得：肝"脏气惟虚则累，实则不累"。肝之脏气包括肝气、肝血、肝阴、肝阳，肝虚亦即肝之气血阴阳不足。

肝体阴用阳，肝用为肝气、肝阳，肝体为肝血、肝阴，气虚进一步发展可致阳虚，血虚进一步发展可致阴虚，其影响脾者，肝用主要是疏泄不及，肝体亦通过肝用来实现。如肝气不足，不能条达疏泄脾之阴土，久之脾阴凝滞，纳运升降失常。如《杂病广要》引《五脏论》云："肝气不足……肝痛不能食。"《血证论·脏腑病机论》言："肝之清阳不升，不能疏泄水谷，则渗泻中满之证，在所难免。"此"清阳不升"，亦指肝气虚不能宣达。若肝阳虚，则多在肝气虚见症上伴有寒象，除气虚影响脾之功能外，多累及脾阳，脾阳虚又加重肝阳不足，故常以肝脾之虚寒证见于临床。如孙思邈所论肝病，"左手关上脉阴虚者，足厥阴经也……腹满，不欲饮食，腹胀，悒悒不乐……名曰肝虚寒也"。肝虚寒即为肝阳之虚。若肝血不足，血不养气，可致肝气虚不能疏土。实际上，因气血共存亡，肝气虚时每有肝血虚存在，是以二者不能分开。不过更多见者，是血虚而肝气有余之传脾，如赵羽皇所言："肝木之所以郁……为血不能养也"。但究其本质，因属肝血虚所致，故曰肝血虚累及于脾，亦未不可。肝阴虚对脾之影响，一为肝阴虚火气有余传脾，一为肝阴虚累及脾胃之阴，此论可从《沈绍九医话》所举病案及治肝所言"柔肝当养胃阴"中知其一二。总之，肝虚累脾较肝实传脾少见，一般病程较长，可在肝病日久、大病之后、年老体衰者中见到，其中又以体不足用偏有余为多，但对肝用不足之影响于脾，亦当注意。

李培指出，"肝虚累脾"之实质乃肝之气血阴阳失调所生脾胃之变。

（2）见脾之病，由脾及肝

脾病及肝，一是脾气不足对肝之影响，二是脾邪有余影响及肝。脾气对肝作用有二，既可阻止肝病传脾，又可资养肝脏之虚。先就脾气而言，若肝实传脾，常先犯胃，引起胃气逆乱，此时虽得传，但脾尚无明显之虚；若不愈，乱其气则伤正气，继之则传乘于脾，现脾虚诸证。若脾不虚，肝气虽一时犯胃，致气逆不纳，然随脾胃升降自调，肝气亦能渐和，而不致久久犯胃。因此，脾气对肝发挥堵截病势、杜滋蔓之祸的作用。肝之虚证可以累脾，但肝虚由脾气不足，不能化生气血以供营养引起者尤多，故《难经》提示要"损其肝者，缓其中"也。可见，脾气对肝起到防传、控制病势及营养的作用，若脾病，必将影响肝病的发展及恢复供给。

关于脾病及肝的机理，目前更多采用五行相关的表述，包括土壅木郁和土虚木乘。嗜食肥甘厚腻、酗酒或外感湿邪，可内伤脾胃，以致脾胃运化水谷、水湿不利及脾胃气机升降失常，进而湿聚中焦，气机郁滞，甚而化热，使肝之气机失于条达，亦成脾虚肝郁之证，此谓"土壅木郁"，临床常表现为脾胃壅滞及肝郁的症状，如腹部痞胀而连及两胁、纳呆、便溏、嗳气，舌淡苔白或白腻、黄腻，脉弦滑等。依据本地的饮食生活特点，饥饱失常、饮食偏嗜、辛辣醇酒、生活不规律所致的劳逸失度，均可损伤脾胃，致脾胃虚弱，肝体失养，肝用不行，进而疏泄失司。即使抑郁不甚，亦可趁土虚而乘之，此谓"土虚木乘"，临床表现为脾虚为主兼肝郁的证候特点，如腹胀连胁、便溏、肢软、乏力、情感淡漠，舌淡或边有齿痕，脉弱等。综上所述，"脾病"核心在于脾胃内伤，而传变之末在于肝气不舒，最终表现为土木失和。

3. 协调木土，运转枢机

由上文分析可知，肝木、脾土在气血运行（生理）、邪气内生（病理）方面关系密切。木土调和，木达土生，才能保证气血运行正常；木土兼顾，枢机得健，内生之邪自然化解。由此李培指出，无论肝病传脾抑或脾病及肝，治疗时均需兼而顾之，"治木实土"即为治疗脾胃肝胆相关性疾病之总纲。

"治木实土"理论出自《金匮要略·脏腑经络先后病脉证》，是张仲景对肝胆脾胃相关性疾病的病因、病机及其治疗过程中本质层面上的探讨。"治木实土"并非仅基于木土相克关系，更在于其顺应肝木脾土之生理特点，能利用土木互补互用关系，实现标本兼顾，治病求本。仲景实脾是为治"未病"，此处"未病"有两层含义，一是指未经传变的"肝病"，二是指潜在的"脾虚"之病。实脾可治疗脾虚，防止肝病传脾，然借助实脾，以达到"补不足而损有余"，最终实现对"肝病"的治疗。

前已述及，肝乃体阴而用阳之脏。肝之"体阴"体现于"肝主藏血"，血秉至阴至柔之性，肝体得阴血之濡养，则具有阴柔敛藏之性；肝之"用阳"体现于"肝乃厥阴风木之脏，秉春气以生长"，木曰曲直，春主生发，故肝木有舒畅、条达、升发之用。故肝之病，标在于用，而本在于体。仲景述："夫肝之病，补用酸，助用焦苦，益用甘味之药调之。酸入肝，焦苦入心，甘入脾。"酸能入肝，酸味药多能够收敛软坚、生津养阴，正合肝"体阴"之特点；焦苦入心，可补助心火，心火旺盛能制约肺金，肺金受制则肝气免于被克伐，从而有利于肝气升发、疏泄功能的恢复。脾主统血，为气血生化之源，甘味药多能补脾益气。脾气健旺，一方面可以化生阴血以资肝体，肝体得养，既可以化生肝阳，又可以制约其阳用过亢，此与"肝补之以酸"有异曲同工之妙；另一方面又可以通过相克关系，培土治水，间接达到伐金治肝的目的，此又与"助用焦苦"之法不谋而合。以上三法共奏"损肺之实、补肝之虚"，体现"损有余，补不足"之妙处。

脾胃居中焦，治中焦如衡，非平不安。《临证指南医案》指出"脾宜升则健，胃宜降则和"，因而恢复脾胃气机升降、纠正中焦气机逆乱的病理状态成为治疗脾胃病之关键。肝者将军之官，罢极之本，极者非常之态也，肝之"罢极"即通过肝主疏泄、条达、升发之用以阻止和调节异常生理活动的发生、发展，使乱者归于常。所以肝的功能状态正常与否对于中焦气机逆乱的恢复有极为重要的作用。张锡纯认为，脾胃同属太阴之土，虽有阴阳之分，升降之机，却无生火之能、升降之力，在性用上更偏于器的层面，所以脾胃能行升降、运化、腐熟之能事，皆借他脏以助。厥阴肝木为阴尽阳生之脏，其阳虽微，却生化无穷，兼济五脏六腑，所以肝木所生之火，亦称为相火。相火能上济君火，君相共助胃与小肠受纳腐熟，泌别清浊；亦可下济命门，以助脾之运化温煦，助大肠之燥化传导。此外，胃之能降，皆赖肺金之肃；脾之所以能升，全凭肝气之举，故肺气失肃、肝气失疏乃中焦脾胃气机升降异常之根本所在。由此可见，脾胃之虚实多非其自有，与他脏相协不及密切相关，而肝之不及居其首也。通过治肝，在肝的升发、疏泄作用下，使脾胃升降功能得到调节，在相火资助下，使脾胃的运化、腐熟、温煦功能得到恢复，如此则脾胃得健，气机得疏，精微得布。

由此可以得出"治肝实脾"理论就是"协调土木"思维在临床上的具体运用。李培遵从仲景之法，重释仲景之方，将"治肝实脾"进一步细化为先治土后治木、先治木后治土、木土同治三个方面。

（1）先治土后治木

如脾虚者少阳感邪，邪易内陷，呈现表里同病。脉浮取而涩，乃气血不足之征；沉取而弦，实少阳木邪本象。脾虚不可不补，少阳之邪不可不和，故需分步进行，以其虚弱为主，先与小建中汤，使中焦健运，气血充足，则少阳微邪，或能自解，是补土以御木邪之法。若服汤而腹痛不瘥，脉弦不解者，知少阳之邪未除，再与小柴胡汤以和之，是泄木邪而保中土之法也。

（2）先治木后治土

如大柴胡汤证，若医者不识，误用攻下，胃气已伤，病证未除，此时不再宜大柴胡，故分步而行：先用小柴胡汤和解少阳之表，再用三分之一小柴胡汤加入芒硝二两，涤胃热，转枢机。

（3）木土同治

①疏肝郁，通腑实：若胆胃之气壅滞较甚，升降之机已经失常，见心下痞硬、呕吐下利，此时单用小柴胡之疏解已难以奏效，故用大柴胡汤，去小柴胡之人参、甘草，加枳实、芍药、大黄以泻热破滞。

②散胃寒，平肝逆：胃腑虚寒者，当外邪内犯厥阴时，肝气便夹胃中寒浊之气上逆，可见颠顶疼痛、干呕、食入则吐、手足逆冷、烦躁等症状，此当温肝暖胃，降逆止呕，方用吴茱萸汤：吴茱萸大辛大热，直入肝胃二经，为君药；生姜温胃散寒为臣药；参、枣益气滋脾养胃，为佐使。

③清肝火，温胃寒：阴病阶段，肾阴已亏，不能控制内寄之相火，肝火妄动，向上冲击，同时由于肾阳亦损，不能温胃，胃中虚冷，出现肝热胃寒，气机逆乱的错杂情况。临床可见腹部胃脘疼痛，时作时止，痛剧时常手足逆冷，进食时常呕吐诸症。治当清肝温胃，故拟乌梅丸：以乌梅、苦酒之酸泻肝敛肝，黄连、黄柏之苦清内蕴郁热，细辛、干姜、附子、桂枝、蜀椒之辛温中散寒，佐以人参、当归益气养血。全方温清并用，消补兼施。

④化水饮，解郁结：此法用于阳郁兼饮停，乃因胆郁影响三焦，决渎失常，水饮停留。停滞中焦者，用柴胡桂枝干姜汤温化水饮；水气凌心上犯者，用小柴胡汤去黄芩加茯苓，渗淡利水。

⑤化痰饮，平肝逆：伤寒汗下之后，胃气虚弱，痰气痞塞，饮邪夹肝气上逆，症见嗳气频频，胃脘部痞满而硬。此当和胃化痰，镇肝降逆，施以旋覆代赭汤：旋覆花下气消痰，代赭石平肝镇逆，佐以生姜温胃化痰，参、枣、草顾护脾胃。

⑥养肝血，除脾湿：肝脾两虚引起的妊娠腹痛、胎动不安在临床上非常多见。因肝为血海，肝虚则血少，疏泄不利；脾虚则生湿，血少化源。二者相互影响，互为因果。治当养血疏肝、健脾利湿并重，方用当归芍药散：归、芎、芍滋润肝血，苓、术、泽泻健脾渗湿。燥湿得宜，中气治而胎自安，痛自止。若偏于肝血虚而生内热者，化裁为当归散：当归一斤，黄芩一斤，芍药一斤，芎䓖一斤，白术半斤。方中增强当归、川芎养血之力，并加黄芩清内热。偏于脾虚寒湿内盛者，化裁为白术散：白术四分，芎䓖四分，蜀椒三分，牡蛎二分，重在健脾温中，除寒湿。

以西医学疾病急性胰腺炎为例。急性胰腺炎属于中医学"脾心痛"之范畴，多与饮食不节、七情内伤、外邪直中等因素相关，涉及脾、胃、肝、胆、大肠等多个脏腑。临床表现以上腹疼痛拒按、牵连胁肋，恶心呕吐，腹胀便秘，发热等症状为主，严重者可进展为肠麻痹、腹膜炎，表现为"痞、满、燥、实、坚"之阳明腑实证候。李培认为，本病基本病机为湿热瘀毒内结，肝胆疏泄不利，脾胃升降失常，大肠传导失司，气机阻滞，不通则痛，因此治疗时当以调和肝胆脾胃、促进肠腑传导、恢复气血运行为关键，遂以大柴胡汤加减治疗（柴胡、黄芩、法半夏、赤芍、生大黄、厚朴、枳实、延胡索、桃仁、芒硝、生白术）。

4. 温中补虚，寒凉以平；固护阴液，升降并举

李培在运用"治肝实脾"思路治疗内伤杂病时，常参以李东垣、叶天士、黄元御、张锡纯等医家顺应木土之势、调和气机升降之思想，提出"温中补虚，寒凉以平；固护阴液，升降并举"的治疗大法。

（1）温中补虚，寒凉以平

东垣创"元气－阴火对立"之说，认为脾胃"元气"为本，"阴火"为"贼"，"火与元气不两立，一胜则一负"，依据《素问·调经论》所述"有所劳倦，形气衰少，谷气不盛……热气熏胸中，故内热"的理论，提出脾胃内伤发热之病因病机："若饮食失节，寒温不适，则脾胃乃伤；喜怒忧恐，损耗元气。既脾胃气衰，元气不足而心火独盛……元气之贼也。"他又依据《素问·至真要大论》"损者益之，劳者温之"意旨，认为治疗此种内伤虚热证当以"辛甘温之剂，补其中而升其阳，甘寒以泻其火则愈"，以补中益气汤、升阳益胃汤、补脾胃泻阴火升阳汤为代表方剂。该系列方以甘温补气为主，旨在使受损元气得到恢复，中焦枢机得力，阴火自敛；另佐黄连、黄芩、石膏等寒凉之物，以防一味温补，"壮火食气"之弊。

李培以东垣"元气－阴火对立论"为基础，结合自身实践，论广甘温法，强调在治疗虚实夹杂诸疾时，均以温中补虚为要，不限于内伤发热证。温中之品以黄芪、党参、炙甘草、炒白术／生白术、陈皮、桂枝、肉桂、生姜／干姜／炮姜、高良姜、吴茱萸、熟附子为代表。其中，芪、参、术、草为健脾益气之要药：黄芪长于固表托毒、升阳利水，疲乏倦怠、畏寒自汗、脏器下垂者当重用。党参专于益气生津，可补脾肺之气，常用于脾虚湿盛所致纳差便溏、舌淡胖嫩伴有齿痕，或者肺脾两虚所致久咳气短、痰少难咯者；若年高体衰或病久虚劳，则将党参易为人参（生晒参），以增强补气之效。白术按炮制方法不同分为生品、焦制品、麸炒品、土炒品等，以生品和麸炒品最为常用。麸炒白术与生品相比，补脾益气之功更强；生品则偏于燥湿利水，而且生品大剂量（≥30克／剂）使用能增强推陈助运之力，通腑气，除糟粕，对于大便量少次频、黏滞不爽者尤为适宜。陈皮理气健脾、燥湿化痰，配以法半夏、竹茹、苍术、厚朴等物增强斡旋除浊之功。桂枝、肉桂、生姜／干姜／炮姜、高良姜、吴茱萸、熟附子为温里之主药：桂枝、肉桂同出于桂树，一为其嫩枝，一为其树皮，气味均辛甘，同归心、脾、肝、肾经，均有温营血、助气化、散寒凝之效。相比肉桂，桂枝辛温之性较弱，然力善宣通，升清阳脱陷，降浊阴冲逆，散外邪寒气，因入肺经，开腠发汗，温阳于卫分，使营血畅旺于肌表，故长于发散表寒，另能温中化气，利水消肿；肉桂气味淳厚，善入下焦，能引火归原，补火助肾阳而暖脾土。生姜、干姜、炮姜，一为生用，一为生者干用，一为干者炒用，三者均能温里散寒。生姜味辛，性微温，走而不守，长于发散，具有发汗解表、温中止呕、温肺止咳之功效，外感风寒伴见呕逆、咳痰、胀满、腹泻者最为适宜；干姜味辛，性热，能守能走，偏于燥热，故对中焦寒邪偏盛而兼湿者以及寒饮伏肺之喘咳颇为相宜，又因其力速而作用较强，用于回阳救逆，其效甚佳；炮姜味苦、辛，性温，守而不走，已无发散之功，且辛燥之性较干姜为弱，温里之力不如干姜迅猛，然其作用缓和持久，长于温中止痛止泻、温经止血，可用于中气虚寒所致腹痛、腹泻、虚寒性出血等病症。高良姜味辛，性热，似干姜而温胃之功过之，尤重散寒止痛，可与干姜相配（如二姜丸），用于脘腹冷痛、恶心呕吐诸症；又可与香附相伍（如良附丸），共奏行瘀止痛、散寒疏肝、理气调经之效。吴茱萸味辛、苦，性热，善入厥阴，具散寒止痛、降逆止呕、助阳止泻之功，常与生姜、黄连等药合用（如吴茱萸汤、左金丸）。熟附子味辛甘，性大热，补火助阳，善除太阴、少阴之寒，用于中焦虚寒之腹痛腹泻、真阳不足之四肢厥逆、阳气虚脱之大汗淋漓等候。

　　李培在运用温热药物时亦强调寒温平衡，尤其重视苦寒药物的使用，如黄芩、黄连、黄柏、大黄、知母、枳实／枳壳、柴胡等。其中，黄芩、黄连、黄柏分清三焦之热，分降三焦之逆：肺热咳喘用黄芩，脾胃湿热用黄连，下焦湿热或虚火上炎用黄柏。大黄一味，荡涤肠腑，以泻代清，可顺三焦气机，常用于浊气上泛伴有大便干结难解者。知母味苦而滋润，与百合同用，一来能清肺养阴，二来可润肠通便，滋肺降逆以助腑畅，庚辛相合。枳实、枳壳均为味苦微寒之品：枳实作用于三焦，长于破气消积，化痰散痞；枳壳偏于中上二焦，专于理气宽中，行滞消胀。如《本草新编》言："枳壳性缓而治高，高者主气，治在胸膈。枳实性速而治下，下者主血，治在心腹。故胸中痞，肺气结也，用枳壳于桔梗之中，使之升提而上消。心下痞，脾血积也，用枳实于白术之内，使之荡涤而下化。总之，二物俱有流通破结之功，倒壁推墙之用。凡有积滞壅塞、痰结瘕痞，必须用之，俱须分在上、在下。上用枳壳缓治，下用枳实急治，断断无差也。"临床应用时需要注意二药对血压的影响，若患者血压偏高，或已确诊高血压病且正在服用降压药物，则宜用枳壳，因枳实升压作用较强之故。柴胡性微寒，味辛、苦，归肝、胆、肺经，其功效与剂量、配伍均有一定的关联性，如表 7 和表 8 所示。

表 7　柴胡功效与剂量的关系

柴胡剂量（1 剂）	柴胡功效
6～9g	升阳举陷
12～15g	疏肝解郁
18～24g	解肌发表，退热截疟
> 24g	涌吐，泻下

表 8　柴胡功效与配伍的关系

柴胡配伍	柴胡功效
配羌活、独活、防风、升麻、葛根、黄芪等	升阳举陷
配葛根、羌活、白芷、桔梗等	解肌发表
配黄芩、牡丹皮、栀子等	和解少阳，退热
配香附、郁金、白芍、薄荷、荆芥等	疏肝解郁
配常山、草果、青皮、槟榔等	截疟
配党参 / 人参、白术等	扶土抑木

综上所述，李培寒温并用，攻补兼施，旨在平衡，而寒温属阴阳之性，寒温协调有助于阴阳平和，"阴平阳秘，精神乃治"（《素问·生气通天论》），为患者的康复创造稳定的内环境。

（2）固护阴液，升降并举

①养阴有脏腑层次之别："阴虚"一词出自《黄帝内经》。《灵枢·本神》曰："故五脏主藏精者也，不可伤，伤则失守而阴虚，阴虚则无气，无气则死矣。"五脏主藏精而不泻，为生命的物质基础，不可损伤，伤则精失于藏守而阴虚，不能化生阳气，阳气不生，生命即止。阴虚证，即阴液亏损。人体阴液不足，滋润、宁静、潜降或制约阳热的功能减退，阴不制阳，因而出现燥、热、升、动和化气太过等阳气相对偏亢的证候，多由于阳邪伤阴，或五志过极，化火伤阴，或久病阴损所致。

　　李培指出，仲景学说多论及阳气，其"重胃气，存津液"的思想，亦多体现为固护阳气，使阳回而津复；以叶天士为代表的温病学派则从"凉润养阴"的角度逐步完善"固护阴液"的思想。叶天士提出："胃为阳土，宜凉宜润；肝为刚脏，宜柔宜和，甘酸两济其阴。"叶氏无固定方药，其常用麦冬、石斛、沙参之属以益胃汁，乌梅、白芍、木瓜、阿胶、生地黄之类以养肝阴。其具体又分为二：若以肝胃阴虚为主，用酸甘养阴之法。如《临证指南医案·噎膈反胃》说："苏（五四）向来翻胃，原可撑持。秋季骤加惊忧，厥阳陡升莫制，遂废食不便，消渴不已，如心热，呕吐涎沫，五味中喜食酸甘，肝阴胃汁，枯槁殆尽，难任燥药通关……乌梅肉、人参、鲜生地黄、阿胶、麦冬汁、生白芍。"若下元水亏，单养胃阴难以奏效，其风阳鸱肆，当镇阳息风，其法不在重潜而在阴柔。如《临证指南医案·木乘土》言："卜，有年冬藏不固，春木萌动，人身内应乎肝。水弱木失滋荣，阳气变化内风，乘胃为呕，攻胁为痛。仲景以消渴心热属厥阴，《内经》以吐涎沫为肝病。肝居左而病炽偏右，木犯土位之征。《经》旨谓肝为刚脏，非柔不和。阅医药沉桂萸连，杂以破泄气分，皆辛辣苦燥，有刚以治刚之弊，倘忽厥逆瘛奈何？议镇阳熄风法。生牡蛎、阿胶、细生地、丹参、淮小麦、大枣。"

　　李培总结叶天士等温病学医家的养阴治法，同时结合自身临床实践，认为"养阴"当有脏腑层次之别：阴虚于上，损及心肺大肠，当以养阴生津为主；阴亏于中，损及脾胃，当以益阴增液为主；阴伤于下，损及肝肾，当以滋阴填精濡血为主。

　　对于心阴血不足之心悸气短，伴见自汗盗汗、大便干结、脉结代等症者，李培常用炙甘草、麦冬、阿胶、生地黄、火麻仁等养阴润燥之品，代表方剂为炙甘草汤；若虚烦失眠为甚，又见头晕目眩、口燥咽干等症者，可加用酸枣仁、知母、茯苓等品安神除烦，即酸枣仁汤；以上述证候为基础，伴见手足心热、口舌生疮、舌红少苔、脉细数等阴虚内热表现者，常配伍玄参、丹参、五味子、麦冬、天冬、柏子仁、酸枣仁、生地黄等清心凉血养阴之品，代表方剂为天王补心丹。对于肺阴不足之干咳无痰或痰少而黏、五心烦热、颧红盗汗、口咽干燥等症者，李培常用南沙参、北沙参、玉竹、麦冬、桑叶、天花粉等养阴清热之品，以沙参麦冬汤为代表；若口渴引饮，脉浮数而右脉大者，则加用浙贝母、栀子、梨皮、淡豆豉等物以增强散邪润燥之力，如桑杏汤；若咽喉肿痛尤甚，或伴发热者，可重用生地黄、玄参，并配伍牡丹皮、白芍等凉血护阴之物，如养阴清肺汤；若气喘显著，伴见痰中带血、午后潮热、舌红少苔、脉沉细数者，呈现肺虚及肾，虚火上炎之候，法当金水并调，可配伍熟地黄、百合、知母、白芍等滋养肺肾、清热养血之品，如百合固金汤。对于肠燥津枯，无水行舟之大便干结难解、口干口臭者，可选用百合、知母，滋肺助降以润肠腑，又可重用玄参、麦冬、生地黄等物，养阴之品作泻剂。

肝阴血不足常表现为眩晕耳鸣、面白无华、爪甲不荣、夜寐多梦、视力减退或成雀目，或肢体麻木、关节拘急不利、手足震颤、肌肉瞤动等证候，妇女常见月经量少、色淡，甚则经闭，舌淡苔白，脉弦细。治法当以滋阴养血为主，常用生地黄、麦冬、北沙参、枸杞子、白芍、木瓜、酸枣仁等药物，如补肝汤、一贯煎等。肾阴虚常表现为头晕耳鸣、腰膝酸痛、失眠多梦、潮热盗汗、五心烦热、咽干颧红、舌红少津、脉细数，兼见男子遗精、女子经少或经闭等。治法当以滋补肾阴为主，常用山茱萸、山药、熟地黄、生地黄、牡丹皮、泽泻、知母、女贞子、墨旱莲等药物，如六味地黄丸、知柏地黄丸、二至丸等。临证时，由于肝阴血虚、肾阴虚的临床表现常相互重叠，无明显界限，故合称肝肾阴虚，治疗时需肝肾兼顾。李培善用滋水涵木或滋水清肝之法，代表方有加味一贯煎、加减滋水清肝饮等，常用药物有生地黄/熟地黄、山茱萸、山药、泽泻、菊花、枸杞子、知母、柴胡、白芍/赤芍、牡丹皮、栀子、当归、茯苓、炒白术、酸枣仁、黄精、制首乌等。

关于脾胃阴虚的认识，历来争议不断。脾阴学说，自金元朱丹溪提出"脾土之阴受伤，转输之官失职"之论以来，下迄明清诸家名贤，代有阐发，基本形成了一套完整的理论体系。然清代叶天士提出"胃阴学说"以后，近世之人论治脾胃多从叶氏新说，而以胃阴统脾阴，造成理论上的混淆。吴鞠通针对上述时弊，明确指出："脾胃之病，有伤脾阳，有伤脾阴，有伤胃阳，有伤胃阴，有两伤脾胃……彼此混淆。治不中窾，贻害无穷。"（《温病条辨》）虽脾胃并称后天之本，然脾与胃一脏一腑，一阴一阳，一里一表，生理功能有别，故作为物质基础之脾阴、胃阴自当不同。李培认为，脾阴、胃阴当分而论之。

脾阴为脾本脏之阴精，是构成和滋养脾本身之一切阴液，包括营血、津液、脂膏之类精微物质，系水谷精微所化生。《灵枢·本神》云："脾藏营。"《素问·平人气象论》曰："藏真濡于脾。"朱丹溪谓："脾具坤静之德，而有乾健之运。"脾居中宫，执中央以运四旁，即赖此脾阴以濡养其他脏腑、四肢百骸，故有"阴主濡之"一说。脾阴充足，则能润肺金，充心血，养肝木，滋肾水。张锡纯有云："脾阴足自能灌溉诸脏腑。"此之谓也。

胃阴乃胃中津液，用以濡润食物，腐熟水谷。故高鼓峰言："胃阴充足则思食。"唐容川言："胃……津液尤是融化水谷之本。"沈尧封云："卫气即津液也。"因此胃阴又可视为卫之化源。此外，胃阴充足，能养心旺神，正如《素问·六节藏象论》所说："五味入口，藏于肠胃，胃有所藏，津液相成，神乃自生。"胃阴亦能利冲脉，润宗脉，故有滋养血海胞宫，濡养九窍作用。

由此，李培总结，从生理功能而言，脾胃之阴有别：脾阴侧重营血，乃阴中之阴；胃阴侧重津气，为阴中之阳。

既然脾胃之阴有别，故脾胃阴虚病机亦不相同。脾阴虚多由情志内伤，劳心思虑过度，营阴暗耗所致。如王泰林云："思虑伤脾之营。"秦景明谓："意外思虑，失饱伤饥，脾土真阴受伤，中州之冲和有损。"张路玉亦云："此本平时思虑伤脾，脾阴受困。"可见，诸家论述均言明，思虑过度是脾阴虚的主要原因。此外，饮食失节，既可伤脾阳，又可伤脾阴。风、火、暑、湿、燥、火六淫外侵，亦能消烁真阴，导致脾阴亏损。

胃阴虚多由热邪燥劫所致，以温热病之中、末期较常见。《素问·厥论》云："阳气入则胃不和，胃不和则精气竭，精气竭则不营其四肢也。"叶天士更明确指出："热邪不燥胃津，必耗肾液。"又说："汗则耗气伤阳，胃汁大受劫炼，变病由此甚多。"除热邪燥劫以外，过饥过饱或恣食辛辣香燥之物，情志过度，常动肝火，或误用辛温燥烈劫液烁阴之品，或久病耗竭阴津，均可导致胃阴亏虚，胃汁枯竭。

脾胃主纳食运化，阴主濡之，故脾胃阴虚可共见纳运不良，津枯肠燥所致大便干结，咽干烦渴，肌燥焦热，舌红少津，无苔或少苔，脉细数等症。其异者，因运化属脾，脾阴主要为营阴，故脾阴虚除本脏受伤，有上述共同证候外，其特点为不思食，且多见他脏失却濡养之症。如心脾阴虚，可兼见头晕不寐、心悸怔忡、虚怯无华；肺脾阴虚，清金失润，可兼见干咳少痰、咽燥咳红、潮热气喘；肝脾阴虚，木少滋荣，可兼见两目干涩、视物昏眩、胁痛烦躁；脾肾阴虚，阴不敛阳，可兼见五心烦热、潮热盗汗、多梦遗精、腰酸消渴；若脾阴虚而胃火旺，则可兼见渴饮嘈杂、消谷善饥。由于纳食属胃，胃阴主要为津液，故胃阴虚者，除本腑受伤，具有上述共同证候外，其特点为不纳食，且多见胃中灼热嘈杂，干呕呃逆，渴欲冷饮等症。由于肺津、胃阴、肾液三者相互依存，而又以胃阴为枢机，故胃阴虚者，可上损肺津，下耗肾液，兼见干咳少痰，或痰带血丝，甚则肺痿，或烦热颧赤，失眠多梦等症。至于脾胃阴虚并见者，临床症状则两者兼而有之。

　　李培指出，因脾胃阴虚病机有别，故遣方用药各有侧重。养胃阴之法，叶天士论之甚详。叶氏有云："脾宜升则健，胃宜降则和，太阴湿土，得阳始运，阳明燥土，得阴自安。以脾喜刚燥，胃喜柔润也。……所谓胃宜降则和者，非用辛开苦降，亦非苦寒下夺，以损胃气，不过甘平或甘凉濡润以养胃阴，则津液来复，使之通降而已矣。""舌绛而光亮，胃阴亡也，急用甘凉濡润之品。""若斑出而热不解者，主以甘寒。"（按斑属阳明）"病减后余热，只甘寒清养胃阴足矣。"有兼证者，叶氏认为肺胃阴虚应当"益胃阴以供肺"；胃肾阴虚则应依据"上下交损，当治其中"的原则，"法当养胃之阴，必得多纳谷食，乃治损之要着"。叶氏所创养胃汤，以及吴鞠通在此基础上创制的沙参麦冬汤、益胃汤、五汁饮诸方，均取法甘寒或甘凉，堪称养胃阴良剂。脾阴虚治法，各家之说不一；有主张甘寒者，如缪希雍；有主张淡以养脾者，如张锡纯；唐容川则认为"宜补脾者，虽石膏知母，及能开胃"；亦有提出以酸寒之白芍补脾阴者，如《本草要义》。其实，治脾阴之法早在《黄帝内经》已有明训。《素问·五脏生成》中"脾欲甘"、《素问·刺法论》中"欲令脾实，宜甘宜淡"，即指明补脾宜以甘味为主，养脾阴需甘淡平之品。吴澄殊有卓识，创中和理阴阳、理脾阴正方等剂（见《不居集》），以山药、茯苓、扁豆、石斛、莲肉、粳米等甘淡之品平补脾阴，深得《黄帝内经》要旨。证之临床，确有良效。阴虚无骤补之法，补脾阴不能急切图功，病情好转后，可改用药粥之类缓慢调治，如《医学衷中参西录》之薯蓣粥、珠玉二宝粥（薏苡仁、山药）均可选用。若兼见他脏证候者，仍当以补脾阴为主，适当兼治，慎勿舍本逐末。陈修园谓："脾为太阴，乃三阴之长，故治阴虚者，当以滋阴为主，脾阴足，自能灌溉诸脏腑也。"洵为有见之论。此外，基于阴阳互根之理，于补脾阴药中加入人参（或党参、太子参）一味，以益脾气，则阳生阴长，阴亏更易恢复。至于《慎斋遗书》在滋脾阴中反佐炮姜，《丹溪心法》则佐以柴胡升提，均为权宜之法。

　　李培总结，脾阴与胃阴，泾渭分明，补脾阴、养胃阴切忌混淆，养胃阴宜甘寒凉润，滋脾阴宜甘淡平补，此乃正法也。

　　李培将固护阴液、治疗阴虚兼夹证候的相关方法归纳如表9。

表 9　阴虚及兼夹证候治法总结

	治法名称	证型	病机	证候特点	代表药物	代表方剂	配伍特点	治法要点
滋养单一脏腑之阴	滋阴润肺法	肺阴虚或兼胃阴虚、肾阴虚	肺阴亏虚，化燥生热，灼伤血络，损及胃肾	干咳少痰，或痰中带血，口咽干燥，潮热盗汗，失眠多梦；烦渴引饮，嘈杂易饥；男子遗精，女子月经不调，舌红少苔，脉细数	天冬、麦冬、阿胶，生地黄，山药，石斛，玉竹，知母，地骨皮，玄参，白薇，百合，紫菀，款冬花，川贝母，白及，三七，血余炭等	月华丸（《医学心悟》）、麦门冬汤（《金匮要略》）	滋阴补肺清热为主，止咳化痰止血为辅	治疗肺阴虚常兼顾脾肾阴亏，遣方用药需依据症状、舌脉，适当配伍
	滋养胃阴法	胃阴不足或兼虚热、湿热	温热病后期，或久服温热之剂，或嗜食辛辣之品，耗伤胃津；或平素胃阴亏虚，虚火内生；或斡旋失司，湿热内蕴	口干，口渴，咽燥，胃中灼热，或伴舌苔干燥，口舌生疮，龋齿，口臭；或伴苔黄，黄厚腻	南/北沙参，石斛，玉竹，生地黄，玄参，知母，藕汁，梨汁，西洋参，荷叶，竹梗，知母，白豆蔻，藿香等	五汁饮（《温病条辨》）、益胃汤（《温病条辨》）、王氏清暑益气汤（《温热经纬》）、甘露消毒丹（《医效秘传》）	甘凉养阴，辅以清热除湿，资胃体，助斡旋	阴虚为甚，当以重剂养阴，摒除内生之邪，兼顾气机升降

续表

治法名称	证型	病机	证候特点	代表药物	代表方剂	配伍特点	治法要点
滋养脾阴法	脾阴虚	饮食不节，积郁忧思，内伤劳倦，以致郁热内生，虚火妄动，消烁阴津，暗伤精血，损及脾阴	食后腹胀，手足心热，口干而不欲饮，烦热，肌肉消瘦，舌淡少苔，脉细或细数等	莲子、薏苡仁、山药、白扁豆、芡实、白术、茯苓、黄精、人参、石斛、南沙参、麦冬等	参苓白术散（《太平惠民和剂局方》）、脾劳方（《苍生司命》）、滋脾饮（娄延昌）	养脾阴合以助脾运	以甘淡之品养阴益气，健脾助运，内热得去，诸症自除
滋养心阴法	心阴血不足	劳神过度，久病热病，耗伤心阴，心失所养，虚热内扰	心悸，失眠，健忘，多梦，兼见口燥，咽干，舌红，心烦，脉细数等	生地黄、熟地黄、阿胶、麦冬、酸枣仁、玄参、柏子仁等	天王补心丹（《校注妇人良方》）、补心汤（《寿世保元》）	滋阴补血配以养心安神，标本兼顾	阴血不足，心神不安，当以补养心之阴血为要，佐以安神之法

滋养单一脏腑之阴

续表

治法名称	证型	病机	证候特点	代表药物	代表方剂	配伍特点	治法要点
滋养肝阴法	肝阴虚	肝阴不足，阴虚阳亢	眩晕，头痛，胁痛，脉弦细数等	菟丝子、枸杞子、酸枣仁、沙苑子、白芍、当归、生地黄、乌梅、五味子、麻、芝、木瓜等	涵木养营汤（《谦斋医学讲稿》）	补肝血与敛肝阴相伍	补、养、滋、敛四法均为肝阴不足的重要治法；"肝主藏血，虚则宜用滋润补养，故曰补，曰养，曰滋"，"血虚阳潜化，风上扰，在滋养中佐以酸收，使阴充则阳自敛，风自息，故曰敛"

滋养单一脏腑之阴

续表

	治法名称	证型	病机	证候特点	代表药物	代表方剂	配伍特点	治法要点
滋养单一脏腑之阴	滋养肾阴法	肾阴不足	房事不节，久病及肾，元阴亏损，精关不固，相火亢盛	阳强易举，遗精，腰痛，不孕，盗汗，失眠，耳鸣，眩晕，脉细数等	熟地黄、制首乌、墨旱莲、女贞子、枸杞子、龟板、猪脊髓、牡丹皮、知母、黄柏等	左归饮（《景岳全书》）、河车大造丸（《医方集解》录吴球方）、知柏地黄丸（《医宗金鉴》）、大补阴丸（《丹溪心法》）	重用补肾滋阴填精之品，佐以清热降火之物	以补肾滋阴填精之法为基础，用苦寒泄降之物制其亢盛之阳，泻其虚火，即"壮水之主，以制阳光"
滋养多脏腑之阴	清养肺胃法	肺胃阴虚	温病后期，热病伤阴，或素体胃热炽盛，以致阴虚液亏；津亏，肺阴不足，子盗母气，伤及胃阴；其他脏腑伤及肺胃津液	口干咽燥，喜凉饮，消谷善饥，咳痰白沫，或痰少黏稠难咯，咳短气，喘，舌红少苔，脉细数	南沙参、北沙参、麦冬、糯米、地黄、冰糖、玉竹、天花粉等	沙参麦冬汤（《温病条辨》）、五汁饮（《温病条辨》）	甘凉濡润，肺胃兼顾，养阴不滞腻	清养肺胃之阴，当以甘寒甘凉为主，生津润燥

续表

治法名称	证型	病机	证候特点	代表药物	代表方剂	配伍特点	治法要点
滋养肺肾法	肺肾阴虚	肺阴不足，金不生水，可致肾阴亏耗；肾阴亏耗，不能上滋肺阴，则肺金燥热内生	咳血，失音，气喘，劳则加重，呼多吸少，两颧潮红如妆，滑精等	麦冬、天冬、熟地黄、山茱萸、山药、泽泻、牡丹皮、茯苓、五味子等	七味都气丸（《张氏医通》）	养肺阴与滋肾阴并行，金水相合	若肾阴不足，阴虚阳浮，肾不纳气，则以补肾阴为基础，佐以收敛虚火、摄纳肾气；若水泛为痰，则需要兼顾祛湿化痰之法
滋养肝肾法	肝肾阴虚	肾精亏虚，肝血失养；肝血不足，肾精失充	头晕耳鸣，腰膝酸软，视物模糊，或口燥咽干，两颧发赤，潮热盗汗，腰膝酸软，阳强梦遗，或妇人月经先期，舌红少苔，弦细数等	熟地黄、菟丝子、车前子、知母、黄柏、牡丹皮、地骨皮、胡黄连、龟板、牡蛎、鳖甲、虎骨、牛膝、锁阳等	驻景丸（《太平圣惠方》）、两地汤（《傅青主女科》）、清骨散（《证治准绳》）、健步虎潜丸（《伤科补要》）	滋阴、降火、潜阳、强骨相须为用	若单纯滋阴，不降其火，则猖獗之势难以控制；只降虚火，不滋其阴，则热势虽能暂缓，而后必将复升。唯滋阴潜阳两者配合，以滋阴清热为基础，佐潜阳清热、强筋壮骨之法，方可收到相得益彰之效

滋养多脏腑之阴

续表

治法名称	证型	病机	证候特点	代表药物	代表方剂	配伍特点	治法要点
滋养多脏腑之阴 交通心肾法	心肾不足	水火不济，肾不交	心烦失眠，心悸不安，眩晕，耳鸣，健忘，五心烦热，咽干口燥，腰膝酸软，遗精带下，舌红，脉细数等	熟地黄、山茱萸、人参、当归、白芥子、枣仁、麦冬、肉桂、黄连、阿胶、白芍等	心肾两交汤（《辨证录》）、黄连阿胶汤（《伤寒论》）、交泰丸（《万病回春》）	补肾之中益以补心之物，心肾两有余资，主客相得益彰	治宜交通心肾，水火互济，则病庶得解
阴虚兼证并治 滋阴解表法	阴液不足兼有表证	阴液不足，复感外邪，不能作汗达邪；亦有阴伤化热	头痛发热，微恶风寒，无汗或少汗，伴见干咳，心烦口渴，舌苔薄干，或舌光赤，脉细数等	玉竹、生地黄、熟地黄、麦冬、葱白、淡豆豉、葛根等	加减葳蕤汤（《通俗伤寒论》）、七味葱白饮（《外台秘要》）	甘凉养阴配伍辛散解表	养阴以充汗源，发汗透邪以解外邪；养阴发汗两全，以达解表而不伤其正，发汗而不伤阴之效

续表

治法名称	证型	病机	证候特点	代表药物	代表方剂	配伍特点	治法要点
滋阴退热法	阴虚发热	肝肾阴虚，阴不制阳，虚火亢盛	肌骨之间蒸蒸发热	鳖甲、生地黄、知母、柴胡、银柴胡、白薇、青蒿等	清骨散（《证治准绳》）	滋阴清热，散肝胆之火于表	阴虚发热虽以肝肾为主，然他脏阴虚亦可见之，亦可出于心、脾、肺阴虚。使用此法时需要分清楚虚在何脏，有无兼证，遂分别选方择药
滋阴降火法	真阴亏损，阴虚火旺	肾阴不足，阴不制阳，相火妄动	强中、遗精、心烦失眠、口干咽燥、口舌糜烂、目赤耳鸣、舌红、脉细数	生地黄、熟地黄、山芍、麦冬、茱萸、山药、知母、丹皮、黄柏等	知柏地黄汤（《医宗金鉴》）、滋阴降火汤（《杂病源流犀烛》）	补养肾阴佐以清泻虚火，补中寓泻	滋养其不足之阴，直折其过亢虚火，"壮水之主，以制阳光"，真阴得固，相火得效

（左侧纵标：阴虚兼证并治）

续表

	治法名称	证型	病机	证候特点	代表药物	代表方剂	配伍特点	治法要点
	滋阴凉血法	热入血分	血热阴伤，耗血动血，血滞成瘀	口干，舌绛起刺，脉细而数；甚见发斑、出血，便血等	犀角（代用品）、生地黄、赤芍、白芍、牡丹皮等	犀角地黄汤（《千金要方》）	凉血与活血散瘀并用，热清血宁而无耗动血；凉血止血而不留瘀	不滋其阴则火不灭，不清其热则血不宁，不散其瘀则血止血则瘀血停留；养阴凉血散瘀为之法，以消除出血之因，以滋其阴伤之本，以杜绝瘀血之患
阴虚兼证并治	养阴通络法	阴虚痹证	邪犯经络，久则化热，热伤阴液，关节失养	关节疼痛，昼轻夜重，得热则甚，皮肤干燥，唇舌俱红，脉细数	生地黄、麦冬、玄参、石斛、知母、石膏、勺、天花粉、桑枝、川牛膝、忍冬藤、钩藤、决明子、海桐皮、当归、生甘草等；痛甚加乳香、没药	滋阴养液汤（吴恒平经验方）、甘寒通络饮（《滋阴论》）	养阴之品配伍通络之物，朴而不滞，通而不耗	痹已化热，切忌温补，否则伤津愈甚，其症更甚，宜甘寒之品，佐以通络之属，以清热复津、通痹

续表

治法名称	证型	病机	证候特点	代表药物	代表方剂	配伍特点	治法要点
养阴利湿法 阴虚兼证并治	阴虚夹湿	本有阴虚，复感湿热，阴亏液耗为甚，或伤寒之邪，传入阳明或少阳化热，与水搏结热伤阴液	小便不利，或涩痛点滴而出，口渴引饮，心烦不眠，或少腹胀满作痛，舌红苔白或微黄，脉细数	猪苓、茯苓、泽泻、阿胶、滑石等	猪苓汤（《伤寒论》）	养阴利湿兼顾，利水不伤阴，滋阴不碍湿	若纯以利湿，则恐伤阴，单一清热，则湿滞不去；养阴利湿法，取其两相兼顾，使其水湿去则热消，阴液复则烦除，实为安帖。本法专为阴虚湿热而设，若无阴虚内湿，而征象时，又非本法所宜。盖滋阴之品，多滋腻厚味，易恋浊湿

续表

	治法名称	证型	病机	证候特点	代表药物	代表方剂	配伍特点	治法要点
阴虚兼证并治	滋阴润燥法	阴虚失润	燥胜则干：外燥袭表，损及肺卫；燥生干内，脏腑失濡；凉燥损阴，温燥耗阴	在上者，干咳痰少黏稠，甚则咽喉燥痛，咳血咯血；在中者，易饥烦渴，甚则嗳膈；在下者，消渴咽干，津枯便秘；在外者，发热，头痛，皮肤干涩	生地黄、熟地黄、麦冬、天冬、天花粉、牛蒡子、白芍、当归、百合、桑叶、薄荷、菊花、芦根、南沙参、北沙参等	养阴清肺汤（《重楼玉钥》）、百合固金汤（《周慎斋遗书》）、益胃汤（《温病条辨》）、麦门冬汤（《金匮要略》）、六味地黄丸（《小儿药证直诀》）、增液汤（《温病条辨》）、杏苏散（《温病条辨》）、桑杏汤（《温病条辨》）	重剂养阴，调和气血；清宣清润并用	凉燥者，"治以苦温，佐以甘辛，正为合拍"；温燥者，"以辛凉甘润之方，气燥自平而愈"。总以润燥、生津、养阴、清润为原则，依据津伤程度和发病部位，灵活配伍应用

续表

治法名称	证型	病机	证候特点	代表药物	代表方剂	配伍特点	治法要点
滋阴润肠法	阴血虚弱	年老阴气自半，津液日亏，或产后失血，血虚津少，以致津枯肠燥，无水行舟	大便秘结难解，口渴引饮，舌燥少津，脉细涩	桃仁、甜杏仁、苦杏仁、柏子仁、松子仁、郁李仁、火麻仁、当归、枳壳/枳实、陈皮、瓜蒌仁等	五仁丸（《世医得效方》）、润肠丸（《沈氏尊生方》）	润下行气相合，润燥滑肠为用	此类便秘，切忌攻猛，免伤阴液，否则变证丛生。"老人、虚人津液少而秘者宜峻药逐之，则津液走，气血耗，虽暂通而即秘矣，必变他证。"方中有桃仁者，孕妇慎用

阴虚兼证并治

续表

治法名称	证型	病机	证候特点	代表药物	代表方剂	配伍特点	治法要点
养阴柔肝法	肝阴不足，阴血亏虚	阴血亏虚，肝体失养，肝气不舒，肝用失常	头晕目眩，烦躁易怒等，脉弦细数	川芎、当归、人参、知母、防风、柴胡、白芍、山茱萸、山药等	补肝汤（《医宗金鉴》）、滋水清肝饮（《医宗己任编》）	益气养血并行，疏肝滋阴并进；补肝体，助肝用	肝为刚脏，体阴而用阳，其性苦急。刚则以柔克之，急宜甘以缓之，养阴能滋其体，柔其刚，顺其性，其证可除
养阴疏肝法	阴虚肝郁	肝阴不足，郁而不舒	咽干口燥，舌赤乏津，脉弦细，胸胁疼痛，胸腹胀满等	北沙参、麦冬、当归、生地黄、枸杞子、川楝子等	一贯煎（《柳洲医话》）	补肝疏肝相合，以补为主，肝体得养，而无滋腻碍胃遏滞气机之虞，且无伤肝，以复阴血受伤之阴，俾阴血充盈，及阴血之弊	忌用辛温香燥之品，否则气郁愈伤，气郁愈甚，胁助疼痛愈剧。唯以养阴柔肝，以复其受伤之阴，俾阴能涵盈，则阴血则养，阴体柔和，肝木柔和

阴虚兼证并治

续表

治法名称	证型	病机	证候特点	代表药物	代表方剂	配伍特点	治法要点
滋阴潜阳法	阴虚阳亢	肝肾阴虚，水不涵木，阴不制阳，肝阳上亢；阴虚为本，阳亢为标	头晕头痛，耳鸣耳聋，心烦易怒，面部烘热，肢节颤摇，失眠多梦，口燥咽干，脉弦而细，舌红苔黄	生地黄、白芍、龟板、玄参、天冬、牡蛎、龙骨等	镇肝息风汤（《医学衷中参西录》）、滋生清阳汤（《谦斋医学讲稿》）	滋阴与潜阳相配，标本兼顾	滋其阴虚之本，制其阴亢之标，阴平阳秘，阴虚阳亢自然平息
滋阴息风法	阴虚风动	温热病晚期，阴液耗伤，体失于阴血濡养，虚风内动	筋脉拘急，手足颤动，口燥唇焦，舌绛少苔，脉细数	阿胶、生地黄、麦冬、鸡子黄、白芍、龟板、鳖甲、牡蛎、钩藤、茯神等	阿胶鸡子黄汤（《通俗伤寒论》）、大/小定风珠（《温病条辨》）	养阴与息风相配	以滋阴养液为主，佐以潜阳，熄息风之中，寓息风于滋养之中，使真阴得复，浮阳得潜，则虚风自息

阴虚兼证并治

②升降相宜，以应脏腑：

肝用宜泄，胃腑宜通：仲景的"通腑"之法，多在胃气壅滞较甚时使用，如大柴胡汤，用枳实、芍药、大黄以泻热破滞。叶天士进一步丰富"通腑"之内涵，可细分为以下纲目：其一，疏肝醒胃法。情志不遂者，因肝气郁结，木不疏土，中土运化功能减弱，湿滞内生，郁而化热，常出现气攻胁胀、痞满呕恶、不思纳谷。叶氏提出"醒胃必先制肝"，故常用川楝子、延胡索理气，桑叶清气热，牡丹皮泄血热，使肝气之郁得解，郁热得消。然后用陈皮、半夏、白豆蔻等化湿醒胃。如《临证指南医案·木乘土门》说："某，肝厥犯胃入膈。（肝胃）半夏、姜汁、杏仁、瓜蒌皮、金铃子、延胡、香豆豉、白蔻。"其二，通胃平肝法。叶氏认为"肝主升，胃主降"，肝气条达有赖于胃气的通降，胃之通降亦赖于肝之疏泄，二者通泄互用，升降相因。若肝胃气逆，在平肝的同时必须通其胃腑，腑气通行降泄，则可平肝之亢逆，气机运行复常。如《临证指南医案·木乘土门》治唐某劳积内伤案，症见脘闷胁胀，呕吐格拒，眩晕不得卧。叶氏辨为阳夹内风暴张，恐其突然厥逆，议通胃平肝法，遂拟黄连、川楝之苦，干姜、半夏之辛，辛苦相和，能降能通，畅行胃腑，白芍、牡蛎酸咸以平肝，遏制肝木过升之势，便无暴张之虞，也合乎仲景"肝病实脾"之旨。其三，通阳泄浊法。此法适用于肝寒胃冷，阴浊内聚，四肢厥冷，口吐涎沫，头痛干呕，或胃脘痛，常用吴茱萸汤合金铃子散加减。若清浊逆乱，脘腹胀满，时作疼痛，厚朴温中汤加减。叶氏云："舌白恶心，涎沫泛溢，病在肝胃，以通阳泄浊，太阴脾阳为寒痰浊气凝聚，辛温定法。"

升降相宜：仲景针对气机升降失常的方药主要有二，一为肝寒胃逆之吴茱萸汤，二为痰饮夹肝气上逆之旋覆代赭汤。后世调和肝脾时重视气机升降的医家有黄元御和张锡纯，二人均认为脾胃中宫乃一身气机之枢纽，脾气上行则肝气随之上升，胃气下行则胆火随之下降。"脾以太阴而抱阳气，故温升而化木火；胃以阳明化含阴精，故清降而生金水。"若升者反陷，降者逆行，则百病丛生。黄氏认为："大抵杂证百出，非源肺胃之逆，则因肝脾之陷。"以黄氏之见，肝之郁陷，首先由于脾陷；胆之逆升，首先由于胃逆。因此，其立论中心不离脾胃，而论脾胃，又始终围绕"虚"与"寒"二字。黄氏论肝气郁陷，喜用"土湿木郁"来解释病理，而土湿之故，或因"汗泄脾阳，己土湿陷"，或因"水寒土湿"，或因

"寒水侮土"。总而言之，寒湿伤及脾阳，则脾气不升，肝木因之郁而不达。至于胃逆，常重责"胃虚"："寒湿偏旺，气化停滞，枢机不运，升降反常，此脾陷胃逆之根也，安有中气健运而胃逆者哉。"因而得出"甲木之升，缘胃气之逆；胃气之逆，缘中气之虚"的结论。故黄氏治疗肝陷，必须温脾燥湿；治疗胆逆，必须温胃益气。他据此理论选择药物，补土燥湿善用白术，"肺胃不开，加半夏、生姜以驱浊；肝脾不达，加砂仁、桂枝以宣郁"。其疏肝则喜用桂枝、川芎等药，能达肝郁、升清阳，对肝气抑郁，脾阳不升者尤宜。

李培提出，黄氏用药偏于温燥，而张氏思想则较为折中公允。张氏依据《黄帝内经》"厥阴不治，求之阳明""调其中气，使之和平"和仲景"见肝之病，知肝传脾，当先实脾"的论述，确立调理肝脾从脾胃入手之法："欲治肝者，原当升脾降胃，培养中宫，俾中宫气化敦厚，以听肝木之自理。即有时少用理肝之药，亦不过为调理脾胃剂中辅助之品。"张氏升脾降胃用药，皆有法度，注意升不太过，降不太猛。其升药不喜取升麻、柴胡，认为升散之品，常用有"伤气耗血，且又暗伤肾水，以损肝木之根"之弊。其升肝常用一味生麦芽，"陈修园谓麦芽生用，能升发肝气，可谓特识。盖人之元气，根基于肾，萌芽于肝，培养于脾，积贮于胸中为大气以斡旋全身。麦芽为谷之萌芽，与肝同气相求，故能入肝经，以条达肝气。"张氏亦常用黄芪，谓"黄芪性温而能升，而脏腑之中禀温升之性者，肝木也，是以各脏腑气虚黄芪皆能补之"。其用降胃气之药，师法旋覆代赭汤，喜用代赭石，其应用可归纳为两个字，一在功效上体现一个"镇"字，二在用量上突出一个"重"字。张氏认为"赭石，色赤，性微凉，其质重坠，善镇逆气"，尤以"镇胃气冲气上逆"为主，"且性甚和平，虽降逆，而不伤正"。他所创镇逆汤、参赭培气汤、参赭镇气汤、清降汤、保元清降汤、温降汤、寒降汤、保元寒降汤诸方，皆有代赭石作为降逆安冲的主要药物，治吐衄、呕呃、便结、咳喘、癫痫诸症，皆应用之，效如桴鼓。对桂枝的运用，张氏亦有心得，谓"桂枝力善宣通，能升大气，降逆气，散邪气"，"既能升陷，又善降逆"，"升脾兼以降胃"。

5. 调和气血，疏通经络

自仲景创当归芍药散，后世调和肝脾气血兼顾的名方辈出，代表方之一便是宋代《太平惠民和剂局方》之逍遥散。其气分之药有柴胡、白术、茯苓、甘草；

柴胡疏解肝气之郁结，术、苓、草健脾益气。血分之药有白芍、当归：白芍阴柔滋肝，当归养血活血。方治气郁血虚之证。若肝郁化热，加入栀子泻气分之火，牡丹皮泄血分之热，名曰丹栀逍遥散。若血虚较甚，加熟地黄滋阴补血，名曰黑逍遥散。外解少阳之邪，内补气血则有柴胡四物汤及柴胡六合汤等，基本为小柴胡汤合四物汤加减。李培治疗妇科杂病，运用调和气血之剂颇多，尤其推崇《傅青主女科》所创方剂，其从肝脾气血入手，治疗经带胎产各方面的疾患。如"经病老年经水复行"篇中，傅氏认为"经不宜行而行者，乃肝不藏、脾不统之故也"，治法则"非大补肝脾之气与血，而血安能骤止"，方用安志汤。安志汤有参、芪、术补脾气，熟地黄、山萸肉补肝肾，当归、阿胶养血，香附疏肝理气。此方既补脾养血，又补肝肾，疏肝气，使肝、脾、肾三者取得平衡，发挥其藏统作用，以止崩血，而不是一味用炭类药止血。这是傅氏用药特点之一。傅氏尚创立生化汤系列治疗产后瘀血。生化汤原方用当归、川芎、桃仁化瘀，炮姜、炙甘草益气温中。其加减方则包括健脾消食生化汤、健脾利水生化汤、参苓生化汤、加减生化汤、生化六和汤、加味生化汤等。李培指出，治痢须从气血入手，"行血则便脓自愈，调气则后重自除"，常用从黄芩汤发展而来的系列治痢方剂。如芍药汤（《素问病机气宜保命集》），组成药物有白芍（或赤芍）、当归、黄芩、黄连、大黄、肉桂、槟榔、木香、炙甘草。方中重用白芍养血和营、缓急止痛，配以当归养血活血，且可兼顾湿热邪毒熏灼肠络，伤耗阴血之虑；木香、槟榔行气导滞。黄芩、黄连苦寒燥湿，大黄苦寒沉降，则清热燥湿之功著，其湿热积滞亦可从大便而去，体现"通因通用"之法。方以少量肉桂，其辛热温通之性，既可助归、芍行血和营，又可防呕逆拒药。炙甘草和中调药。全方极好地体现了气血并治的治痢方针。另有导气汤（《素问病机气宜保命集》）、黄芩芍药汤（《活法机要》）、苍术芍药汤（《活法机要》）、芍药黄连汤（《活法机要》）、芩连芍药汤（《杂病源流犀烛》）、倪涵初治痢第一方（《杂病源流犀烛》）、倪涵初治痢第二方（《杂病源流犀烛》）、倪涵初治痢第三方（《杂病源流犀烛》）等，皆为肝脾同调，气血共治之剂。

6. 除湿化痰多样化

《六因条辨·伤温辨论》有言："卑隘之土，易于聚湿。"湿邪是脾胃疾病的常见病理因素。湿邪犯体，脾土先困；脾胃内伤，湿浊内聚。肝脾不和亦可兼夹湿邪。然湿性黏滞重浊，汇聚脏腑经络，缠绵不化，阻碍气机，升降无权，肝郁脾虚更甚，以致气血运行不畅，肢体百骸失养，脏腑功能失常。可见湿邪对于肝脾相关疾病的发生发展，乃至全身疾病的转归预后，均具有重要意义。由此，李培临证时尤其注意对湿邪的辨治，依据自身临床经验，确立化湿、利湿、燥湿、逐湿为除湿法四纲，进而丰富湿邪辨治之内涵。

（1）化湿法

化湿分为芳香化湿、祛风胜湿两种。芳香化湿法用于湿阻上中二焦时。因湿邪壅遏上中气分，非香燥之剂不能破也，上中气机一得宽畅，湿邪不克自化。轻者可取竹茹/姜竹茹、厚朴花、玫瑰花等，质轻性扬，均能理气开郁化湿。稍重则用砂仁、白豆蔻以化湿醒脾，行气宽中，再用藿香、佩兰、苏叶，用叶取轻清芳化，用梗取走中而不走外，芳而不猛烈，温煦而不燥热，能祛除阴霾湿邪而助脾胃之气。其中佩兰又为治脾瘅要药，除陈腐，辟秽浊。辅以开胃化浊和中之石菖蒲，辛温燥湿之半夏、陈皮，适用于痰湿内阻，寒热互结所致之胸闷、呕恶。李培常用方有温胆汤、藿朴夏苓汤、藿香正气散、五叶芦根汤等。

祛风胜湿法多用于风湿之邪在表，见一身尽痛，或手足太阳经为风湿之邪所袭，见头痛、项似拔、腰似折、腿痛等证候。李培探究《黄帝内经》"风胜湿"之思想，深得东垣理论之精髓，提倡以"风药"辛散之性祛除在表、在上焦之湿。鉴于"风湿相搏也，以升阳发汗，渐渐发之"的原则，李培重用如羌活、独活、防风等风药胜湿。若湿邪在表（非仅在太阳经），一身尽痛者，则以风药配苍术、白术等以祛风散湿，使经气通畅。若经中有郁热，或湿邪化热，见身热者，加升麻；若湿邪上攻头目，加蔓荆子、川芎、藁本等，并视疼痛所在的部位或经络而加引经药；若兼见浑身肿，以面上尤甚者，合《金匮》麻黄加术汤；若病在冬季者，加麻黄；若兼有麻木者，加黄芪、陈皮等以行肺气；若兼有热邪在上焦者，加黄芩、栀子等；若下焦有湿热，见足膝无力沉重或腰腿疼痛者，加黄柏、知母、苍术等清热燥湿，并以柴胡为引。

（2）利湿法

《灵枢·营卫生会》言："上焦如雾，中焦如沤，下焦如渎。"《素问·阴阳应象大论》又云："在下者，引而竭之。"李培认为，湿邪在下，当用洁净府的方式，使湿邪从小便而去，正如《医学正传·湿证》所言："治湿不利小便，非其治也。"

若病以腰或腰以下为主，见腰沉痛、阴汗、阴痿、阴冷、腿膝沉重、两脚痿弱无力、痔瘘等证候，李培重用利水之品如泽泻、茯苓、猪苓、车前子、汉防己等。据《兰室秘藏·阴痿阴汗门》之言"夫前阴者，足厥阴肝之脉络，循阴器出其挺末"，故病在前阴，见阴汗、阴痿、阴冷、阴臭诸症者，李培常加柴胡为引经之用，若肝经热邪较重，更重用柴胡。若嗜食辛辣厚味，致湿热之邪流注下焦，加龙胆草；若下焦湿热，但以湿邪较重，可重用如泽泻、茯苓、猪苓、苍术等以渗利祛湿；若见腰痛如折、沉重如山，或膝中无力，伸而不能屈，屈而不能伸者，可重用酒防己，以利水通经；若下焦湿热，热邪为甚者，重用黄柏，配知母或生甘草（即"正气汤"之意），泻阴中之伏火以救肾水；若气虚，加黄芪、人参、炙甘草（即"保元汤"之意）；若痔瘘为患，重用风药如秦艽、防风等疏风止痛，以当归、桃仁、皂角仁、郁李仁等以和血润燥，并加大黄、槟榔、枳实等行气通腑。另外，风湿之证以湿邪为甚时，李培则以渗利之法为辅。李培常用方有龙胆泻肝汤、固真汤、秦艽苍术汤等。

（3）燥湿法

燥湿分为苦寒燥湿、苦温燥湿二法。苦具燥性，作用趋下，而寒能清热。苦寒燥湿法针对湿与热合，蕴蒸不化，胶着难解之候，如口苦口腻、嗳腐吞酸、身热不扬、便溺不爽、苔黄腻等；而苦温燥湿法则针对寒湿相合之证，主要用于外感风寒夹湿，或素体中虚，痰湿内聚所致胸闷呕吐、恶心、腹胀、大便溏薄、畏寒肢冷、苔白腻等证候。

李培强调，辨治湿热当有热重于湿、湿重于热、湿热并重之分。若湿已化热，邪热炽盛，则以清热为主，化湿为辅；若湿热搏结，不分伯仲，则需化湿、清热并进；若湿渐郁热，热势不彰，则重用化湿，稍佐泄热。李培综合上述思路治疗湿热之邪在经，营卫郁滞之疮疡，或湿热下注之下痢，或痰热蕴于胸膈之证。其组方特色是重用苦寒之品如黄芩、黄连、黄柏等，配苦温或甘温之药如半夏、苍术、白术等以清热燥湿。若疮疡为患，重用风药以疏风散结止痛，并配生地黄、当归、红花等药以凉血和血，连翘以清热散结；若血痢频并窘痛，加当归、白芍以和血止痛；若痰热蕴于胸膈，重用黄芩、半夏以清痰热，并加青皮、陈皮、枳壳等药以理胸膈之气。李培常用方有连朴饮、甘露消毒丹、柴平汤等。连朴饮有苦降辛开之功，使中焦湿化热清，清升浊降，胃气和调。甘露清毒丹利湿化浊，清热解毒，夏令暑湿之季用之最多。柴平汤为小柴胡汤合平胃散，方中小柴胡汤和解半表半里之热，平胃散之陈皮、厚朴、苍术燥湿运脾，行气和胃。

对于寒湿诸疾，李培主张温化、温燥。若寒湿源于外感，或外寒内湿相合，湿邪为甚，病于上中二焦者，以温化寒湿为主，常用藿香正气散或加味二陈平胃散；若素体阳虚，水湿不运，易感风寒，阴寒为甚，病及关节、脏腑者，以温燥寒湿为主，常用乌头汤、真武汤、乌头赤石脂丸等方。李培指出，无论外感、内伤，寒湿之根皆在脾土。太阴湿土，喜燥恶湿，唯有中阳振奋，运化强健，升降有权，水湿方能自化，正如《临证指南医案》所言"太阴湿土，得阳始运"。因此寒湿为患，急需温阳健脾。另外，湿邪内聚，留滞脏腑经络，阻碍气血运行，三焦水道不利，水湿伤正更甚。因此参以辛温、苦温理气健脾之物，辅脾运以杜水湿内生之源，助气行以利水液输布之道。《金匮要略·痰饮咳嗽病脉证并治》所说的"病痰饮者，当以温药和之"，其意义即在于此。

（4）逐湿法

逐湿法为诸多除湿治法中最强者，用于水湿内盛，阳气郁遏不得伸展，以致痰饮痼结，经久不愈者。依据作用趋势不同分为涌吐逐湿、攻下逐水二法。

李培指出，痰饮为水湿之凝，日久祛之不易，峻法有时尚能奏效，可参仲景之说。如《金匮要略·疟病脉证并治》所言"疟多寒者，名曰牡疟，蜀漆散主之"，为涌吐逐湿法之代表。此处"多寒"实非真寒，为阳气被痰所遏，不得外达于肌表，内伏于心所致，故有寒热往来且寒多于热之象。论治法，《金匮要略心典》曰："蜀漆能吐疟痰，痰去则伸而寒愈。"又因涌吐力猛，故以云母、龙骨缓蜀漆上越之猛势。本方使体内之顽痰一吐而泄，气机条达，病趋康复。《金匮要略·黄疸病脉证并治》曰："瓜蒂汤，治诸黄。"《本草求真》言瓜蒂因其"气味纯阴，专攻专涌泄"之性，故治疗"黄疸湿热诸症"。另外，《金匮要略·痰饮咳嗽病脉证并治》言"悬饮内痛"者，以"蠲饮破癖"之十枣汤主之，可为攻下逐水法之代表。本方既行经隧脏腑水湿，又攻胸胁癖饮，为攻破逐水之猛药，因恐伤正，配以大枣缓急扶正。又如留饮欲去之甘遂半夏汤证、肠间饮聚成实之己椒苈黄丸证等，皆以峻猛之剂逐水下行，邪去正复。

李培指出，涌吐逐湿、攻下逐水二法攻邪力强，仅于"急则治其标"，中病即止，不可久用，且强攻之后，正气必伤，须以黄芪、人参／党参、炒白术、茯苓、山药、白扁豆、莲子等物顾护之，使中焦复健，正气复原。

临证时，李培常依据患者具体情况，详辨水湿生成的各个环节，随证参用化湿、利湿、燥湿、逐湿四法。由于脾胃乃运化水湿之所，亦为水液输布之枢（水液随气机升降出入而散布全身），故李培强调，水湿为患必有脾胃失常，除湿化痰必及脾胃。

以西医之尿路感染为例。尿路感染属中医学"热淋"范畴，以尿频、尿急、尿痛或小便短赤、灼热、淋沥不尽为主要症状，湿热下注膀胱为其基本病机。李培依据多年临床经验发现，此类患者，尤其是病情缠绵、反复发作者，多有脾胃运化失常、湿热内蕴之状，表现为口苦口臭、口中黏腻、舌苔厚腻等证候，因此，治疗本病除清热利湿之外，尚须燥湿健脾、化湿和胃。李培自拟加减柴苓汤（柴胡、黄芩、法半夏、土茯苓、泽泻、滑石、金银花、连翘、夏枯草、金钱草、炙甘草、炒白术、陈皮、藿香）治之。

学术传承

川派中医药名家系列丛书

李 培

李培独立带教全国老中医药专家学术经验继承人 1 人，招收培养成都中医药大学博士、硕士研究生 20 余人，带教研究生 50 余人、本科生 200 余人、国外留学生 9 人、绵阳市中医高级研修班学员 14 人，培养了一大批优秀中医后继人才。

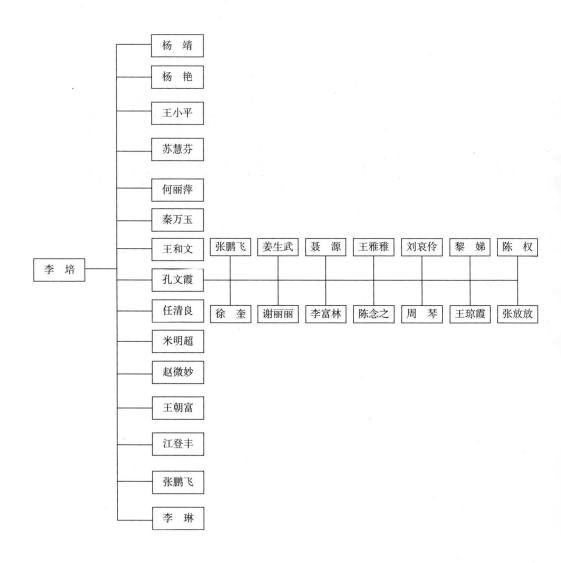

1. 孔文霞

孔文霞（1967 年 9 月—），女，中西医结合主任医师，硕士研究生导师，绵阳市名中医，第三批全国老中医药专家学术经验继承工作指导老师李培学术经验继承人。现任成都中医药大学附属绵阳医院李培全国名老中医药专家传承工作室负责人，绵阳市中医医院科教科科长。世界中医药学会联合会名医传承专业委员会第一届理事会常务理事，中国医师协会中西医结合医师分会消化病学专家委员会委员，中华中医药学会脾胃病分会委员，四川省中医药学会脾胃病专委会副主任委员，四川省中医药学会仲景学说专业委员会副主任委员，四川省中医药区域伦理审查委员会委员，绵阳中医学会中西医结合消化专委会委员，绵阳市医学会科研管理专业委员会委员，绵阳市中医药学会理事。她 20 余年来一直从事中西医结合诊治消化系统疾病的研究，注重名老中医学术思想和临床经验的传承，广取博采，融贯中西，具有较高的理论造诣，积累了丰富的临床经验；临床上中西互参，擅长治疗胃肠胆胰等消化系统疾病，形成了自己的诊治风格及专长。她主持和参与国家、省市级课题 10 余项，参与的课题"计量指标的因位性势表述研究"2009 年获四川省科技厅二等奖。她 2005 年参与编写《临床实用方剂手册》，由四川科学技术出版社出版；2007 年参与编写《走近中医数字时代》，由化学工业出版社出版；发表学术论文 10 余篇。作为授课及临床带教老师，孔文霞认真负责，严格带教，讲授"中医诊断学""西医诊断学""内经讲义""全科医师概论"等课程；带教本科生、进修生、研究生，指导临床实践，给予科研指导。孔文霞在脾胃病的临床医疗、教学、科研工作中取得了一定成就。

2. 苏慧芬

苏慧芬（1979 年 1 月—），女，绵阳市中医医院消化科主治医师，绵阳市中医药学会中西医结合消化专业委员会委员。苏慧芬 2006 年毕业于陕西中医学院（现陕西中医药大学）脾胃病专业，硕士研究生学历，工作以来主要从事消化专业的疾病诊治，先后两次在四川大学华西医院中西医结合科进修学习，并通过外出学习、培训，及时了解消化专业的新理论、新技术、新方法；曾多次在国家级期刊发表学术论文。她在工作中注重名老中医学术思想和临床经验的传承，有幸师承于李培主任医师；在业务工作中，擅长胃肠肝胆胰等消化系统疾病的诊治，尤其擅长中西医结合治疗重症急性胰腺炎。

3. 王小平

王小平（1984年10月—），男，毕业于湖南中医药大学，医学硕士，湖南中医药大学第一附属医院实习两年半，中南大学附属湘雅医院实习半年，跟师李培两年，从事临床医疗工作多年，擅长中西医结合诊治肝脏疾病。王小平参与省级、市级科研课题共3项，在国家级核心期刊发表学术论文1篇。

4. 杨靖

杨靖（1986年6月—），男，中西医结合主治医师，主管中药师，中药学博士。其现就职于绵阳市中医医院博士后创新实践基地，从事李培名中医学术思想研究工作。其主要学习工作经历如下：2004—2011年先后于四川大学、成都中医药大学学习医学理论知识和进行临床实习，获得中西医结合消化内科硕士学位；2011—2014年度在成都中医药大学药学院学习并获得中药学中药药理方向博士学位；2014年至今在导师李培、张晓云教授的指导下，进行李培名中医学术思想研究工作，包括跟师门诊学习、收集整理病例资料、总结学术思想、撰写学术论文、编写书籍等内容。他参与国家、省、市级课题10余项，发表学术论文10余篇，参与编写2013全国中医药专业技术资格考试中药专业习题集（初级师），在科研、临床工作中均取得了一定成绩。

5. 杨艳

杨艳（1987年7月—），女，毕业于北京中医药大学，医学硕士，中西结合主治医师。她曾在中日友好医院实习两年，跟师李培两年，从事临床医疗工作多年，擅长中西医结合诊治消化系统疾病，参与国家级、省级、市级科研课题共4项，在国家级核心期刊发表学术论文1篇。

6. 赵淑妙

赵淑妙（1981年5月—），女，绵阳市中医医院脾胃病科副主任中医师，毕业于成都中医药大学，医学硕士，师从全国名老中医李培主任医师。现为四川省中医药管理局第七批学术及技术带头人后备人选、四川省中医药学会脾胃病专业委员会委员、四川省中医药学会仲景学说专业委员会委员、绵阳市中医药学会中西医结合消化专业委员会委员、绵阳市医学会消化专委会委员、绵阳市中医脾胃病质量控制中心秘书。先后在江苏省中医院、成都市第三人民医院进修学习，主研课题2项，发表学术论文10余篇。擅长中西医结合诊治胃肠疾病、电子胃肠镜及超声内镜检查。

7. 张鹏飞

张鹏飞（1986 年 9 月—），男，副主任医师，医学硕士，成都中医药大学附属绵阳医院、绵阳市中医医院脾胃病肝病科副主任、内镜中心主任。为第五批四川省老中医药专家学术经验继承工作继承人，师从四川省名中医李培教授和孔文霞教授。现任中国中西医结合学会消化系统疾病专业委员会第一届急性胰腺炎专家委员会青年委员；四川省中医药学会微创外科专业委员会委员；四川省国际医学交流促进会消化专委会委员；绵阳市消化专委会委员；绵阳市中西医结合消化专委会委员。从事临床工作多年，曾先后于空军军医大学西京医院、西部战区总医院进修内镜逆行胰胆管造影术（ERCP），于四川省肿瘤医院进修消化道早癌规范化检查及早诊早治。擅长中西医结合诊治消化系统疾病、电子胃肠镜早癌筛查以及 ERCP。在国家级期刊上发表学术论文多篇并参研多项省级课题。

川派中医药名家系列丛书

论著提要

李培

1.《临床实用方剂手册》（2003 年）

《临床实用方剂手册》由李培主编，2003 年四川科学技术出版社出版。李培从医近 50 年来，注重研习各家学术思想，整理各家经验，收集诸多方剂，并在临床中加以灵活运用。本着"面向基层，服务大众，立足临床，注重实用"的宗旨，全书分为解表方剂、祛风湿止痹痛方剂、和解方剂、表里双解方剂、化痰止咳平喘方剂、清解里热方剂、清热祛暑方剂、温里祛寒方剂、润燥方剂、治风方剂、消食化积方剂、驱虫方剂、泻下方剂、祛湿方剂、理气方剂、活血祛瘀方剂、理气活血方剂、止血方剂、安神定志方剂、开窍醒神方剂、补虚扶正方剂、收敛固涩方剂、涌吐方剂、痈疽疮疡方剂、男科病方剂、妇科病方剂、儿科病方剂、眼科病方剂、耳鼻咽喉口齿病方剂、皮肤病方剂共 30 篇；选载实用历代名方、现代新方和疗效独特的验方共 911 首，囊括中医内科、外科、男科、妇科、儿科、眼科、耳鼻喉口腔科及皮肤科的方剂；重点以内科方剂为主，其他科的方剂各有侧重，其中特别注意了感冒病、老年病和妇产科疾病方剂的选载。全书整体结构，以类为纲，以剂为目，以传统功效分项。每首方剂均按药物组成、功效主治、组方解释、药理研究、临床应用、现代制剂、用量用法、使用注意、本方歌诀 9 个要点叙述。方剂剂型保留了传统的汤、饮、散、丸名称及成人常用药物剂量。对现代改制的诸多新剂型，在"现代制剂"项内介绍了新的名称、规格和用量用法，仅藿香正气散一首方剂就列举了 9 种新型制剂。因此，书中方剂的剂型有 22 种，剂型较为齐全，临床使用极为方便。

本书具有方剂多、剂型全、体例新颖、内容丰富、资料翔实的特点。书中的药理研究、临床应用所治证与西医疾病相对应，以及现代改制的诸多新剂型等，突出了中医传统方剂的时代性新特色。因而这部中医方剂著作具有一定的新颖性，较强的科学性、实用性和可操作性，可供广大中医、西医、中西医结合的临床医生，以及中医药院校学生、中医爱好者参考。

2.《走进中医数字时代——中医辨证论治规律研究》（2007 年）

《走进中医数字时代——中医辨证论治规律研究》一书由杨殿兴、彭明德主编，李培、林红副主编，2007 年化学工业出版社出版。中医学的核心是辨证论治，中医药现代化是中医药学发展的必然趋势，李培在学习医学经典古籍的同时，更加重视现代科学技术在中医学中的运用，积极参与编写此书。该书包括问题的提出、认识中医、研究的思路方法、"因、位、性、势"四纲统一辨证方法、建立数学模型及相关研究、构建中医辨证论治数据库、中医药信息查询与分析等7 章，在完全遵循中医理论指导的前提下，用数学语言通过对辨证论治全过程建模，通过对中医这门唯象科学与数学结合的科学的研究，重新梳理和构建中医基础理论体系，建立统一规范的基本症状，标准化证型和统一的辨证方法，规范的治则、治法，实质上是对中医传统理论的现代语言解构。书中所用的现代研究方法在未损及中医理论体系的前提下，将中医传统的说理方法中朴素的哲学解开，用科学语言重新对中医理论进行构建，更有利于发现传统理论的科学内涵。"辨证论治多维空间数学模型"建立在中医现代化研究成果的基础上，包括对西医学手段采集的疾病信号和生命信息进行处理，筛选出对整体评价机体非健康状态的有用信息，有的还需要经过数理逻辑整理，从而逐步完善四诊客观化，同时也包括论治方面的中药成分与性味归经关系及配伍的量化研究。运用数字化手段研究中医辨证论治，可以提高临床诊疗水平，进而还能大幅度地推动中医去粗取精的学术优化和更新，建立一个客观评价整体的机体功能状态的辨证体系以及疗效评价体系，实现中医数字化。

近年来，数字化中医已成为中医药现代化研究的热点之一，四诊客观化及证型规范化等进程，能为中医辨证论治研究思路提供更加坚实的基础，从而提供更多的可用信息，使得辨证论治数学模型能够更加准确地拟合中医药原来的面貌，科学地揭示中医药理论内涵。本书在数字化中医药进程的道路上进行了艰苦的探索，以期给广大的读者、中医药工作者提供一些借鉴。

学术年谱

川派中医药名家系列丛书

李 培

1950 年 10 月 19 日出生于四川省剑阁县。

1969 年 8 月—1972 年在家乡剑阁县演圣乡切山医疗站做赤脚医生，参加了县赤脚医生培训，后在元山区卫生院学习工作。

1972—1975 年入成都中医学院（现成都中医药大学）医疗系学习。

1975—1984 年由绵阳地区统筹分配至四川省绵阳中医学校（现四川中医药高等专科学校前身）任教；在绵阳中医学校工作期间，先后 3 次到成都中医药大学、成都中医药大学附属医院、卫生部在湖北中医学院（湖北中医药大学）举办的大专院校内科师资班进修学习中医理论和临床知识、技能。

1984 年 6 月—1986 年 6 月作为重点培养对象，由绵阳中医学校调至绵阳地区卫生局担任首位中医科负责人，任副科长（主持工作）。

1986—1989 年任绵阳市中医院院长，主治中医师（此后逐步晋升副主任中医师、主任中医师）。

1990—1994 年先后任绵阳市中医医院党支部副书记、书记；被聘为高等教育自学考试中医专业临床实习考核小组成员；论文《中医食疗沿革及展》入选中华全国中医学会首届全国中医药食疗学术研讨会大会交流；被绵阳市人民政府授予绵阳市劳动模范称号。

1995—1999 年在《成都中医药大学学报》第 22 卷第 2 期发表论文《皮痒灵合剂治疗湿疹 132 例的临床观察》；在《四川中医》第 17 卷第 12 期发表论文《习惯性便秘从肝脾论治探讨》；担任学科带头人的消化专科，被四川省中医药管理局批准为四川省中医医疗机构重点中医专科（专病）建设单位。

2000—2001 年晋升主任中医师并当选首届绵阳市名中医；当选为中国中医药学会内科分会热病专业委员会委员。

2002 年遴选为人事部、卫生部、国家中医药管理局第三批全国老中医药专家学术经验继承工作指导老师，孔文霞主治中医师为其学术继承人；被绵阳市委、市政府授予第五批绵阳市有突出贡献的中青年科技拔尖人才称号；任中华中医药学会医院管理分会常务委员、绵阳市中医学会第五届常务理事会常务副会长、绵阳市医学会医疗事故鉴定专家、四川省医学会医疗事故鉴定专家库首期专家。

2003 年专著《临床实用方剂手册》出版；科研项目"培养高级中医人才的方法与途径"获绵阳市科技进步奖三等奖；被绵阳市委、市人民政府授予绵阳市优秀创业人才；被成都中医药大学聘为兼职教授；任四川省中医药科教集团专家委员会委员。

2004 年被成都中医药大学聘为兼职硕士研究生导师；被评为四川省名中医、全国卫生系统先进工作者和四川省城市医院优秀院长，分别受到国家人事部、卫生部、国家中医药管理局和四川省城市医院管理协会的表彰；在《成都中医药大学学报》第 27 卷第 4 期发表论文《中药灌肠治疗慢性盆腔炎的临床疗效观察》。

2005 年科研项目"胃炎舒治疗慢性胃炎临床研究"结题；获批为首批四川省中医药管理局学术和技术带头人。

2006 年科研项目"活血通窍刺灸法治疗椎动脉颈椎病的临床研究"获绵阳市科技进步奖三等奖；当选绵阳市科技计划项目评审专家；科研课题"李孔定临床经验、学术思想研究"启动；入选《四川名家经方实验录》。

2007 年专著《走近中医数字时代——中医辨证论治规律研究》出版；当选为绵阳市首届十大名中医，并出任绵阳市第二期中医高级研修班指导老师。

2008 年被卫生部、国家食品药品监督管理局、国家中医药管理局、总后勤部卫生部评为抗震救灾先进个人；被成都中医药大学聘为兼职博士研究生导师；科研项目"绵阳市地产草药开发利用研究"结题；在《甘肃中医》第 6 期发表论文《溃疡性结肠炎的中医研究进展》；任绵阳市专家评议（审）委员会委员、首届四川省生物技术协会中医药分会副主席。

2009 年被评为国务院政府特殊津贴专家；当选为绵阳市中医药学会第六届理事会会长；科研项目"计量指标的因位性势表述研究——中医智能化数字辨证论治研究"获四川省科技进步奖二等奖和绵阳市科技进步奖二等奖；任第二届四川省专家评议（审）委员会委员。

2010 年科研项目"翁榆合剂治疗慢性非特异性溃疡性结肠炎（湿热内蕴证）的临床研究"结题；科研项目"肺心病急性发作期中西医结合治疗方案项目推广"

结题；科研项目"中医药对 5·12 特大地震灾害中疾病防治的回顾性研究"结题；当选四川省中医药学会第七届理事会副会长；被四川省委、省人民政府批准为四川省学术和技术带头人。

2011 年科研项目"中医综合疗法改善急性脑血栓偏肢关节活动度的临床研究"获绵阳市科技进步奖三等奖；科研项目"归连栀方治疗复发性口腔溃疡的临床研究"开题；科研项目"中医医院临床诊疗信息平台建设与试点"结题；任世界中医药学会联合会内科专委会第一届理事会常务理事、世界中医药学会联合会伦理审查委员会第一届理事会理事、第一届四川省干部保健会诊专家。

2012 年在国家卫生部、财政部、国家中医药管理局组织的全国临床重点专科评审中，李培担任学科带头人的绵阳市中医医院脾胃病科脱颖而出，获批国家临床重点专科（中医专业）并入选"十二五"重点专科建设单位；国家中医药管理局"十一五"科技支撑课题"李孔定临床经验学术思想研究应用"获绵阳市科技进步奖三等奖；科研项目"慢性乙型肝炎的临床症候研究"结题；科研项目"皮寒感舒颗粒开发研究"开题；任中华中医药学会脾胃病分会常务委员。

2013 年被四川省人民政府授予第二届"四川省名中医"称号；绵阳市中医药学会中西医结合消化专业委员会成立，被推举为专委会名誉主任委员。

2014 年科研项目"中医药对 5·12 特大地震灾害中疾病防治的回顾性研究"获四川省中医药学会"绿叶宝光杯"三等奖；科研项目"柴附温胆汤联合雷贝拉唑治疗非糜烂性胃食管反流病（肝胃郁热型）多中心随机对照研究"开题；任世界中医药学会联合会消化病专业委员会理事会理事、第一届四川省卫生计生决策专家咨询委员会委员。

2015 年科研项目"茵郁芪灵汤联合阿德福韦酯治疗慢性乙型肝炎肝郁脾虚兼湿热证的临床研究"开题；任中国民族医药学会羌医药分会专家委员会专家；成都中医药大学博士后流动站绵阳市中医医院博士后创新实践基地博士后开题论证会在绵举行，该基地是绵阳市卫生系统中的第一个博士后创新实践基地，李培担任指导老师；李培全国名老中医药专家传承工作室通过四川省中医药管理局专家组评估验收；担任绵阳市中医医院"涪翁学社"青年中医学术团体顾问；任第三届四川省专家评议（审）委员会委员。

2016 年当选为绵阳市中医药学会第七届理事会会长；任四川省中医药科学院羌医药研究分院特聘专家；由李培担任指导老师的绵阳市中医医院博士后创新实践基地博士后出站报告顺利通过评审。

附录：参考文献

川派中医药名家系列丛书

李 培

［1］车离.关于《内经》的整体观［J］.中医药学报，1977（2）：31-33.

［2］孔凡涵.《黄帝内经》"五脏一体"整体观与藏象全息律刍议［J］.中国中医药现代远程教育，2011，9（21）：1-4.

［3］方迪龙.《内经》以五脏为中心的整体观［J］.中华中医药学刊，2007，25（3）：587-588.

［4］恽宁.《内经》正邪概念的整体观［J］.贵阳医学院学报，1996，21（1）：66-68.

［5］蔡华珠，洪菲萍，纪立金，等."正气存内，邪不可干"的内涵及运用探析［J］.中华中医药杂志，2015，30（4）：987-989.

［6］吕贵德.浅述《伤寒论》温阳法的应用［J］.中医药临床杂志，2007，19（6）：535-536.

［7］乔登元.试论《金匮要略》温阳法的运用［J］.大同医专学报，1998，18（2）：31-32.

［8］樊讯，王阶.《伤寒论》温阳七法浅析［J］.中医杂志，2011，52（9）：726-728.

［9］叶成炳.略论仲景在《金匮要略》中的温阳原则［J］.泸州医学院学报，1983，（3）：1-3.

［10］杨在纲.阳气变动是伤寒六经证治的着眼点［J］.国医论坛，1995（4）：6-8.

［11］余天泰.阳气是伤寒六经病证传变的决定因素［J］.中医药通报，2014，13（4）：17-19.

［12］林昌松.《金匮要略》在杂病辨证中的特点［J］.长春中医学院学报，2001，17（1）：1-3.

［13］刘鑫源，王昀，赵进喜.论《金匮要略》辨证方法的多样性［J］.环球中医药，2016，9（5）：574-577.

［14］王艳阳，孙倩.浅谈《温病条辨》养阴法［J］.中医学报，2015，30（11）：1618-1620.

［15］王祖雄，郭秀琴.《脾胃论》中的主要经文初析［J］.浙江中医学院学报，1982，（5）：4-6.

［16］李赛美.从《脾胃论》看东垣对仲景学说的继承与发展［J］.广州中医药大学学报，2007，24（1）：76-79.

［17］张佩江.《脾胃论》学术思想初探［J］.河南中医，2009，29（9）：856-857.

［18］类承法.《脾胃论》学术思想初探［J］.光明中医，2008，23（10）：1433-1434.

［19］高翠英，张文艳，程宏申，等.从气机升降理论论治脾胃病［J］.河南中医，2013，33（2）：166-168.

［20］吴航，赵国惠.脾胃是人体气机升降出入的枢纽［J］.河南中医，2012，32（4）：408-409.

［21］严石林.冉品珍调理脾胃治疗疑难杂病的经验［J］.四川中医，1993，（1）：1-3.

［22］李燕，刘浩.王再谟教授治疗脾胃疾病的经验［J］.四川中医，2008，26（2）：1-2.

［23］郭来，阎智勇.王再谟教授论消化病中的辨证与辨病［J］.中医函授通讯，1998，17（1）：11-12.

［24］张聪颖，于睿.失眠从脾胃论治［J］.辽宁中医药大学学报，2008，10（8）：74.

［25］邵学鸿.脉学研究［J］.辽宁中医药大学学报，2012，14（12）：109-111.

［26］杨毓隽.试析《难经》对"寸口诊法"的研讨与贡献［J］.天津中医学院学报，1995，（1）：4-6.

［27］牛建义.浅谈四诊合参的必要性［J］.山西职工医学院学报，1997，7（3）：42-43.

［28］宋琦，王庆其.《内经》脾胃理论探微［J］.中医文献杂志，2009，26（1）：29-32.

［29］李德新.李德新中医基础理论讲稿［M］.北京：人民卫生出版社，2008.

［30］王玉.浅谈仲景的脾胃学术思想［J］.中西医结合研究，2009，1（2）：108-109.

［31］杨小红，顾武军.论顾护脾胃在仲景学术思想中的重要地位［J］.辽宁中医学院学报，2004，6（6）：443-444.

［32］李合国，劳绍贤.《伤寒论》脾胃学说钩沉［J］.上海中医药大学学报，2006，

20（1）：16-17.

［33］杨毅，陈继婷.《金匮》重视脾胃思想浅释［J］.贵阳中医学院学报,2007,29（5）：
5-7.

［34］孟静岩.《金匮要略》脾胃观之浅见［J］.天津中医学院学报，1989,（4）：1-3.

［35］白晓晓，陈继婷.浅谈《金匮要略》重视脾胃思想［J］.河南中医,2011,31（9）：
964-965.

［36］林昌松.《金匮要略》在杂病辨证中的特点［J］.长春中医学院学报,2001,17（1）：
1-3.

［37］邓大勇.试述《温病条辨》对脾胃病的治疗［J］.四川中医,1985,（12）：
38-39.

［38］王新勤，田维毅.吴鞠通《温病条辨》中治温病顾护脾胃的学术思想初探［J］.
浙江中医药大学学报，2012,36（2）：134-136.

［39］王家平，程华焱，彭艳霞.吴鞠通运用辛开苦降法治疗脾胃病［J］.长春中医药
大学学报，2012,28（5）：806-807.

［40］肖森茂，彭永开.试论吴鞠通三大治则中顾护脾胃的思想——兼谈脾胃对温热病
证治的意义［J］.浙江中医学院学报，1989,13（2）：10-11.

［41］张瑾.从《千金方》看孙思邈的脾胃思想［J］.辽宁中医药大学学报，2011,13
（5）：123-124.

［42］任现志.钱乙"脾主困"及其脾胃学术思想浅析［J］.中医文献杂志,2006,（1）：
12-13.

［43］茅晓.略论许叔微遣方用药的特点［J］.南京中医药大学学报，1997,13（5）：
264-266.

［44］虞胜清.试论许叔微的脾肾观［J］.江西中医药，1993,24（1）：56-57.

［45］胡素敏，冷皓凡.严用和学术思想辨析［J］.江西中医学院学报，2008,20（4）：
15-16.

［46］刘晓庄.略论严用和的脾肾观［J］.江西中医药，1987（5）：3-4,9.

［47］王林.《太平圣惠方》脾脏相关证候的特点研究［D］.北京：中国中医科学院，

2008.

　　[48] 张甦，陈小野.《太平惠民和剂局方》脾、肾相关证候特点的研究 [J].中国中医基础医学杂志，2011，17（3）：246-248.

　　[49] 郝军，郝纪蓉.《圣济总录》脾胃藏象辨证论治思想的临床意义浅析 [J].中医研究，2012，25（2）：66-67.

　　[50] 徐立宇，钦丹萍.略论刘完素的脾胃观 [J].浙江中医杂志，2014，49（2）：79-80.

　　[51] 杨静，朱星.刘完素脾胃学术思想探微 [J].中国中医基础医学杂志，2006，12（10）：769.

　　[52] 陈焉然，龙慧珍.张元素论治脾胃病经验探讨 [J].现代中西医结合杂志，2011，20（9）：1119-1120.

　　[53] 牛学恩.张元素论治脾胃病特点初探 [J].四川中医，2003，21（3）：2-3.

　　[54] 刘杰，张志立，张玉红.李东垣"内伤脾胃"学说管窥 [J].河南中医药学刊，1998，13（3）：4.

　　[55] 吴文设，王兰玉.略论李东垣脾胃升降功能 [J].四川中医，2006，24（1）：38-39.

　　[56] 刘宜云，郭新华.浅论李东垣补气升阳法的临床应用 [J].中医研究，1998，11（6）：29-31.

　　[57] 蔡胜彬，王敬琪.李东垣用风药机理初探 [J].吉林中医药，1995（2）：1-2.

　　[58] 严世芸.中医各家学说 [M].北京：中国中医药出版社，2003.

　　[59] 杨天荣.王好古"阴证论"与脾胃学说 [J].北京中医杂志，1992，（6）：46-47.

　　[60] 傅文录.王好古辨治"三阴证"学术思想探析 [J].河南中医，2012，32（4）：426-428.

　　[61] 周晓红.罗天益的脾胃观 [J].中国中西医结合脾胃杂志，1995，3（2）：105-106.

　　[62] 李文君，叶进.张从正论治脾胃经验浅谈 [J].陕西中医，2010，31（1）：76-77.

［63］裴凤玉.丹溪脾胃学说钩沉［J］.山东中医学院学报，1990，14（2）：46-48.

［64］陈谦峰，齐南.明清诸名医对脾胃学说发展之概略［J］.辽宁中医药大学学报，2011，13（3）：107-108.

［65］张学毅，马红星.脾胃学说历史沿革［J］.实用中医内科杂志，2014，28（6）：174-175，177.

［66］张钟俐，张廷模，许嗣立.浅谈李时珍的脾胃观［J］.中药与临床，2011，2（4）：33-34，46.

［67］虞胜清.缪希雍脾胃观及其临床应用探讨［J］.江西中医药，1998，29（3）：52-53.

［68］易峰，杨进.缪希雍脾阴学说探讨［J］.中医药导报，15（5）：4-5.

［69］颜青鲁，王兴鸿.张介宾脾胃学术研究综述［J］.中国中医药现代远程教育，2013，11（14）：164-165.

［70］闫石.《景岳全书》脾胃学术思想研究［D］.济南：山东中医药大学，2011.

［71］凌芳，刘景超.喻昌脾胃学术思想探讨［J］.江西中医学院学报，2008，20（1）：30-31.

［72］余泱川，刘小斌.浅析喻昌"三论一法"中顾护脾胃的学术思想［J］.江苏中医药，2012，44（4）：1-3.

［73］徐晓东，陈大权.李中梓治泻九法之运用［J］.吉林中医药，2009，29（12）：1098-1099.

［74］陈丽平，宋兴.李中梓甘缓治泻法的理论依据和适应病症［J］.成都中医药大学学报，2012，35（1）：74-75.

［75］卢兴华，李凌.从《临证指南医案》浅析叶桂胃阴学说［J］.新中医，2013，45（8）：207-208.

［76］杨慧清.浅谈叶天士对脾胃学说的贡献［J］.新中医，2006，38（6）：82-83.

［77］尹艳艳，张杰，王芝兰.试论叶桂养胃阴法及其临床体会［J］.中医药学报，2007，35（3）：1-2.

［78］牛阳.浅论叶天士"久病入络"之思想［J］.四川中医，2003，21（1）：3-4.

［79］刘莉，苏云放.叶天士久病入络学说探讨［J］.云南中医中药杂志，2008，29（3）：

65-66.

［80］冯滢滢，文小敏．以脾胃为中心论治湿温病［J］．安徽中医临床杂志，2001，13（3）：231．

［81］季哲生，黄福斌．试论《湿热条辨》对脾胃病学的贡献［J］．南京中医学院学报，1988，（4）：8-9．

［82］朱炳林．薛生白治虚劳重脾胃经验探讨［J］．中医药通报，2003，2（2）：108-109．

［83］侯岁明．《血证论》治脾胃学术思想述要［J］．河北中医，2002，24（1）：54-56．

［84］赵文研．唐宗海治血理脾学术思想特色探微［J］．中医药学刊，2003，21（8）：1286．

［85］马瑞，金桂兰．谈张锡纯脾胃思想的学术特色［J］．新中医，2008，40（8）：103-104．

［86］王均宁．张锡纯论治脾胃病用药特色浅释［J］．中医药学刊，2004，22（3）：458-459．

［87］徐跃箭，孟萍．张锡纯脾胃学术思想探析［J］．中医文献杂志，2007，（2）：5-6．

［88］于志峰．浅析恽铁樵论黄苔主积在肠［J］．江苏中医药，2014，46（4）：4-5．

［89］李家振．恽铁樵学术思想探讨［J］．四川中医，1983，（4）：53-55．

［90］李春生．略谈岳美中学术思想和学术成就［J］．中医杂志，2012，53（19）：1632-1634．

［91］王国三．著名老中医岳美中治疗脾胃病的经验［J］．上海中医药杂志，1980，（4）：5-7．

［92］安培祯．蒲辅周调理脾胃法经验探讨［J］．实用中医内科杂志，1995，9（2）:3-4．

［93］陆康福．蒲辅周论治脾胃的经验［J］．江苏中医药，1990，（11）：6-7．

［94］任光荣．蒲辅周论治脾胃的经验［J］．甘肃中医，2005，18（7）：5-6．

［95］严石林．冉品珍调理脾胃治疗疑难杂病的经验［J］．四川中医，1993（1）：1-3．

［96］颜芳，杨志敏，徐国峰，等．如何认识李可的学术思想［J］．中医杂志，2011，52（12）：1078-1079．

［97］吕英 . 李可学术思想在肿瘤危重期治疗中的应用［J］. 中国中医急症，2012，21（9）：1416.

［98］邓中光 . 邓铁涛教授临证中脾胃学说的运用（一）［J］. 新中医，2000，32（2）：13–15.

［99］罗迪，刘凤斌 . 邓铁涛教授辨治脾胃病特色探讨［J］. 时珍国医国药，2013，24（9）：2293–2294.